復旦 汉学论丛
Fudan Forum（第十一辑）

复旦大学国际文化交流学院　　吴中伟 主编

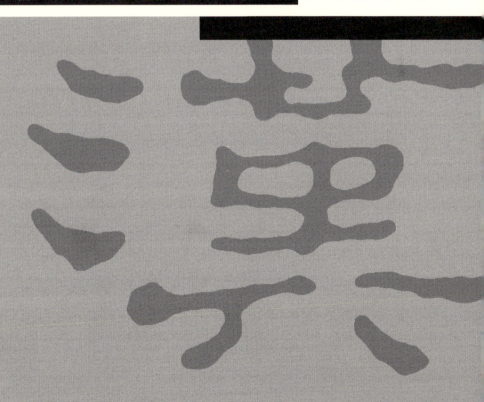

复旦大学出版社

《复旦汉学论丛》(第十一辑)

主　编　吴中伟

编　委　(按音序排列)
　　　　高顺全　刘鑫民　彭增安　王景丹
　　　　王　颖　吴中伟　许金生　张豫峰

目　录

基于语料库定量分析的汉语核心构词语素分级
　　研究 …………………………………………… 刘鑫民（ 1 ）
现代汉语"难"有"不能够/不可能"义
　　——兼谈《现代汉语词典》相关释义 ………… 陶　炼（ 8 ）
从中学语文词汇看20世纪汉语词汇发展 ………… 张志云（ 15 ）
汉语新词语的产生、传播与二语教学 ……………… 何　瑾（ 28 ）
浅论元认知干预下的小说心理叙事 ………………… 宋　桔（ 35 ）
"劝世"与"娱心"的背后
　　——李渔小说创作心态特征及成因 …………… 赵雪倩（ 43 ）
试论苏轼词中的超然精神 …………………………… 施国锋（ 48 ）
《黄雀记》的语言艺术赏析 …………………………… 郑文晖（ 53 ）
留学生对汉语成语理解程度的调查研究 …………… 王景丹（ 59 ）
来华留学生中级汉语听力学习情况调查及教学策略
　　——以复旦大学留学生为例 …………………… 党　瑞（ 66 ）
留学生本科毕业论文立场标记语研究 ……………… 路　广（ 76 ）
留学生在汉语学术写作中的策略使用初探
　　——社会文化视角下的个案研究 ……………… 陈　钰（ 86 ）
泰国学生习得条件复句"只要……就"语义偏误
　　分析 …………………………………… 盛若菁　吴小敏（ 93 ）
基于语料库的日本汉语学习者同形词偏误分析 …… 董新萍（ 99 ）
"一带一路"倡议背景下汉语国际教育面临的机遇与
　　挑战 …………………………………………… 李淑杰（105）
有关国际汉语教师中华文化诠释能力问题的若干
　　思考 …………………………………………… 杨蓉蓉（112）
将隐性课程嵌入显性课程教学设计案例分析
　　——复旦大学"韩国济州道公务员汉语强化研修
　　项目" …………………………………………… 王一平（117）

专业汉语"内容—语言—技能"整合型教学初探 …………… 许国萍(124)
对分课堂在中高级汉语视听说课程改革中的应用 …… 王小曼(131)
支架式理论在初级汉字教学中的应用 ………………… 纪晓静(142)
汉字文化教学的内容和途径 …………………………… 胡文华(151)
论初级汉语泛读教学中教师的主导作用 ……………… 吴　云(157)
新HSK三级听力对话理解项目"图片式"和"汉字式"的
　　对比实验研究 ……………………………… 李　杰　谈碧君(167)
汉语儿童阅读能力发展影响因素分析及其对汉语作为
　　二语教学的启示 …………………………………… 李晓娟(177)
作为汉语教科书的《华语官话语法》…………………… 耿　直(184)
一项对高校社团留学生成员的调查 ………… 徐晓羽　方雨晨(189)
高校跨文化交流与中外学生融合机制探索
　　——以"中华文化小讲堂"活动为例 ………………… 李　洁(196)
浅析留学生非学历自费生档案管理现状、问题及应对
　　——以复旦大学国际文化交流学院为例
　　　　……………………………………… 吕瑞卿　吕瑞品(201)

研究生专栏

"到底"的语法化顺序与习得顺序考察 ………………… 周玉品(207)
跨文化交际"第三空间"理论及其在国际汉语教学中的
　　应用研究综述 ……………………………………… 卢晨晨(216)

基于语料库定量分析的
汉语核心构词语素分级研究

刘鑫民

（复旦大学 国际文化交流学院，上海 200433）

摘 要：语素教学是对外汉语词汇教学的重要内容，它可以帮助学习者快速提高词汇量，深度习得汉语词汇，但是在汉语核心构词语素的筛选和分级方面我们却缺少研究。在本研究中，我们将通过对自建语料库的定量分析，根据常用性、能产性、显度三个标准对汉语的核心构词语素进行筛选和分级，按构词语素使用频率的高低、构词能力的强弱、语素义和词义关联度的高低，选出汉语的核心构词语素并将其分为一级语素、二级语素、三级语素、四级语素、五级语素、六级语素。

关键词：构词语素；核心；分级；定量；语料库

词汇是语言最基本的构成要素，是成人第二语言学习者最重要的任务（McLaughlin，1978），因此，词汇学习和词汇习得被看作是语言学习的核心问题（Laufer，1986）。然而，很长时间词汇是在二语教学研究中不被重视的一个领域，在汉语作为第二语言教学的研究生态中，情况尤其如此，直到今天词汇的学习和教学似乎仍然是被许多人忽略的一个方面。张和生（2005）曾经统计过我国对外汉语教学核心期刊《语言教学与研究》从1979年至1999年20年间对外汉语教学研究类的论文，他发现："全部279篇论文中，专门论及词汇教学的论文14篇，仅占5%"，"应当说，这样的研究比例对于汉语这种语义型语言来说是不相称的"。他指出："进入新世纪后，我们尚未看到这种研究失衡现象发生大的转变。"十几年过去了，这种情况仍然在继续。因此，加强汉语作为二语的词汇学习与教学研究是当务之急，这其中就包括汉语核心构词语素的分级研究。

汉语构词语素分级研究是汉语本体和对外汉语教学研究中一个具有实践意义的研究课题。过去，针对对外汉语教学的汉语词汇分级研究和常用汉字的分级研究已经取得了一些研究成果，但是在汉语构词语素的分级方面我们却缺少研究。汉语是词汇构词理据性比较强的一种语言，通过构词语素的学习来快速提高学习者词汇习得的广度和深度，这一点已被证明是汉语词汇学习的一种非常有效的方法，然而，至今为止，对汉语语素教学中最基本的问题——汉语构词语素的分级还缺乏研究，在汉语教学中，哪些语素是重要的构词语素？哪些构词语素最常用、构词能力最强？把汉语作为第二语言的学习者应该先学习哪些构词语素，后学习哪些构词语素？我们仍然不是特别清楚，这导致在汉语教学和汉语教材编写中没有一个客观的标准去对教学的语素进行选择，也没有客观的标准去安排语素教学的顺序。因此，在进行定量统计分析的基础上制定汉语核心构词语素分级表是当务之急。

一、汉语语素教学的重要性

汉语是一种词的理据性比较强的语言,正因为这一点,汉语的语素教学可以帮助学生找到掌握汉语词汇的一条捷径。加强语素教学至少在以下几个方面具有积极意义。

1.1 语素教学可以帮助学生快速提高词汇量,是扩大学习者词汇习得宽度的一个重要途径

据张凯的研究(1997),现代汉语3 500个常用字能够组成7万个词,平均每个汉字能够组成20个合成词。因为汉字是一种语素文字,所以这3 500个汉字我们也可以看成3 500个语素,通过语素去学习汉语的词比单纯的整词教学的效率更高。汉语很多常用语素不但可以单独成词,而且可以作为合成词的一部分来构词,因此把汉语构词能力最强的那些核心语素找出来进行教学,符合汉语词汇的结构特点。从掌握语素入手,培养学习者的语素意识,是迅速扩展学习者汉语词汇量的有效途径。

1.2 语素教学是促进学习者深度习得汉语词汇的有效途径

汉语的核心语素不但有很高的使用频率,同时常常具有丰富的意义,这些不同的意义不但在单独使用时表现出来,更在和不同语素构词时、在不同的语境中表现出来,因此在合成词中去理解语素的意义,通过语素的意义去理解合成词,是深度习得汉语词汇的一种有效策略。

1.3 语素教学还是帮助学生在阅读时进行猜词的一种重要手段

与印欧系语言的词语以派生为主相比,汉语是一种以复合词为主的语言,而且汉语的复合词的理据性比较强,复合词的意义一般可由其构成语素的意义推知,因此,通过语素义去猜词义,是汉语学习者一个重要的学习策略。李如龙等(2005)研究了汉语水平考试词汇与汉字等级大纲甲、乙两级共1 859个双音词、2 494个义项中语素义和词义的关系,研究结果发现:语素义和词义有密切关系的占95.18%,其中直义(语素义相加就是词义)的占47.39%,转义(语素义相加经过引申形成词义)的占41.66%,偏义(词义由一个语素义表达)的占6.13%。这说明,通过汉语语素义去猜词(推知词义),其有效性是相当高的。

总之,正因为汉语语素义和词义有这样密切的联系,如果有意识地训练学生离析语素,根据语素义并结合语境来猜测词义,那么学生猜词的成功率会大大提高。学生离析语素的能力越强,掌握的语素越丰富,学生猜词的能力也就越强,对新词的习得也就越快,对词义的掌握也就更精准,因而词汇习得的广度和深度都会得到有效提高。然而,所有这些都必须建立在科学有效的语素教学的基础上,需要我们在教学中根据学生的汉语水平精准地选择用于教学的语素。因此,制定科学的汉语核心构词语素的分级表,为不同词汇水平的汉语学习者提供适合他们学习的核心构词语素,对提高汉语词汇教学的效率非常重要。

二、核心构词语素的特点

在汉语中,核心构词语素是指构词能力特别强或者比较强的语素,同时考虑到对外汉语教学中优先学习的是汉语中使用频率比较高的词汇,因此核心构词语素的构词能力比较强主要体现在常用词中构词能力比较强,同时因为我们进行的核心构词语素的教学是为了帮助学习者理解汉语构词的理据性,帮助学习者通过语素去理解与掌握汉语的词,因此这些构词语素应该能够比较清晰地体现汉语词语的意义。基于这样的考虑,我们认为汉语核心构词语素应该具有三个方面的特点:能产性、常用性、语素的显义度比较高。

2.1 能产性
能产性是构词能力的强弱,用来构成的词汇越多,其能产性就越强。

2.2 常用性
常用性是指用语素构成的词的使用频率的高低。如果一个语素既有很强的能产性,同时构成的词使用频率非常高,那么这些构词语素相对来说就更重要,但是如果一个语素即使有很强的能产性,但是构成的词使用频率比较低甚至是一些生僻词,那么这些语素在汉语作为第二语言的教学中专门去讲解学习的意义就不大。因此语素构成的词是否常用、使用频率是不是高,这是选择核心构词语素时一个重要的依据和标准。

2.3 显义度比较高
显义度是指构词语素在词义中表示意义的能力的强弱,换句话说,显义度就是语素义和词义关联度的高低。语素义和词义的关联度越高,其显义度就越高。

三、研究方法和研究步骤

3.1 研究目标——为汉语作为第二语言教学筛选构词能力最强的核心构词语素
在本研究中,我们将通过定量分析的方法,筛选构词能力最强的核心语素,并将汉语的核心语素分为一级语素、二级语素、三级语素、四级语素、五级语素、六级语素。对汉语构词语素进行分级的标准主要考虑以下三个方面:(a)能产性;(b)常用性;(c)显义度。根据以上三个标准,我们将按照语素的能产性、常用性、显义度的强弱对汉语的语素进行排序,其中一级语素是最常用、构词能力最强、显义度最高的语素,二级到六级核心语素在能产性、常用性(有时也包括显义度)上依次降低的语素。

3.2 建立语料库,通过语料库的定量统计对核心语素进行筛选

3.3 本研究的实施步骤如下
3.3.1 建立一个 2 200 万字的汉语语料库。本文的研究使用我们自建的 2 200 万字的语料库,语料库中收集的语料的门类及各门类包含的语料的数量如表 1 所示:

表 1 语料库收入文本的门类和字数

门 类	分门类字数合计
哲学法律	4 621 282
经济管理	3 500 279
人文社会	4 283 605
理工农医	2 696 571
文 学	5 131 946
字数合计	20 233 683

3.3.2 对 2 200 万字的汉语语料库中出现的词语进行切分统计,得出汉语的词频表,根据常用性高低对汉语的词进行排序。

词频表中不同频度的词在使用情况上的部分统计结果如表2所示：

表2　不同频度的词在语料库文本中的分布情况统计①

词语频度分级 （频度从高到低）	在全部文本中出现次数总和	每个词出现的平均数	对全部文本的覆盖比例	该频度段中的词出现频次的范围
前1 000词	6 690 179	6 690	48.635 9%	753 666—1 609
前2 000词	7 782 625	3 891	56.578 8%	1 609—766
前3 000词	8 383 997	2 795	60.949 8%	766—471
前4 000词	8 774 789	2 194	63.790 2%	471—324
前5 000词	9 053 456	1 811	65.816 5%	324—241
前6 000词	9 266 394	1 544	67.363 5%	241—190
前7 000词	9 437 385	1 348	68.606 6%	190—154
前8 000词	9 577 911	1 197	69.631%	154—129
前9 000词	9 695 819	1 077	70.485 9%	129—109
前10 000词	9 796 296	980	71.215%	109—93
前20 000词	10 350 882	518	75.269 1%	93—33
前30 000词	10 587 497	353	76.944 2%	33—17
前40 000词	10 715 967	268	77.944 2%	17—10
全部105 347词	10 912 067	104	100%	10—1

从这个表我们可知：前1 000个词的使用频率最高,在语料库中使用频率753 666次到1 609次,远远超出其他频段的词的使用频率,对文本的覆盖率高达约49%。使用频率排序在10 000词以前的词使用频率都比较高,对文本覆盖率的增长也比较大,但排序在10 000到20 000的词使用频率开始明显下降,20 000词以后使用的频度开始降到很低,同时20 000词以后的词在文本覆盖率的增长上也开始变得非常缓慢。统计数字显示,10 000词以前的词是对汉语学习者文本理解贡献最大的词,也是学习效果最高的词,排序在20 000词以后的词因为使用频率大幅衰减,其学习效率也大幅降低。因此在本研究中排序在20 000以前的词是我们重点研究的对象。

3.3.3　对全部文本中使用的语素进行切分统计并排序,以发现语素的构词能力以及不同语素对文本的覆盖率的高低,据此确定选择核心语素的量。

表3是对语料库中的语素进行切分统计,按使用频率的高低进行排序后,不同频段的语素在语料库中的文本覆盖率。

---

① 在这个表中,第2列到第4列统计的是词频排序中前1 000、前2 000、前3 000……词出现的次数总和、每个词出现的平均数和对整个文本的覆盖比例。举例来说,前1 000词出现次数总和是词频表中使用频率最高的1 000个词出现次数的总和,前2 000词出现次数的总和是包括前1 000词在内的使用频率最高的2 000个词出现次数的总和。而第5列词出现的频度范围只是该频度段中的词从使用频率最高到最低的范围。比如前1 000词的这个频度段指的是出现频率最高的前1 000个词（也就是使用频率排序从1—1 000这一段的词）出现频次的范围,其中排位第1的词在全部文本中出现的频次是753 666次,第1 000个字出现的频次是1 609次。而前2 000词这个频度段的词出现频次的范围是指出现频率排位从1 001到2 000这一段的词出现的频次范围,词频排序中第1 001个词在全部文本中出现的频次是1 609次,而第2 000个词出现的频次是766次。余类推。

表 3　不同频段的语素在语料库中的文本覆盖率统计

语素频段	1—100	1—300	1—500	1—800	1—1 000	1—2 000
文本覆盖比	42%	66%	77%	87%	90%	97%

在 2 200 万字的语料库中,通过切分统计我们得到大约 5 000 个构词语素。从表 3 可知,构词能力最强的前 800 语素对文本的覆盖率高达 87%,前 1 000 语素对语料库中文本的覆盖率是 90%,前 2 000 个语素的文本覆盖率是 97%。由这个统计数据可知,前 800 语素以后,语素的文本覆盖率开始显著下降,特别是到了前 1 000 语素之后表现更为明显,排序在 1 001—2 000 的 1 000 个语素的对文本覆盖的贡献率只有 7%。

对使用频率排序前 20 000 个和前 10 000 个的词中的构词语素用来构成合成词的使用频率进行分段统计,可以清楚地看出不同频段的语素构词能力上的显著区别。这种区别从表 4 中可以清楚地看出来。

表 4　不同频段的语素构成合成词频率的分段统计

语素频段		1—100	101—300	301—500	501—800	801—1 000	1 001—2 000
前 20 000 个词	构成词语	9 766	7 588	4 394	4 374	1 975	4 642
	平均构词	97.66	37.94	21.97	14.58	9.88	4.64
前 10 000 个词	构成词语	5 113	3 896	2 282	2 070	847	1 609
	平均构词	51.13	19.48	11.41	6.90	4.24	1.61

以使用频率最高的前 20 000 个词中构词语素的统计为例,构词能力最强的前 100 个语素共构成 9 766 个合成词,平均每个语素构成 97.66 个合成词;但从构词能力上排序 800 以后的语素的构词能力开始大幅下降,特别是按构词能力排序在 1 001—2 000 的语素,共构成 4 642 个合成词,每个语素平均构成的合成词只有 4.64 个。

因此,根据上面的情况,我们将选择最能产的 800 个语素作为汉语的核心构词语素。如果我们在教学中能够重视这 800 个核心构词语素,那么词汇教学的效果应该是非常显著的。

3.3.4　对使用频率排序中最前的 20 000 以内的词分段分析语素的构词能力。我们将把汉语的词分成 20 000、10 000、7 000、5 000、3 000、1 000 几个频度段进行重点考察[①],对词频表中构词频度最高的前 20 000、10 000、7 000、5 000、3 000、1 000 个词中所有语素的构词频率进行统计,分别得出在 20 000 词、10 000 词、7 000 词、5 000 词、3 000 词、1 000 词中构词语素使用的频率表。这样的几个语素构词频率表可以清楚地显示不同语素在不同的词频段中构词能力(能产性)的强弱,也可以表明语素构成词语在常用性上的程度差别。

3.3.5　首先对前 1 000 个词中的构词语素频率表进行分析,在考虑能产性、常用性的基础上,按照显义度对排序最前的语素进行人工干预,做一些必要的删减,最后选取能产性、常用性、显义度最高的 1—50 个归为一级核心构词语素。然后再按照以上操作方法对前 3 000 词的构词语素根据能产性、常用性、显义度进行筛选排序,去除已经被选为一级核心构词语素的语素,选取排序在前 100 个的作为二级核心构词语素。用这些方法依次分别对前 5 000、7 000、10 000、20 000 词频段的所有词的构词语素进行筛选排序,最终得出 3 001—

---

① 之所以分为这样几个段来考察语素的构词情况,目的是为了对应于汉语学习者词汇学习的发展阶段,分段分析选取核心语素可以帮助不同阶段学习者更好地学习和自己词汇学习发展阶段相对应的词汇范围。

5 000词频段的核心构词语素100个作为三级核心构词语素、5 001—7 000词频段的核心构词语素150个作为四级核心构词语素、7 001—10 000词频段的200个核心构词语素作为五级核心构词语素、10 001—20 000词频段中的核心构词语素200个作为六级核心构词语素,从而制定出汉语构词语素分级表。

四、汉语核心构词语素的筛选和分级结果

采用上文制定的研究方法,我们对语料库的构词语素进行排序筛选,最后得出汉语的核心构词语素的分级表如下所示:

一级语素(50个)

一 不 学 人 有 国 来 分 用 时 这 到 过 生 现 本 大 们 事 作 出 动 后 会 进 明 那 下 些 自 多 工 家 上 说 中 里 天 长 高 见 少 文 西 今 去 新 面 年 回

二级语素(100个)

是 理 子 成 法 为 主 定 体 方 合 力 能 实 者 然 物 行 意 利 论 民 前 相 代 得 对 经 要 业 产 个 公 机 正 制 重 当 地 发 好 期 如 数 所 同 部 度 立 量 其 情 外 心 应 此 记 间 开 看 可 起 形 性 义 在 最 变 常 道 等 点 关 加 教 想 政 保 表 别 传 导 儿 反 改 观 计 交 接 结 决 联 目 内 平 入 身 失 十 通

三级语素(100个)

于 以 化 权 之 金 气 收 无 小 原 格 率 议 种 资 边 全 手 头 消 效 员 战 证 知 总 便 场 从 电 口 老 南 品 强 取 确 色 设 神 世 述 税 特 务 象 信 样 必 处 次 东 干 各 共 光 和 话 基 建 界 就 了 认 日 使 太 提 统 系 向 指 治 质 转 比 称 程 持 感 官 规 果 何 活 及 级 即 节 解 军 领 清 求 任 商 社 式 算

四级语素(150个)

书 山 流 声 白 水 月 门 路 先 语 院 马 美 士 思 斯 安 报 放 名 受 推 微 位 选 引 兵 而 管 觉 克 识 王 城 集 近 器 深 图 职 病 达 德 给 害 件 科 拉 乐 连 条 往 线 言 育 造 争 止 北 参 车 初 打 调 断 风 复 古 精 举 例 料 列 命 难 女 亲 热 视 死 未 限 眼 元 约 增 支 直 致 住 走 爱 村 存 额 非 海 价 空 免 容 三 术 预 源 真 只 做 半 备 布 层 创 低 夫 广 汉 激 际 济 境 究 局 快 类 离 派 势 适 司 四 态 望 刑 演 因 远 运 再 整 众 助 步 测 除 带 单 二 房

五级语素(200个)

火 满 花 字 石 周 巴 落 师 词 党 河 红 问 血 诗 星 张 照 草 功 农 伤 史 武 阳 两 亚 田 听 万 族 罪 朝 服 林 市 写 异 标 沉 防 根 归 华 黄 罗 皮 台 音 值 乱 钱 守 土 息 细 笑 兴 易 早 至 装 百 包 待 费 黑 减 叫 兰 劳 留 密 青 轻 完 五 药 优 由 编 端 飞 富 告 刻 历 射 首 委 卫 乡 压 烟 志 准 足 并 冲 倒 队 封 负 革 号 击 积 简 江 将 讲 礼 令 球 示 树 私 送 素 痛 维 修 养 衣 益 英 营 波 财 急 惊 考 毛 没 木 片 破 速 索 团 夜 州 注 组 办 承 核 护 紧 久 冷 排 配 切 区 曲 散 随 投 徒 退 县 影 站 属 专 查 充 典 独 范 固 故 假 角 阶 具 绝 款 亮 灵 律 偏 胜 试 显 许 严 隐 越 展 镇 终 宗 察 差 底 府

六级语素(200个)

齐 酒 龙 宫 楼 谷 堂 云 雨 章 塔 余 诸 闻 米 君 省 夏 雪 铁 玉 庄 雷 牛 旗 丁

孙 才 洋 香 春 厂 油 居 叶 温 网 纳 伯 奇 福 阿 戏 校 尚 园 盛 徐 康 千 岛 曾 食
蓝 寺 善 梅 莫 游 沟 客 孔 汤 双 谈 钟 宝 脚 屋 板 湖 亭 洞 尽 谢 街 座 左 印 喜
施 松 歌 宁 荣 肉 景 库 祖 恩 纪 骨 馆 陆 店 虎 画 旧 临 威 顾 良 银 洪 群 登 鱼
寒 若 侯 第 怀 柳 寨 灯 掉 征 庙 庆 仁 顺 永 竹 笔 川 麦 脑 耳 货 矿 习 绿 升 右
纸 案 船 戴 鼓 敬 脸 邦 菜 念 秋 沙 剧 枪 扬 坐 弹 盘 野 吃 季 静 伦 普 池 阁 贵
吉 雄 秀 圆 策 井 圣 阴 斗 蒙 宣 背 饭 卢 短 森 杀 溪 祥 班 梦 丝 陶 辛 杂 刀 架
母 雅 医 依 忠 翻 峰 鬼 坡 彩 藏 希

表5统计的是我们筛选出的各级核心构词语素在10 000个使用频率最高的词中用来构成合成词的构词能力。数据显示，从一级语素到六级语素，核心构词语素的用来构成合成词的构词能力的梯度显著，一到四级核心构词语素能产性最强，平均构成合成词为52.84个、33.02个、20.83个、14.63个，是核心构词语素中最重要的语素。

表5 核心构词语素构词能力统计

	构成词语数量	平均构词数量	构成的词在使用频率最高的前10 000词中所占比例/平均比例
一级语素(50个)	2 642	52.84	14.44%/0.29%
二级语素(100个)	3 302	33.02	18.26%/0.18%
三级语素(100个)	2 082	20.82	11.70%/0.12%
四级语素(150个)	2 195	14.63	12.58%/0.08%
五级语素(200个)	1 661	8.31	9.98%/0.05%
六级语素(200个)	833	4.17	5.54%/0.03%
总 计			72.5%

从上表5看，800个语素构成的词在汉语使用频率最高的10 000个词中占比达到72.5%，这已经是一个相当高的比例了。

参考文献

[1] 郝静芳.词义与语素义关系及对外汉语语素教学研究[J].内蒙古师范大学学报,2014,(2)
[2] 李如龙,吴茗.略论对外汉语词汇教学的两个原则[J].语言教学与研究,2005,(2)
[3] 史翠玲.国际汉语语素教学研究现状及未来研究方向[J].汉语国际传播研究,2017,(1)
[4] 王礼俊.语素教学与练习设计[D].复旦大学硕士学位论文,2010
[5] 张和生.对外汉语词汇教学研究述评[J].语言文字应用,2005,(9)
[6] 张凯.汉字构词基本词的统计研究[J].语言教学与研究,1997,(1)
[7] Laufer, B.. Possible Changes in Attitude Towards Vocabulary Acquisition [J]. *IRAL*, 1986,24(1): 69-75
[8] McLaughlin, B.. The Monitor Model: Some Methodological Consideration [J]. *Language Learning*, 1978,28: 309-332

现代汉语"难"有"不能够/不可能"义
——兼谈《现代汉语词典》相关释义

陶 炼

(复旦大学 国际文化交流学院,上海 200433)

摘 要:本文罗列实例,意在证明在现代汉语中,"难"有"不能够"或"不可能"的意思,这也是"难"从古代汉语一贯沿用至今的意思。由于没有关注到"难"有这一义项,《现代汉语词典》在相关词语的释义上,存在着某些不准确、不周全、不一贯的现象。同时也通过一个迷你考察,证明"难"的这一义项并非罕见,至如"很难"这样的组合,用来表示"不能够"或"不可能"的比例甚至还相当高。

关键词:"难";《现代汉语词典》

《现代汉语词典》(第7版)给"难"的基本义项的释义是"做起来费事的;不容易(跟'易'相对)"(第937页),这自然是不错的。比如:

(1) 学习一门外语是一件很难的事情。

要是细究一下,真正"难"的,往往不是做事情本身,而是做了以后,能够实现人们通常所期望的结果。拿上面的例句(1)来说,难的不是去"学习"一门外语,而是实现学"会"或者"掌握"一门外语这个结果。另一方面,虽然很难,但是只要坚持不懈地做下去,人们通常所期望的结果还是能够实现的,这应该也是"难"的意思所包含的一部分。还是拿上面的例句(1)来说,这句话也意味着通过不懈的努力,外语还是能够被掌握的。

但是,"难"还存在着另外一种使用语境,就是无论如何去做,人们所期望的结果都是"不能够"或"不可能"实现的,也就是说,"难"表示的是"不能够"或"不可能"的意思。而《现代汉语词典》(第7版)则没有给出这个义项。

我们来看"难"表示"不能够"或"不可能"的用例[说明:所引例句都来自《人民日报》,所以仅注明日期版面和文章题目]:

(2) 由于多种原因,误诊现象确实存在,世界各国都难避免。(2012.06.14 第7版《尽职尽责,努力减少误诊》)

(3) 康复人员老王曾被劳改戒毒四次,每一次戒毒失败都是因为"心魔难除"。(2012.06.27 第18版《戒毒人员回归社会的"中途岛"》)

(4) 但目前业内人士普遍认为,中央层面很难再出台新的调控措施,唯一可能的是更严厉地执行现有政策。(2012.06.18 第17版《房价还能不能压得住?》)

(5) 俄罗斯和欧盟希望此次对话会能有所突破,但专家普遍认为难有变化。(2012.06.19 第21版《一切恐怕又是老样子》)

(6) 化学农药容易残留在树木、瓜果、蔬菜上,很难彻底清理干净,也很可能污染到河、湖以及地下水。(2012.06.18 第20版《走进瓢虫工厂》)

(7) 经济增长过快,各方面需求很旺,许多落后产能不仅很难淘汰,而且还会获得发展空间。(2012.06.11 第17版《重视稳增长 探索走新路》)

　　分析这些例句:例句(2),既然误诊是客观存在,可见误诊"难避免"就是"不可能避免";例句(3),既然老王四次戒毒都失败了,可见心魔"难除"就是"除不掉";例句(4),既然唯一的可能是更严厉地执行现有的政策,那很"难"再推出,就是"不可能"再推出新的调控措施;例句(5),对照文章标题"一切恐怕又是老样子",可以看出,"难"有变化其实就是"不可能"有变化;例句(6),既然有可能去污染水源,可见农药残留很"难"彻底清理干净,实际上就是"不可能"彻底清理干净;例句(7),既然落后产能"还会获得发展空间",那所谓"很难"淘汰,就是"不可能"被淘汰。可见,"难"确实有"不能够"或"不可能"的意思。

　　"难"做状语修饰其他动词或作为语素构词的时候,也可以表示"不能够"或"不可能"的意思。再看例句:

(8) 钱老的问题,核心是我们的学校为什么培养不出大师级的杰出人才,可以概括为"大师难产之问"。(2011.08.04 第7版《再谈"大师难产之问"》)

(9) 必须从事物的发展中去认识事物,把握规律,否则得出的结论难免是片面的、错误的。(2012.06.28 第7版《进一步掌握好实事求是这一思想理论武器》)

(10) 这(医患矛盾)绝不应成为医生蒙受不白之冤甚至为此付出健康和生命的任何理由,于情难堪,更于法不容。(2012.03.29 第14版《网络戾气让人痛心》)

(11) 但也有专家表示,改革还难言到位,在弱化行政色彩,推进市场化方面,仍有很大空间。(2012.05.14 第17版《改革"组合拳"能否打出牛市》)

(12) 有分析认为,此举可能会提升全球油价。但综观各方面情况,油价不会在近期出现大幅上涨。(2012.07.02 第22版《油价近期难以大涨》)

(13) 类似事情虽难说普遍,却也并不鲜见。(2011.11.21 第4版《媒体成长离不开"自我观照"》)

(14) 我三次到绍兴,三次到鲁迅故居。每次都想写点什么,但总是找不出满意的角度,难于起笔。(2011.11.09 第24版《思考鲁迅》)

(15) 食品安全问题可能存在于食品生产、销售、消费、管理等各个环节,即使是知名食品的生产企业也难保万无一失。(2012.05.08 第18版《守护学生健康就是守护未来》)

(16) 一边是作为生产资料的汽柴油价格在飞涨,另一边,作为生活必需品的大葱也难耐寂寞。作为配料的大葱价格甚至涨过了作为主料的肉禽和鸡蛋。(2012.03.20 第16版《"天价大葱"再敲物价警钟》)

(17) (干部挨家挨户敲门,村民们却不开门)这是长期以来一些干部不干事、群众难办事的结果。(2012.05.28 第16版《万家忧乐在心头》)

(18) 演技之外,更让陈佩斯难忘的是父亲对他人格和戏德的教诲。(2012.06.28 第12版《"大反派"人生谢幕》)

(19) 如此低分竟能进面试,难怪人们要发出"天方夜谭"的惊呼。(2012.06.29 第9版《莫为缺陷披上合理外衣》)

分析这些例句:例句(8),后面的"难产"意之所指就是前面说的"培养不出"。例句(9),既然前面用了"必须"表明这是必要条件,那么不具备这一条件,自然就不可能得出正确的结论;所以句中的"难免"就是"免不了"。例句(10),"于情难堪"和"于法不容"对举,可见"难"就是"不"的意思。例句(11),既然认为改革仍有很大空间,自然不会认同改革已经到位。例句(12),文中"不会出现大幅上涨"的表述,说明了标题中"难以大涨"的含义。例句(13),很显然,在作者看来,这类事情并不鲜见,却还达不到"普遍"的水准。结合使用的语境来分析,其余例句中的"难",都不难发现,所表示的都是"不能够"或"不可能"的意思。我们就不再一一申说了。

在不少熟语中,"难"的意思也是"不能够"或"不可能"。例如:孤掌难鸣、难辞其咎、盛情难却、一言难尽、天理难容(也说"天理不容")、远水难解近渴(也说"远水不解近渴")。《现代汉语词典》把"孤掌难鸣"(2016:464)、"一言难尽"(2016:1539)中的"难"都解释为"难以",我们以为是不正确的。

"难"表示的"不容易",原本就有个程度问题。随着不容易的程度不断增加,"难"离"不能够"或"不可能"的距离也越来越近。这两者之间原本就不存在一条彼此分明的界限,于是"难"往前跨出一小步,就有了"不能够"或"不可能"的意思;换个角度,我们要表达"不能够"或"不可能"的意思,要是想要说得委婉温柔一些,或者欠缺一些些自信,"难"也就成了一个不错的选择。所以"难"和"不能够"或"不可能"之间的界线并不是"难以",亦即"不能够"或"不可能"跨越的。

其实,在古代汉语中,"难"除了表示"不易",也有"不可"的意思。《战国策·中山策·犀首立五王》:"且张登之为人也,善以微计荐中山之君久矣,难信以为利。""难信以为利",高诱注云:"不可尽信其言以为己利也",就是以"不可"释"难"。

《天水放马滩秦简甲〈日书〉》15号简:"盈日,可筑囷牢,可入生,利筑宫室。为小啬夫,有疾难瘳。"《说文解字》:"瘳,病愈也。"《书·说命上》:"若药弗瞑眩,厥疾弗瘳。"《诗·郑风·风雨》:"既见君子,云胡不瘳。"黄文杰谓"难瘳"与"弗瘳""不瘳""义近";其实应当说"义同"。(黄文杰,2008:170)

《汉语大词典》"难"的义项,第一个是"困难;不易";第三个就是"不能;不好",例证既有古代汉语的"众怒难犯,专欲难成"(《左传·襄公十年》)等,也有现代汉语的"唉唉,我不讲了,男人家的粗话难听"(第11册,1993:899)。可见,"难"表示"不能够"或"不可能"的意思是从古到今传承一贯的。

对比表1中相关词语的释义,我们可以看出:《汉语大词典》的释义都指出了"难"表示"不能够"或"不可能"的意思,同时也都列举了现代汉语的例证;而《现代汉语词典》则没有在释义中显示出"难"有"不能够"或"不可能"的意思。

表1

词语	《汉语大词典》的释义	《现代汉语词典》的释义
难保	不能保证;保不住	① 不敢保证;难以保证 ② 难以保住
难堪	不易忍受;承受不了	① 难以忍受
难说	① 谓不易解说 ② 说不定	① 不容易说;不好说,表示难于确切地判断或预测 ② 难于说出口

续 表

词语	《汉语大词典》的释义	《现代汉语词典》的释义
难言	不容易说;说不清楚	难说
难以	不能;不易	难于
难于	难以	不容易;不易于

由于没有自觉地意识到"难"有"不能够"或"不可能"的意思,《现代汉语词典》不但相关词语的释义不够周全,还在一些词目的释义中陷入了自相矛盾。例如:

(20) 覆水难收:倒在地上的水无法再收回,比喻已成事实的事难以挽回。(2016:414)
(21) 巧妇难为无米之炊:没有米,再能干的妇女也做不出饭,比喻缺少必要的条件,再能干的人也很难做成事。(2016:1053)
(22) 罄竹难书:把竹子用完了都写不完,形容事实(多指罪恶)很多,难以说完。(2016:1071)

上面这三个词语的释义,《现代汉语词典》在解说本义的时候,都把"难"解释成"不能够"或"不可能",但在申说比喻义的时候,又把"难"解释成"难以""很难":结果自相矛盾。

其实,在《现代汉语词典》中,也有把词语中的语素"难"解释成"不能够"或"不可能"的例子,例如:

(23) 更仆难数:花费了更换几拨侍者的时间,还是数不完,形容人或事物很多。(2016:446)
(24) 勉为其难:勉强做能力所不及的事。(2016:903)
(25) 难耐:难以忍耐;不能承受。(2016:938)
(26) 一言既出,驷马难追:一句话说出了口,就是套四匹马的车也追不回,形容话说出之后,无法再收回。(2016:1539)
(27) 擢发难数:形容罪恶多得像头发那样,数也数不清。(2016:1731)

只可惜,没有能够一以贯之。

同事王一平副教授看了以上文字,告知,根据她的检索分析,"很难"用来表示"不能够"或"不可能"的比例相当高。我们原本只想说明在现代汉语中"难"有"不能够"或"不可能"的意思,并没有考虑使用频率高低的问题,王老师的发现促使我们做了如下十分迷你的使用频率考察。谨向王一平老师表达谢意。

我们以"很难""非常难""太难"三个词组为考察对象,检索《人民日报》,从中选取连续出现的各35篇文章,分析其中的"难"有多少是表示"不能够"或"不可能"的意思。结果如表2所示:

表 2

	"很难"	"非常难"	"太难"
选取例句出现的时间段	2012.06.18 至 2012.07.02	2010.08.16 至 2012.03.19	2012.01.05 至 2012.06.11
全部用例数	35	35	35
表示"不能够"或"不可能"用例数	14	3	4
表示"不能够"或"不可能"占总数百分比	40%	8.6%	11%

从这一迷你考察的结果中我们可以发现：(1)"难"在这三个词组中,表示"不能够"或"不可能"的频率相差很大；(2)"难"在"很难"中表示"不能够"或"不可能"确实占很高的比重,达40%；在"非常难""太难"中的比重在10%上下,也不能说很低；(3)由于不是对"难"的所有用例的调查分析,我们无从推断"难"表示"不能够"或"不可能"在全部用例中占百分之几,但是,仅看这些用例,在《人民日报》上差不多平均每天能看到1个用例,足以说明,"难"表示"不能够"或"不可能"不是使用频率很低的罕见义项。

总结起来,我们以为,"难"在现代汉语里,不论是作为一个独立使用的形容词还是作为一个构词语素,都存在着表示"不能够"或"不可能"这一义项；这并不是一个很罕见的义项,也是一个从先秦时期一直沿用下来的义项。《现代汉语词典》应该收录这个义项,这样才能更为周全地说明现代汉语中的"难"的意思,才能更为准确地解释诸多包含"难"的这一义项的词语和熟语的意思。

附录：迷你调查中"难"表示"不能够"或"不可能"的用例一览

一、"很难"

(1) 就在上个月月末,中国奥委会合作伙伴安踏历时近两年打造的中国奥运代表团领奖装备在居庸关长城炫目亮相。如果不能从借势奥运、提振信心的角度去解读,局外人便很难理解一个领奖装备发布会为何要搞出那么大的动静。(2012.07.02 第23版《伦敦奥运精彩可期》)

(2) 穆尔西在组阁时将遇到阻力,在内阁某些重要职位的选择时要屈从军方意见,很难完全按照自己的意愿施展执政纲领。(2012.07.02 第21版《埃及新政府走马上任》)

(3) 此次事件能顺利解决也与其特殊性有关,由于洪良国际财务造假被揭露得早,香港证监会对其上市募集的资金及时冻结,投资者的损失尚能被追回。但从过往的案例看,财务造假案如果发生在上市几年后,资金恐怕就很难追回。(2012.07.02 第10版《造假上市吃了我的给我吐出来》)

(4) 距离奥运会开幕还有一个月,伦敦街面上依旧显得静悄悄,很难看出这是一座即将举办奥运的城市。(2012.06.28 第13版《十万人力保奥运安全》)

(5) 他们意识到仅靠过去的侦查模式很难适应新形势的需要。……2005年,内蒙古公安厅正式提出了打击刑事犯罪"速决战"概念。(2012.06.27 第16版《速决战：守护一方平安》)

(6) 手控交会对接属于操作技能类,它的掌握规律有一个学习曲线,到了一定平台期再提高进步很难,但如果训练的间隔时间太长也会有衰退。我们要避免这种衰退,就要持续训练,把水平保持在一个很高的平台上。(2012.06.25 第5版《对刘旺绝对有信心》)

(7) 作为一个地方和单位,如果没有统筹国内国际两个方面的主动意识,没有行动前的"舆论前置"意识,就很难在纷纭复杂的国际舆论环境中,发出响亮的"中国声音",也很难展示一个真实全面的中国形象。(2012.06.21 第20版《如何发出"中国声音"》)

(8) 误诊是可怕的,但冷漠比误诊更可怕。因技术导致的误诊可以理解,因冷漠导致的误诊却很难让人原谅。(2012.06.21 第19版《冷漠比误诊更可怕》)

(9) 目前我国的现实情况是,如果没有政府部门的支持和配合,公益组织很难深入基层、进入社区开展活动。长期以来,我们的公共服务几乎都由政府通过设立事业单位的方式来提供。因此,从长远看,政府要创新社会管理方式,在提供公共服务方面应该创新思路、创造环境,鼓励社会力量参与,构建公共服务的新格局。(2012.06.21 第 6 版《政府与社会如何握紧彼此的手》)

（10）如果不是那次车祸,郝芳萍就很难知道"雷锋车"车手在市民心中的分量。(2012.06.21 第 6 版《一座城市的精神》)

（11）随着世界田径竞技水平整体提升,竞争更加激烈,很难一家独大。很多国家都是在某个局部具备特点和优势,有所突破,……即便是美国,在田径场上的冲金点也没有超过全部设项的一半。(2012.06.20 第 23 版《我们的基础大项如何推进》)

（12）如果在生活中不懂得尊重朋友、尊重生活、尊重每一个细节,他在作品中就很难尊重他作品中的人物。(2012.06.20 第 15 版《中国电影缺的是见识》)

（13）航油价格较 2011 年增长了近 20%,目前已占到航空公司运营总成本的 40% 左右,而这部分成本是航空公司自身很难控制的……(2012.06.20 第 10 版《民航增速放缓盈利可期》)

（14）仅仅"听其言",很难作出正确判断;只有"观其行",方能得出正确结论。(2012.06.18 第 7 版《务实者必低调》)

二、"非常难"

（1）由于存在制约人民币自由兑换的资本账户管制,伦敦想成为人民币离岸中心还非常难。(2012.03.19 第 22 版《人民币国际化迎来快速发展阶段》)

（2）通过行政命令的方式禁止公款喝茅台是容易办到的,但是要想彻底斩断茅台酒与公款消费之间的纽带,则是非常难办到的事。毕竟目前公款消费制度不透明,很容易将其账目隐藏起来,变成其他的消费项目。(2012.02.07 第 19 版《公款消费不能止于"禁喝茅台"》)

（3）按照吴家玮的经验,一边当校长,一边做研究非常难。……"如果一个校长说自己还在做科研,这一定是骗人的。……"(2011.11.03 第 8 版《20 年,世界一流》)

三、"太难"

（1）不成想,……要学会养奶牛这个精细活太难了,……没几年,这个"主导产业"就倒下了。(2012.05.27 第 5 版《多些指导,少些主导》)

（2）声音必须做到前面,让画的人听着声音来设计。因为现场的环境声、风声、雨声、人物语言里透露出的情绪,靠画的人来想象太难了。(2012.04.05 第 12 版《声音,也是一门产业》)

（3）"工作成果比工作时间更重要,其实我也明白这样的加班没有意义,但改变起来实在太难。"陈磊无奈地说,办公室的同事都想通过加班给领导留下好印象,获取领导的认可从而获取提升的机会,谁也不愿意被落在后面。(2012.02.02 第 18 版《加班成了家常便饭》)

（4）她至今还记得 2001 年春节后,由于火车票太难买,晚回了工厂两天,负责招工的主管就对她说没位置了。(2012.01.05 第 18 版《幸福来得不容易》)

参考文献

[1] 汉语大词典编辑委员会,汉语大词典编纂处编纂.《汉语大词典》第 11 册[M].上海:

汉语大词典出版社,1993
[2] 黄文杰.秦至汉初简帛文字研究[M].北京：商务印书馆,2008
[3] 中国社会科学院语言研究所词典编辑室编.现代汉语词典(第7版)[M].北京：商务印书馆,2016

从中学语文词汇看20世纪汉语词汇发展

张志云

(复旦大学 国际文化交流学院,上海 200433)

摘 要:20世纪,中国社会发生了翻天覆地的变化,时代和社会的巨变反映在语言上,必然是语言中最容易随着社会变化而变化的词汇。本文从一个全新角度,将20世纪初的中学国文课本和20世纪末的中学语文课本进行比较,试图从这一特定角度观察和了解汉语词汇在这百年里的发展变化。本文采用ICTCLAS version1.0版本分词软件分词,用词频软件统计分词结果,利用EXCEL表格处理有关任务,分析调查结果。调查结果与分析结论以表格形式呈现。

关键词:中学语文课本;20世纪;汉语词汇;对比

一、研究背景与方法

20世纪对中国来说,是非常重要的一百年。这一百年,中国社会发生了多次翻天覆地的变化,推翻了封建帝制,走向了民主共和,经历了抗日战争和解放战争,又进行了改革开放,从一个故步自封、处处落后的封建帝国,变成了一个处于不断变革之中的、年轻的现代化发展中大国。时代和社会的变化必然反映在语言上,尤其是语言中最容易发生变化的部分——词汇。

因此,为了了解20世纪汉语词汇的发展变化情况,我们选取了20世纪初的中学国文课本和20世纪末的中学语文课本进行比较。为什么要选取中学语文课本进行比较呢?首先,语文课本是对学生进行语言、文学等方面教育的载体,编辑教材的人必定会选择语言使用合乎规范并能反映当时社会语言通行情况的作品,所以语文课本里的文章基本可以反映出当时社会的语言使用情况,具有一定的代表性;其次,小学语文课本里的文章篇幅短小、内容简单,涵盖的词汇量也比较少,这是同小学生的年龄特点和认知能力相适应的,不足以代表整个社会的语言使用情况。高中阶段的课本篇幅虽然合乎要求,但是笔者可见的20世纪初的教材中,文言部分内容偏多,不适合作为现代汉语词汇调查的对象。综上考虑,我们选择了初中阶段的语文教材进行比较。

《国文百八课》是开明书局出版的一套比较成熟的初中语文课本,从1935年到1938年先后印出四册,第五、六册因为抗日战争爆发未能继续编印。这部教材是由夏丏尊、叶绍钧

---

① 本文为教育部人文社会科学研究规划基金项目"二十世纪汉语词汇的演变"(96JAP740017)课题成果,课题负责人陈光磊,课题已结项,本文未公开发表。

(叶圣陶)编写的,夏、叶两位先生都当过多年的语文教师,又都有丰富的写作经验,选文编排自成体系。《国文百八课》每册18个单元,每个单元分为文话、文选、文法或修辞、练习四部分。我们选取的就是文选部分的白话文篇目,共85篇。《国文百八课》所选白话文以记叙文为主,但是也有十多篇应用文,如书信、调查报告、宣言、演说词、公文等等。白话文数量之多,内容取材之广泛,都胜过同时期的其他课本。

出于字数上的基本对等考虑,20世纪初还选取了另外一套教材,即由"民国丛书"编辑委员会提供的、世界书局1925年8月出版的第二版《中学国语文读本》(共三册,编者不详)。之所以选择这套教材,最重要的也是因为该套教材选择的文章以白话文为主。

20世纪末的语料则选取了全国大部分地区通用的由人民教育出版社出版的初级中学语文课本全套(1—6册)。20世纪末部分省市采用自编教材,但人教版教材仍然在全国二十多个省市通用。作为从中华人民共和国成立后就一直致力于编写中小学教材的出版单位,人教版的教材选择篇目比较传统,保留了相当多的经典文章,同时也根据时代的变化做出调整,选取了一部分内容比较贴合时代、语言词汇也更能反映20世纪后半期特点的文章。该套教材取材也十分广泛,除记叙文外,有新闻、通讯、书信、说明文、读后感、诗文赏析、议论文等。

本文语料来源:

《国文百八课》(1—4册),夏丏尊、叶绍钧编,开明书局1938年6月第一版

第一册 16 705 字

第二册 27 599 字

第三册 32 411 字

第四册 31 669 字

《中学国语文读本》(1—3册),编者不详,世界书局1925年8月第二版

第一册 50 145 字

第二册 49 497 字

第三册 58 953 字

20世纪初语料字数总计 266 979 字。

初级中学《语文》课本1—6册,人民教育出版社

初级中学语文课本第一册 39 309 字,1992年10月第一版

初级中学语文课本第二册 46 723 字,1993年4月第一版

初级中学语文课本第三册 44 172 字,1993年10月第一版

初级中学语文课本第四册 40 836 字,1994年4月第一版

初级中学语文课本第五册 21 499 字,1994年10月第一版

初级中学语文课本第六册 31 920 字,1995年4月第一版

20世纪末语料字数总计 224 459 字。

调查方式:

将语料全部输入电脑,校正无误后用分词软件分词,用词频统计软件统计分词结果,利用EXCEL表格处理有关任务,分析调查结果。本次调查采用的分词软件是ICTCLAS version1.0版本,中国科学院计算所软件室,作者为张华平(硕士生)、刘群(副研究员)。词频统计软件由复旦大学王明辉编制。

二、对比结论与分析

调查结果： 根据分词软件划分的结果，20世纪末语料总词数为17 901个，20世纪初语料总词数为19 324个。其中，20世纪末语料中出现而在20世纪初语料中没有出现的词总计8 650个，占48.32%；20世纪初语料中出现而20世纪末语料中没有出现的词总计9 997个，占51.73%。也就是说，20世纪初语料中出现的词语，有48.27%在20世纪末语料中仍然继续使用，51.73%的词没有出现；20世纪末语料中出现的词语，有51.68%是在20世纪初语料中出现过的，但是有48.32%是在20世纪初语料中没有出现的。

为什么这些在20世纪初使用的词语没有在20世纪末语料中出现？是由于它们已经被淘汰进而在语言中消失了吗？我们对这部分词进行观察，发现如下几种情况。

第一，20世纪初期和末期中国社会的政治、经济、文化、科技、社会生活等各个方面发生了巨大的变化，有些在20世纪初存在或常见的事物消失了、少见了，地名、路名、机关单位的名称、日常生活事物的名称等也有了很大的变化，所以有些20世纪初使用的专有名词和表示事物的名词在20世纪末的语料中没有出现，如"亲王""自耕农""青光（文学团体及杂志名字）""鸦片""劳工""隐士"等。

第二，20世纪初语料中有部分小说，小说中人物的名字、地方的名字在20世纪末语料中没有出现，如"广田""禄儿"等，这是由小说的个别特殊性造成的。

第三，20世纪初是白话文刚刚开始使用的阶段，语言词汇并不规范。有些词语在20世纪末被更为恰当的、更为常用、或更为大众化的规范词语所代替。如"轩敞"，现在我们用"宽敞"更多，其他如"农夫（农民）""妇人（妇女）""机械人（机器人）""学堂（学校）"等。

第四，有些外来词在20世纪初有种种不规范的翻译，20世纪末得到了规范和统一。如"安南"，现在我们用"越南"。

第五，有些文言中遗留下来的用语在20世纪初白话文初兴时还在广泛使用，但是到了20世纪末已经很少再使用，如表示自称的"愚"，尊称别人的"君""兄"，代词"伊""汝"，助词"底"等。

第六，有些词语在20世纪末甚至现在仍然在人们生活中使用，但是由于所选语料有限，在20世纪末语料中没有出现，如"华侨""菌苗""血清""苏打"等。

同样的，为什么有些词在20世纪末语料中出现但在20世纪初语料中没有出现？难道这些词语都是在20世纪末的生活中新产生的吗？我们对这部分词语进行观察，发现如下几点。

其一，20世纪末语料中有而20世纪初语料中没有出现的词语中，有相当一部分是小说中的人物名字，如"全海""老杨""老孙""广聚"等；另外，20世纪末的教材中选取的科普类说明文也比较多，所以有一定数量的动物植物及地理名称，如"柳树""桃树""松鼠""沙丘"等。这些具有选文上的特殊性。

其二，1949年以后中国社会发生了很大的变化，在新的变化中出现的新词也有不少，在中华人民共和国成立初期的一些文章中经常出现的政治性比较强的词语，如"解放军""共产党""资产阶级""反动派"等词；随着科技的发展，表示一些新生事物的词，如"计算机""航天飞机""过滤嘴""立交桥""宇航员""拖鞋"等；有的词语可能在20世纪初已经存在，但是不太普及,20世纪末却比较普及的词,如"近视""声波""物候""岗位""实惠""奥运会""金牌""选手"等。

其三,由于20世纪初白话文运动刚刚兴起,白话文的文章数量也不是很多,我们所选的语料也有限,所以有一定的局限性。

此外,我们对20世纪初期与末期语料中的词语进行了覆盖率的计算,借以比较20世纪初和20世纪末语料中词语的差别比例(见表1和表2)。

表1　20世纪末词汇覆盖率调查表(总词次127 829,总词数17 901)

词汇覆盖率	词　数	词　次	单个词出现次数
50.13%	254	64 079	7 553—56
60.18%	607	76 930	55—26
70.40%	1 392	89 990	25—12
79.52%	2 870	101 644	11—6
88.30%	5 910	112 874	5—3
92.94%	8 874	118 802	2
100%	17 901	127 829	1

表2　20世纪初词汇覆盖率调查表(总词次179 437,总词数19 324)

词汇覆盖率	词　数	词　次	单个词出现次数
50.09%	228	89 882	11 276—95
60.19%	533	108 012	94—42
70.02%	1 160	125 646	41—20
79.99%	2 567	143 537	19—9
88.66%	5 442	159 095	8—4
94.94%	10 245	170 358	3—2
100%	19 324	179 437	1

根据表1和表2,我们把20世纪初的词汇分为A、B、C、D、E、F、G七个范围,其中A即为覆盖率50.09%的词汇,是使用频率最高的部分,B为覆盖率60.19%的词汇中减去A中词得到的词汇,C为覆盖率70.02%的词汇减去A、B中的词,以此类推。用相同的办法,我们把20世纪末的词汇也分为a、b、c、d、e、f、g七个部分。

20世纪初的词汇区域分布在20世纪末的变化情况如表3和表4所示:

表3

20世纪初期各范围词数	在20世纪末分布情况							
	a	b	c	d	e	f	g	没有出现
A 228	191	35	1					1
B 305	56	123	81	25	10	2	2	6

续 表

20世纪初期各范围词数	在20世纪末分布情况							
	a	b	c	d	e	f	g	没有出现
C 627	11	122	**212**	130	83	18	25	26
D 1407	3	43	241	**388**	334	116	116	166
E 2875	1	13	115	384	**667**	395	511	789
F 4803	0	8	45	200	566	**521**	1 062	2 401
G 9079	0	2	22	105	440	505	**1 397**	6 608

表 4

20世纪初	20世纪末							
	a	b	c	d	e	f	g	没有出现
A	**83.77%**	15.35%	0.44%					0.44%
B	18.36%	**40.33%**	26.56%	8.20%	3.28%	0.66%	0.66%	1.97%
C	1.75%	19.46%	**33.81%**	20.73%	13.24%	2.87%	3.99%	4.15%
D	0.21%	3.06%	17.13%	**27.58%**	23.74%	8.24%	8.24%	11.80%
E	0.03%	0.45%	4%	13.36%	**23.2%**	13.74%	17.77%	27.44%
F	0	0.17%	0.94%	4.16%	11.78%	**10.85%**	22.11%	49.99%
G	0	0.02%	0.24%	1.16%	4.85%	5.56%	**15.39%**	72.78%

从表3和表4可以看出:20世纪初期和末期词汇覆盖率相近的区域词汇重叠率呈递减的趋势;20世纪初期使用的词汇在20世纪末期的分布情况虽然有变化,但是大部分在相邻的两个区域内,上下起伏的幅度并不是很大;20世纪初使用的词汇在20世纪末没有出现的情况随20世纪初使用频率的降低而递增。

20世纪末的词汇区域分布在20世纪初的分布情况如表5和表6所示:

表 5

20世纪末各范围词数	20世纪初分布情况							
	A	B	C	D	E	F	G	没有出现
a 254	**182**	56	11	3	1			1
b 353	35	**123**	122	43	13	8	2	7
c 785	9	81	**212**	241	115	45	22	60
d 1478	1	25	130	**388**	384	200	105	245
e 3040	0	10	83	334	**667**	566	440	940
f 2964	0	2	18	116	395	**521**	505	1 483
g 9027	0	2	25	116	511	1 062	**1 397**	5 914

表 6

20 世纪末	20 世纪初							
	A	B	C	D	E	F	G	没有出现
a	**71.65%**	22.05%	4.33%	1.18%	0.39%			0.39%
b	9.92%	**34.84%**	34.56%	12.18%	3.68%	2.27%	0.57%	1.98%
c	1.15%	10.32%	**27.01%**	30.70%	14.65%	5.73%	2.80%	7.64%
d	0.07%	1.69%	8.80%	**26.25%**	25.98%	13.53%	7.10%	16.58%
e	0	0.33%	2.73%	10.97%	**21.94%**	18.62%	14.47%	30.92%
f	0	0.07%	0.61%	3.91%	13.33%	**17.58%**	17.04%	50.03%
g	0	0.02%	0.28%	1.29%	5.66%	11.76%	**15.48%**	65.51%

从表 5 和表 6 可以看出：20 世纪末使用频率较高的 a 类词，在 20 世纪初同样高频使用的比例为 71.65%，但从 b 类词开始，20 世纪末期与初期的同区域重叠率是递减趋势；20 世纪末使用的词汇，在 20 世纪初的使用有所变化，大部分表现为降低了使用频率，向下两档左右；20 世纪末使用的词汇在 20 世纪初没有出现的比例随着 20 世纪末使用频率的降低而递增。

参考文献

［1］胡壮麟.语言学教程［M］.北京：北京大学出版社,1988
［2］葛本仪.汉语词汇学［M］.济南：山东大学出版社,2003
［3］许威汉.二十世纪的汉语词汇学［M］.太原：书海出版社,2000

附录

附录一：《国文百八课(1—4 册)》所选课文目录

第一册
1. 读书与求学(孙伏园)
2. 差不多先生传(胡适)
3. 希伯来开辟神话(一)
5. 希伯来开辟神话(二)
6. 广州脱险记(宋庆龄)
7. 小雨点(陈衡哲)
8. 工作与人生(王光祈)
9. 中学法
10. 中国国民党之政纲
11. 谈动(朱光潜)
12. 致俞平伯书(周作人)
13. 寄小读者通讯七(冰心)
14. 三弦(沈尹默)
15. 一个小农家的暮(刘半农)
16. 卢参(朱自清)
17. 五四事件(周予同)
18. 落花生(落花生)
19. 从孩子得到的启示(丰子恺)
20. 几种赠品(叶绍钧)

第二册
1. 苦雨斋之一周(周作人)
2. 谒孙中山先生故居(耘愚)

3. 朋友(巴金)
4. 风筝(鲁迅)
5. 金字塔(沈德鸿)
6. 龙潭之役(徐鹤林)
7. 养蚕(丰子恺)
8. 我与小说(胡适)
9. 苏打水——科学丛谈
10. 我所知道的康桥(徐志摩)
11. 古代英雄的石像(叶绍钧)
12. 初夏的庭院(徐蔚南)
13. 秋夜(鲁迅)
14. 五月卅一日急雨中(叶绍钧)
15. 最后一课(都德、胡适译)
16. 背影(朱自清)
17. 雨前(罗黑芷)
18. 画家(周作人)
19. 黄浦滩——子夜
20. 荷塘月色(朱自清)
21. 邻(茅盾)
22. 新教师的第一堂课(夏丏尊译)

第三册
1. 卖汽水的人(周作人)
2. 孔乙己(鲁迅)
3. 赤着的脚(叶绍钧)
4. 项链(莫泊桑、常惠译)
5. 水手(刘延陵)
6. 海燕(郑振铎)
7. 疲劳(夏丏尊译)
8. 中国大学发现唐墓调查报告(常惠)
9. 点查柏林寺所藏经板数目报告
10. 丛书集成凡例
11. 公文标点举例及行文款式
12. 农家生活的一节(王统照)

13. 农民的衣食住(孟真)
14. 为什么要爱国(潘大道)
15. 机械人(黄幼雄)
16. 梅(贾祖璋)
17. 蟑螂(克士)
18. 二十三年夏季长江下游干旱之原因(竺可桢)
19. 动物的运动(贾祖璋)
20. 菌苗和血清(顾寿白)
21. 美与同情(丰子恺)
22. 科学名词跟科学观念(赵元任)
23. 导气管的制法——化学奇谈
24. 怎样读书(胡适)
25. 何谓自由(翼公)
26. 说"合理的"意思(任鸿隽)
27. 谈风——上下古今谈

第四册
1. 春天与其力量(爱罗先珂)
2. 物理学和人生(周昌寿)
3. 广田示儿记(林语堂)
4. 苏州夜话(田汉)
5. 娜拉临走的一幕(易卜生)
6. 鸭的喜剧(鲁迅)
7. 音乐师(蒋山青)
8. 欢宴国民党第一次全国代表词(孙文)
9. 黄花岗烈士纪念会演说词(陈布雷)
10. 杜威博士生日演说词(蔡元培)
11. 牺牲(顾颉刚)
12. 缺陷论(李石岑)
13. 回农村去(曹聚仁)
14. 再谈回农村去(茅盾)
15. 释"三七"(樊缜)
16. 论"五十步笑百步"(苏丹)

附录二:《中学国语文读本(1—3册)》所选课文目录

第一册
1. 国文之将来(蔡元培)
2. 新生活(胡适)

3. 迷信话(陈在新)
4. "少年中国"的"少年运动"(李大钊)
5. 人生目的何在(梁启超)

6. 今(李大钊)
7. 儿时底回忆(囡昱)
8. 丑童(金啸梅)
9. 三堆口沫(愈之)
10. 从老到死(唐俟)
11. 故乡(鲁迅)
12. 杜威先生与中国(胡适)
13. 切实试行(赤)
14. 自由(郑振铎)
15. 机器促进大同说(吴敬恒)
16. 快乐(Euprin)
17. 吴虞文录序(胡适)
18. 由纵的组织向横的组织(李常守)
19. 十年前的今日(大白)
20. 隔膜(叶绍钧)
21. 世界上所以有灾票的印因(托尔斯泰)
22. 新思潮的意义(胡适)
23. 职业教育与新学制(黄炎培)
24. 李成虎小传(玄庐)
25. 石子(玄庐)
26. 谁顾得谁(玄庐)
27. 超人(冰心)
28. 暮(俞平伯)

第二册
1. 文化运动不要忘了美育(蔡元培)
2. 欧游心影录楔子(梁启超)
3. 三问题(托尔斯泰)
4. 哇爪之野猪与蛇(史国英)
5. 人类的将来(朱执信)
6. 蒋爱真给H君的一封信(蒋爱真)
7. 题日本武者先生信后(蔡元培)
8. 制造外国国民(达文)
9. 地动(叶绍钧)
10. 最苦与最乐(梁启超)
11. 干荷花瓣(瞿世英)
12. 一课(叶绍钧)
13. 母(叶绍钧)
14. 新月(郭沫若)

15. 风波(鲁迅)
16. 顾老头子底秘史(玄庐)
17. 药(鲁迅)
18. 孔乙己(鲁迅)
19. 我底学校生活底一断片(爱罗先珂)
20. 邮船上的两个印度人(梁绍文)
21. 中国派的医生(玄同)
22. 白云(郭沫若)
23. 一念(胡适)
24. 鸽子(胡适)
25. 人力车夫(胡适)
26. 老鸦(胡适)
27. 三溪路上大雪里一个红叶(胡适)
28. 新婚杂诗(胡适)
29. 新闻记者之日(PT)

第三册
1. 我的新生活观(蔡元培)
2. 记绍兴志学会的三大愿(蔡元培)
3. 我所见的华侨总商会(梁绍文)
4. 华侨的大腹贾与小苦力(梁绍文)
5. 华侨社会之一斑(梁绍文)
6. 提倡学校后之华侨(梁绍文)
7. 赴法船中的报告(李思纯)
8. 殖民政府对华侨办学的妒视(梁绍文)
9. 纪英人摧残教育始末(梁绍文)
10. 华民政务司与汉奸(梁绍文)
11. 世界上最懒惰的民族(梁绍文)
12. 笑(冰心)
13. 领事署与书报社(梁绍文)
14. 不轻易同化异族的特性(梁绍文)
15. 二十年前之维新人物(梁绍文)
16. 南洋之女豪杰(梁绍文)
17. 墙头(俞平伯)
18. 一个乡民的死(周作人)
19. 卖汽水的人(周作人)
20. 留法老先生之自述(徐特立)
21. 评非宗教同盟(梁启超)
22. 旅法两周底感想(张梦九)

23. 于福矿山实习记(张资平)
24. 学术界应有的觉悟(卢于道)
25. 欧行道中记(节录)(宰平)
26. 劳工神圣(蔡元培)
27. 洪水与猛兽(蔡元培)
28. 荒芜了的花园(郑振铎)
29. 大恐惧(唐俟)
30. 雨后(郭沫若)

附录三：《初级中学语文课本》(1—6册)所选课文目录

初级第一册
1. 这不是一颗流星
2. 羚羊木雕
3. 背影
4. 散步
5. 金黄的大斗笠
6. 从百草园到三味书屋
7. 最后一课
8. 为中华崛起而读书
9. 小桔灯
10. 枣核
11. 榆钱饭
12. 老山界
13. 纪念白求恩
14. 生命的意义
15. 春
16. 济南的冬天
17. 松鼠
18. 咏柳赏析
19. 看戏
20. 笑的武器
21. 花市
22. 大自然的语言
23. 回声
24. 影子的故事
25. 皇帝的新装
26. 伊索寓言
27. 盘古开天辟地

初级第二册
1. 我的老师
2. 挺进报

3. 山的那一边
4. 刘胡兰慷慨就义
5. 一面
6. 一件珍贵的衬衫
7. 同志的信任
8. 挖荠菜
9. 夜走灵官峡
10. 傻二哥
11. 第二次考试
12. 分马
13. 社戏
14. 小小说两篇
15. 荔枝蜜
16. 小麻雀
17. 海滨仲夏夜
18. 驿路梨花
19. 人民英雄永垂不朽
20. 雄伟的人民大会堂
21. 和青年同志们谈写信
22. 卓越的科学家竺可桢
23. 谈骨气
24. 短论两篇

初级第三册
1. 中国石拱桥
2. 北京立交桥
3. 吴门桥
4. 母亲架设的桥
5. 巴黎的桥
6. 死海不死
7. 统筹方法
8. 向沙漠进军

9. 谈笑
10. 读报常识
11. 消息通讯
12. 评论
13. 副刊文摘
14. 白杨礼赞
15. 听潮
16. 钓胜于鱼
17. 故宫博物院
18. 从甲骨文到缩微图书
19. 万紫千红的花
20. 看云识天气
21. 苏州园林
22. 在烈日和暴雨下
23. 变色龙
24. 落棋有声
25. 醉人的春夜
26. 到五月花烈士公墓去
27. 从宜宾到重庆
28. 《自然　生活　哲理》序
29. 标点符号的用法（节选）

初级第四册
1. 故乡
2. 论雷峰塔的倒掉
3. 读后感两篇
4. 什么是生态系统
5. 大自然警钟长鸣
6. 继续保持艰苦奋斗的作风
7. 从三到万
8. 想和做
9. 哨子
10. 畏惧错误就是毁灭进步
11. 理想的阶梯
12. 短文两篇
13. 记一辆纺车
14. 我的小桃树
15. 散文两篇

16. 怀疑与学问
17. 短论两则
18. 发问的精神
19. 论求知
20. 俭以养德
21. 友邦惊诧论
22. 小驳论两则
23. 七根火柴
24. 老杨同志

初级第五册
1. 人民解放军百万大军横渡长江
2. 美"挑战者"号航天飞机升空后爆炸
3. 谁是最可爱的人
4. 介绍应用文写作知识
5. 还乡梦自序
6. 防治近视常识问答
7. 最后一次讲演
8. 理解应该是双向的
9. 我的长生果
10. 自学的好帮手——工具书
11. 孔乙己
12. 海燕

初级第六册
1. 回忆我的母亲
2. 藤野先生
3. 矛盾自传
4. 人类的语言
5. 食物从何处来
6. 天气陛下
7. 中国人民寻求救国真理的道路
8. 治学的秘诀
9. 求知如采金
10. 怎样丢掉学生腔
11. 竞选州长
12. 我的叔叔于勒
13. 卖蟹

附录四：20 世纪末词次数为 0，20 世纪初词次数 10 以上的词表

词语	20 世纪初词次				
华侨	189	学堂	19	消	14
南洋	89	致	19	自耕农	14
吾	58	安南	18	舶	13
娜	50	妇人	18	愁	13
叔康	49	觉悟	18	椿	13
苦痛	47	小燕	18	法文	13
故	42	言论	18	估	13
殖民	36	厌	18	何	13
国王	34	纵	18	进化	13
国民	31	筋肉	17	矿山	13
多数	30	免	17	联合	13
嫂	30	西贡	17	生存	13
广田	29	自杀	17	逃难	13
洋	29	鸿章	16	休	13
思	28	洁	16	灾祸	13
信仰	28	劳工	16	槟榔	13
领事	25	文言	16	初次	12
世间	24	兄	16	典娴	12
威	24	役	16	凡	12
爷	24	正当	16	改良	12
白话	23	彬	15	国粹	12
学术	22	副词	15	惠	12
乙	22	境	15	交涉	12
诸君	22	莲花	15	军官	12
博士	21	孟	15	娜拉	12
个性	21	贫	15	青光	12
机械人	21	绍文	15	苏打	12
栓	21	神圣	15	他人	12
小风	21	鸦片	15	太	12
隐士	21	驻	15	攻击	11
资本	21	菽	15	乃至	11
明儿	20	伯伯	14	亲王	11
汝	20	成虎	14	顷	11
警察	19	何	14	取缔	11
文选	19	华人	14	适	11
学理	19	始	14	术	11
		相识	14	述	11

推翻	11	回复	10	汕头	10
先珂	11	教育部	10	随	10
言语	11	节	10	随处	10
翼	11	菌苗	10	同盟	10
蟑螂	11	君	10	轩敞	10
瓣	10	空虚	10	血清	10
宠	10	乐	10	引号	10
大森	10	禄儿	10	愚	10
调和	10	陆	10	注重	10
耕	10	论语	10	锉	10
官僚	10	农夫	10		

附录五：20世纪初词次数为0，20世纪末词次数10以上的词表

词语	20世纪末词次	词语	20世纪末词次	词语	20世纪末词次
老杨	38	钓	16	环	13
计算机	32	回声	16	艰苦	13
共产党	28	科长	16	进勇	13
阿婆	27	老孙	16	梨花	13
过滤嘴	27	立交桥	16	片片	13
榆钱	27	柳树	16	生动	13
地区	26	全海	16	伊玲	13
共产党员	25	拖鞋	16	资产阶级	13
近视	23	大运河	15	过滤嘴	12
纺车	21	韩	15	暴风雨	12
物候	21	纪念碑	15	电视	12
俺	19	金牌	15	恩来	12
斗争	19	然	15	工具书	12
海峰	19	阅读	15	航天飞机	12
老秦	19	骗子	14	基本	12
词典	18	实惠	14	荔枝	12
纺	18	市长	14	石拱桥	12
选手	18	叔叔	14	双喜	12
沙丘	17	阵地	14	乌云	12
松鼠	17	荠菜	14	遗嘱	12
桃树	17	等待	13	友邦	12
主席	17	纺线	13	嗯	12

续 表

词 语	20世纪末词次	词 语	20世纪末词次	词 语	20世纪末词次
碧玉	11	医院	11	经常	10
付出	11	月球	11	令箭荷花	10
岗位	11	志敏	11	牡蛎	10
广聚	11	抓住	11	年鉴	10
积云	11	郭	10	求恩	10
济南	11	标题	10	热情	10
记住	11	厂长	10	声波	10
昆明	11	斗笠	10	吐温	10
雷	11	儿马	10	新疆	10
羚羊	11	二氧化碳	10	修建	10
麦尔	11	反动派	10	延安	10
毛驴	11	反映	10	瑶民	10
沙滩	11	风沙	10	主要	10
万芳	11	火把	10	偃旗息鼓	10
丫	11	解放军	10		

汉语新词语的产生、传播与二语教学

何 瑾

(复旦大学 国际文化交流学院,上海 200433)

摘 要：汉语新词新语的不断产生是汉语保持活力的一个重要来源。本文对其类别、产生、传播的过程和特点做了考察和分析。同时,在汉语作为第二语言的教学过程中,新词语的教学有不少具体问题值得探讨,其教学必要性、可能性、方法、目标设定等也是本文关注的内容。

关键词：新词语;产生;传播;汉语二语教学

一、引言

当今中国,社会经济高速发展,汉语也蓬勃生长,新词新语层出不穷,从笔者最初关注新词语至今,转眼已是十多年了。作为历史悠久却始终生命力旺盛的一种语言,汉语的自我更新机制很值得探寻。接下来我们将从汉语的新词新语现象入手,管中窥豹,考察汉语新词语产生、传播及发展的特点和路径,进而探寻其历久弥新的奥秘。同时,针对实际应用中的汉语作为第二语言的教学,对待汉语新词语应该秉持怎样的态度和教学方式,也是本文要探讨的内容之一。

二、汉语新词语的内涵及类别

2.1 汉语新词语的内涵

本文涉及的新词语,是指在汉语发展过程中出现的以往不存在或者表义有所更新、拓展的新的表达方式。一方面,本文的选例是在网络上公开得到认可的新表达,已经具有一定的传播范围,不包括刚刚由个人创作出来,传播范围极小的情况。另一方面,仍然要以汉语的既有单位,如词语、结构等为基础,诸如纯数字,或者英文首字母、拼音首字母等表达不在本文研究之列。

2.2 汉语新词语的类别

从实际语料所反映的情况来看,汉语的新词语主要包括两大部分,一是新词,二是新结构。目前文献中关于新词的研究相对多一些,大多数从来源进行划分。陈双玉(2008)把新词分成"行业、外来、方言、新造、网络词"这五类;苏琳、吴长安(2016)也把新词分成五类,分别是:"新造词、方言词、复活的旧词、外来词、网络词"。杨绪明、杨文全(2009)则分出六类,包括新造词、复活的旧词、跨域方言词、外来词、字母词和中西合璧词、数字词与跨层次片段。

可以看出,上述新词分类的标准比较清楚,但仍存在不少问题。例如:"网络词"这个类别问题就比较大,网络新词的来源本就难以追根溯源,那么它与"新造词"之间的分野究竟定在哪里好呢?又如:"新造词、网络词"与其他分类之间有没有重叠交叉,某个行业的新造词兴起或者广泛流传于网络,应该归入行业词、新造词、网络词中的哪一类呢?诸如此类的问题,很难解决清楚。所以本文尝试换个角度,从新词的语义形成过程来进行分类。其中,新词分出六类;新结构分出四类。

2.2.1 新词的类别

1) 语义拓展类,例如:

亲、山寨、土豪、雷人、卖萌、坑爹、脑补、脑洞、醉了

2) 方言词或者外来词的语义借用类,例如:

愿景、猴赛雷、额滴神、然鹅、蓝瘦、筒子、给力、吐槽、供给侧

3) 前缀造词类,例如:

零~(零排放、零距离);被~(被自杀、被就业);伪~(伪农民);裸~(裸妆、裸婚、裸跑)

4) 后缀造词类,例如:

~门;~族;~客;~体;~奴;~二代;~粉(凉粉、铁粉、钢粉、骨灰粉);~蓝(APEC 蓝、阅兵蓝);~+(互联网+);ABB(楼脆脆、范跑跑、桥矮矮)

5) 谐音造词类,例如:

杯具(悲)、**洗**具(喜)、**鸭梨**(压力)、**围脖**(微博)、**神马**(什么)、**鸡冻**(激动)、**炒鸡**(超级)、涨**姿势**(知识)、**油**你涨(由)、**蒜**你狠(算)、向前**葱**(冲)、**姜**你军(将)、**豆**你玩(逗)、**药**你苦(要)、**糖**高宗(唐)、**盐**王爷(阎)

6) 缩略造词类,例如:

心塞、城会玩、理都懂、喜大普奔、人艰不拆、累觉不爱、细思极恐

2.2.2 新结构的类别

1) 意译过程影响和短语结构使用范围扩大化产生的"程度副词+N."。例如:

很中国、很女人、最云南、比较阳光

2) 方言和礼貌原则影响产生的"比较不……""有V."。例如:

比较不发达、比较不喜欢、比较不懂事;有去过

3) 名词动用的"N.+Obj.""N.一下""N.了没有"。例如:

电话你、Email 你、短信他、小窗聊;百度一下、google 一下;淘宝了没有、早饭了没有、"大学生了没有"

4) 借词的"VP. ing"。例如:

吃饭 ing、上课 ing

三、新词语的产生和传播特点

从现实情况看,新词的产生数量和速度都大大快于新结构,这也符合词汇演变速度比语法演变快的语言理论。当代汉语新词语的产生和传播过程体现出以下特点。

3.1 来源特点

来源事件化。新词语产生的最大动力就是个性创造,而这种创造又常常是针对具体事

件有感而发。除了少数纯粹的谐音造词是个人语言陌生化、戏谑化的追求以外,很多新词语产生之初往往是与某个特定事件或现象相关,或者是当事人说的话,或者是他人对某一事件的描述。新词新语正是对某种事件或现象的个性化表达。例如:"寂寞"是旧词新用,一个孤单男深夜吃面时说:"哥吃的不是面,是寂寞。""洪荒之力",也是旧词新用,来自游泳运动员傅园慧得奖后所说的话。"蚁族"来自媒体对大城市学生群租聚居现象的报道。"楼脆脆"来自媒体公众对一栋竣工未使用大楼整体倒塌的报道,以此戏谑大楼的质量不好。"桥矮矮"来自某地所造大桥过矮,大车难以通行的新闻。"蒜你狠、糖高宗"等来自对农产品价格飙涨的报道,"盐王爷"则来自对未来盐业改革会导致盐价上涨的猜测。

3.2 种类特点

种类多样化。新词语的种类十分丰富。比如新词从产生路径来看,种类丰富,主要有旧词新用、方言借用、前后缀造词、谐音、缩略造词等。其中又以前后缀造词和谐音造词的产出率最高。这种现象根源于人类的完型认知,人们将自己语言中的已有构式整体储存在大脑中,表达和理解时也是整体提取。当一个新表达与背景知识中的构式相似或者相近时,人们就会启动完型认知机制,激活已有的构式意义帮助理解。前后缀造词如"零~、被~、~门、~族、~客、~体"等,以一个一个系列的形式存在,加入内容后造出新词的过程简单易行,造出的新词也十分容易理解从而能被迅速接受和广泛传播;同理,谐音造词产出的新词与原词语音相近、意义相同,对于说者而言容易创造,对于听者而言容易理解,因此也是新词的一大主要来源。

3.3 发展特点

发展多向化。新词语层出不穷,但使用频率和传播范围并不完全相同。有的经过构式化从而固定下来了,有的则可能会被自然淘汰,渐趋消亡。总体来说,形式陌生新鲜,但与已有表达关联度高,意义容易理解的新词语传播最快最广。在此基础上,前后缀造词由于其形式的规整性,产出率高,使用高频,构式化程度最高。而那些理解障碍大的新词语在传播过程中则显现出使用频率较低、使用群体范围窄的特点,缩略造词中这种情况较为突出,例如:不明觉厉、啊痛悟蜡等。这些新词语的发展方向还有待观察。

3.4 传播特点

传播网络化。21 世纪以来,网络和移动终端呈现几何级发展,在海量信息的冲击下,人们用扫描的方式快速获取信息,这带来了以下结果:

首先,新词语传播速度大大提高。移动终端的功能和覆盖面都野蛮生长,这使得在一处创造出的新表达有可能一夜之间火遍九州。

其次,受众对新词语的容忍度提高。因为扫描获取的方式允许只关注重点,其他内容被动模糊接受。

再次,说者和听者对言语刺激强度的要求都有所提高。正因为共享信息量太大,信息发出者为博得关注,主动对自己言语内容的新鲜度提高了要求,积极创造新词语;受众在海量信息中也的确对陌生化的新词语青睐有加,这又反过来进一步推动了信息发出者的言语创造。

3.5 创造使用特点

创造使用娱乐化。新词语在产生之初,往往是个人的即兴言论或者媒体在事件报道中的创造性表达。之后,由于其陌生、新鲜、形象、幽默等引人之处受到追捧和传播。

在新词语的产生和传播过程中,一个显著特点就是受众心态的娱乐化,追求言语表达的戏谑性和幽默性。人的本性是趋利避害的,潜意识里追求快乐是人性使然,而游戏则是人类最初的艺术创造活动。新词语在使用中的一个普遍特点就是严肃语义弱化、调侃和自嘲意味浓厚。

3.6　参与群体特点

参与群体扩大化。从新词语的使用群体来看,有日益扩大化的趋势。一方面,受众年龄层从年轻人向老年人扩散。另一方面,新词语曾经的使用主力是网民和部分媒体,而现在已经发展到了主流媒体也频繁使用流行中的新词语。这两方面的变化与移动终端的迅猛发展密不可分,同时也反映出时代转型期主流话语体系对新词语、新变化的态度日渐宽容,也证明了部分新词语的固化过程正趋于完成。

四、汉语新词语的二语教学

4.1　问题的提出

近年来,汉语日常口语中这些不断出现的新的表达方式,其中有一些有高频化和固化倾向。对于这些新的表达,我们面临几个问题:

(1) 教还是不教?
(2) 如果教,如何处理新表达与标准语法之间的关系?
(3) 具体有何方法?

针对上述问题,若要有效解决,要结合新词语的自身特性,以及产生、传播特点来综合考虑,提高教学过程与新词语之间的匹配度,才能够事半功倍。下面将沿着这样的思路具体探讨这些新词语的二语教学原则与方法。

4.2　问题探讨及解答

4.2.1　教与不教

这两种观点的同时存在是有其原因的,因为如果不教,二语学习者,尤其是来华留学生在现实生活中不可避免地会碰到这些活的话语,产生困惑,若无引导还有可能出现理解和使用错误。可是,如果教新词新语,尤其不是在独立的新词语课上,而是跟随标准词汇及语法一起讲授的时候,会带来一些现实问题,例如:讲授时间紧张,辨析任务加剧,记忆和运用复杂度提高,等等。

陆俭明(2015)认为,语言发展过程是从规范语言到出现语言变异,再到形成新的规范语言的螺旋上升过程,所以要树立"动态规范观"。

回顾汉语的产生和发展,历史悠久,却始终保持着高度的活力,正是因为其具有兼容并包和自然过滤相结合的自我更新机制,也就是说,对于新表达,汉语社会具有高度的包容性,之后在全社会的使用过程中自然过滤,最终存精华、去糟粕,只留下适应社会新发展、为人们广泛接受和高频使用的新表达。汉语正是以这样的方式不断地螺旋生长,敦厚而活跃,古老而年轻。

从学习动机的角度来看,新词新语的讲授也有其意义。根据学习动机理论,除了最初的学习动机以外,学习者的动机在学习的过程中是可以被进一步创造和激发的。新词新语是语言中最新鲜的成员,与当下的社会现实和真实交际都有着天然密切的联系。对二语学习者而言,了解并正确使用所学语言的新词新语,既有趣又有用,能够促进和强化其学习动机,从而有利于提高习得效率、优化习得效果。

因此，对于第一个问题的答案，应该是肯定的，即使在教学中会面临一些困难，也不能因噎废食，新词语需要教，这也是对活的语言事实的尊重。在这种情况下首先要平衡时间、比例等问题。

4.2.2 "新的"与"标准的"如何平衡

这是看似矛盾对立的两个方面，然而，本质并非如表面看上去的那样。其实这二者有其内在联系，甚至有共生关系，能够相互促进。这是因为新词新语很多是有其背景构式的，可与背景构式一起教，同时强调整体记忆。尽可能以构式而非孤立的词语为单位进行教学，可以产生事半功倍的效果。这一点在其他语言点的教学上也同样适用。整体记忆的学生对所学表达掌握快，准确率也高。

事实上，与构式理论相契合的整体思维在汉语交际中十分重要，构式义来自于整体，从个体无法推出整个构式的意义（Goldberg, 1995）。而汉语会话双方对本语言的构式背景尤其倚重，很多时候，话轮看似是由不完整的句子组成，但却完全不影响理解，并可顺利推进下去。汉语中大量的歇后语、暗含典故的成语、诗词等都是这一现象的典型例证。例如：

（1）你就别王婆卖瓜啦！（听话人自己补出"自卖自夸"）

（2）他俩是周瑜打黄盖，你操那么多心干嘛？（听话人自己补出"一个愿打一个愿挨"）

汉语新词语产生有其构式基础。汉语本身词形变化不发达，语境依赖度很高，对交际双方的依存度和重视度也很高，会话方向的变动性可以很大。汉语这种缺乏严格词形变化，并且不自足的特点，为新表达的存活提供了宽松的环境。新表达本身与已有表达之间可追溯，有助新表达的创造、理解和扩散。例如：

"拼客"与"乘客、顾客"

"自杀门"与"水门、罗生门"

"阅兵蓝"与"海蓝、柠檬黄、葡萄紫"

"很中国"与"Very Chinese"+"来了一群红领巾"

上述例证中右边部分是受众语言背景中已经存在的构式，这些已有构式知识帮助受众顺利理解新表达，而容易被受众理解的新表达存活度较高。

因此，对第二个问题，标准表达与新表达之间其实可以是互促共生的关系。前者为后者提供理解依据，后者为前者创造丰富性、吸引力和学习动机。

4.2.3 新词语的二语教学方法例析及教学原则

针对不同类型的新词语，结合其自身特点和产生传播途径，采用高匹配度的教学方法，是我们探讨这一问题的目的所在。我们总结出以下四种方法（见表1）：

表1

	教学方法	适用类别
课内	（一）语音解说 试用、仿造	方言词 外来词的借用 谐音造词 "VP. ing"结构
	（二）结构解说 试用、仿造	前缀造词 后缀造词 缩略造词 "程度副词+N."结构

续　表

	教　学　方　法	适　用　类　别
课内	（三）语义解说 试用、仿造	语义拓展造词 "N.+Obj.""N.一下""N.了没有"结构
	（四）语用解说 试用、仿造	"比较不……" "有V."结构
课外	（五）网络源事件查询 例句搜索学习	所有类别

如上表1所示，我们根据不同新词语的特点，将教学方法总结为五种，前四种是课内使用的教学方法，每一个分类方向内又包括教师的解说和学生的操练，后者又分为对所学新词语的听说使用和尝试自己仿造新词语。最后一种用于课外，要求学生自行完成，巩固并衍生学习。

4.2.4　新词语的二语教学原则

在整个教学过程中，要遵循三条一以贯之的原则：

一是教学要求上，要理解重于输出。新词语的教学，目的是提高学生所学言语的新鲜度，这样让学生学到活的语言，使他们的现实交际更加顺畅和高效，因此应该以听懂理解为主，使用输出为辅，随着学生汉语水平的提高，二者的比重可动态调整。

二是教学安排上，要课内结合课外。新词语的生命力在于"活"，在于其背后刚刚发生不久的新鲜事件，在于其方兴未艾，人们的乐意使用。因此，适合调动学生的发挥主观能动性，利用网络、移动终端等丰富的多媒体手段，安排学生在课后自己进行相关事件、更多例句的搜索拓展，将学生的汉语学习引向更深更广、更实用也更自主的维度。

三是教学内容上，要留够沉淀期。什么意思呢？就是说并不是每个新词语都有强大的生命力能最终进入词汇甚至语法系统的，因此对刚刚产生的新词语要保持一定的存疑态度，等其传播一段时间，经过循环沉淀、螺旋前进的筛选，未被淘汰，顺利沉淀下来之后，再教给学生。这主要是由新词语的衰变特点决定的。新词语并不是产生了就一定会一直活下去，有的符合语言发展规律，大众接受度高，能产性强，在语言的演变中存活下来了，这部分沉淀下来的新词语逐步融入基本表达的教学之中。还有一些新词语接受度低或者接受范围窄，并不具备长期大面积流传从而进入基本表达的能力，久而久之将会淡出大众的视野，最终昙花一现，成为语言演变中的一段历史，对这部分新词语要不断剔除，以保证新词语教学的真正有效。

参考文献

［1］罗伯特·斯莱文著，吕红梅，姚梅林等译．教育心理学［M］．北京：人民邮电出版社，2016

［2］陈双玉．浅析汉语新词语的类型特质［J］．语文学刊，2008，（9B）

［3］何瑾．零距离接触"零X"［J］．汉语学习，2004，（5）

［4］陆俭明．从语法构式到修辞构式再到语法构式［A］．上海：第二届汉语句式研究国际学术研讨会，2015

[5] 苏琳,吴长安.汉语新词语对汉语言发展的意义和影响[J].东北师大学报(哲学社会科学版),2016,(1)
[6] 杨绪明,杨文全.当代汉语新词新语探析[J].汉语学习,2009,(1)
[7] Goldberg, Adele E.. *Constructions: A Construction Grammar Approach to Argument Structure* [M]. Chicago: University of Chicago Press, 1995
[8] Leech, Geoffrey N.. *Principles of Pragmatics* [M]. London: Longman Group Limited, 1983

浅论元认知干预下的小说心理叙事

宋 桔

(复旦大学 国际文化交流学院,上海 200433)

摘 要:本文以小说中的心理叙事为切入点,依托"元"概念范畴的相关理论,在元认知模式的背景下讨论小说心理叙事中的作家写作的元话语层次与作品所呈现的基本话语层次的互动关系,构建小说心理叙事的元认知分析模型,结合相关的现代汉语小说作品的语料分析小说中不同心理叙事手法的生成特征及接受效果。

关键词:元认知干预;元话语;小说心理叙事;思维引述

一、理论阐述

1933年波兰逻辑学家塔尔斯基(Alfred Tarski,1901—1983)发表了一篇长文,通过引入"(meta-)元"概念来解决内省法的自我证明悖论。① 他针对"对象语言"提出了"元语言"的概念,其中对象语言是指作为研究对象的语言,元语言是指用以表述、研究和分析对象语言的那种语言,是关于语言的语言。在塔尔斯基的解释系统中,"任何一个较低层次的过程都可成为一个较高层次过程的对象。因此,内省可看作是认知主体对客体水平所进行的意识做出元水平的言语表述,这样一来,关于内省法的自我证明悖论就得到了解决"(汪玲,方平,郭德俊,1999)。

随着这一概念在不同领域的深入,美国发展心理学家弗拉威尔(John H. Flavell,1928—)于20世纪70年代提出了"元认知(meta-cognition)"理论。1981年,他提出的"元认知"定义是:"反映或调节认知活动的任一方面的知识或认知活动",包括了认知对象对认知过程所进行的监测和调节(Flawell,1981)。

图1是一个基于"元"概念中不同层面相互作用的元认知模型简图。

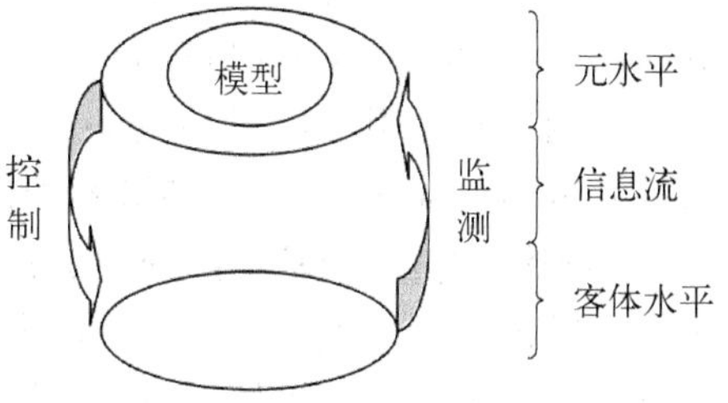

这一模型图示了元水平、客体水平间信息流动的三个方向。第一是信息从客体水平向元水平流动,它使元水平得知客体水平所处的状态,这是元认知的"监测"功能;第二是信息从元水平向客体水平

图1 引自汪玲,方平,郭德俊(1999:6)

---

① 该文题为《演绎科学语言中的真理概念》,1935年出版了德文版,1956年又出了英文翻译版。参见 Crystal D.. *A Dictionary of Linguistics and Phonetics*. Cambridge, Mass: Blackwell, 1991: 127。维基百科 https://en.wikipedia.org/wiki/Alfred_Tarski,2018年12月。

流动,它使客体水平得知下一步该做什么,是元认知的"控制"功能;第三是元水平中的模型包括了目标以及达到目标的方式。同时,元水平通过与客体水平之间进行信息的往返交流来达到认知目标,也就是反复的监测和控制功能的运作(汪玲,方平,郭德俊,1999;汪玲,郭德俊,2000)。

在小说叙事中,主观情态的表达来自作为叙述主体的作家及作为接受主体的读者在某一元认知模式下对作品的解读。本文将主要从作家的角度来论述如何在小说中控制、调控有关的主观情态表达。

二、模式建立

小说是作家根据现实生活所进行的文学虚构。作为文本的阅读者,我们会被小说中某一故事或某一人物的遭遇而深深打动,为之动容,甚至完全沉浸在作家所营造的"真实"之中。然而,作为一个社会的个体,我们却也清醒地意识到所有的都只是作者虚构的一场"现实",否认或无视这个事实意味着无法完成一部小说的审美阅读过程。

刘大为(2003:6—7)从"虚构"这一言语行为入手分析小说的本质,他指出这一虚构得以进行的基本条件是"虚构者首先得虚构一个叙实者,然后操纵这个叙实者进行叙述"。其中实际的作者所进行的虚构言语行为与作者虚构出来的叙事者进行的叙事行为构成了小说"一真一假""亦真亦假"的言语行为。由此,我们认为在任何一部小说的开头都隐含着作者对读者"坦白"的一句话——"我虚构了这样一个叙述者,他说道……"(刘大为,2003),整部小说就是由"他说道"这三个字展开的,所以小说内容就是"他说道"的内容。

小说心理叙事是指作家通过人物的心理刻画、展示塑造人物的一种方式,人物的心理活动一般通过引述或叙述的方式引入。1981 年,英国语言学家利奇(Leech, G. N.)和肖特(Short, M. H.)区分了在这之前一般被混同的文本中言语与心理活动的引述形式[①],总结了四种思维引述形式。它们分别是(Leech, Short, 1981/2001:337—340)[②]:

原封不动地引用原思想的表达并保留引号和引述词的直接思维引语[③](direct thought presentation)——他跑进屋子,想到:"我这样做是对的。"

省略引号并根据语义的需要改版预案思想表达中的某些语言成分的间接思维引述(indirect thought presentation)——他跑进屋子,想他这样做是对的。

省略引号和引述词,在用叙述者的话转述原思想的表达时作必要的语言变动的自由间接思维引述(free indirect thought presentation)——他跑进屋子,他这样做是对的。

原封不动地引用原思想的表达但省略引号和引述词的自由直接思维引述(free direct thought presentation)——他跑进屋子,我这样做是对的。

心理活动由两个基本部分组成:心理活动的发出者即心理活动的内容。在小说中,这两方面就成为作家虚构的人物及作家虚构的叙事者所叙述的主人公的心理活动内容,连接这两方面的显性标志就是小说心理叙事中的心理活动引述词。引述词是引入引语(即心理

---

① 部分理论中引用语言与心理活动的内容是不做划分的,故在下文的论证中所援引的理论依据中可能只是提到"引语",但我们认为这也适用于"思维引述"。
② 英文版初版于 1981 年。
③ 依据张少燕(1988)中的翻译术语。

活动内容)的谓词性结构体,其中的核心动词,如"想""猜测""发现""断定"等往往在语义上指向一个心理过程动词,在句法结构上表现为控制一个句子宾语,这种表现人的心理过程与外部事件的意向性关系的动词被界定为意向动词(刘大为,2002),区别于表现在语义上都指向一个口语的或书面语的言说过程的言说动词及不能控制句子宾语的动词只能参与组成一个句子的外部动词。其中意向过程即人们心理活动的内容只发生在人的意识内部,只有通过语言言说的形式才能传达出来,即使是人内心的反思,认知语言研究也认为"任何思维过程都必须借助语言"。在这个意义上,"外部过程只能通过内在的意向过程才能被我们认识到,而内在的意向过程只能通过派生的意向过程——言说过程才能与他人交流或被自己反思",即在语篇层面上,任何在语言中的意向动词之前都有一个言说动词,语篇整体以这种结构为基础,并通过语言的递归关系展开。

从小说的内部文本层面上看,小说中任何主人公的意向行为都在结构上由一个意向动词控制,而这个以意向动词控制的意向内容组成的表达意向内容的句子又必然被主人公的言说动词控制;跳出小说的内部文本界限看,如上文中我们提到的,小说在根本上是凭借作家所虚构的叙事者的言说行为(即作家写作的行为)展开的。在这个意义上,任何处于语义层的心理叙事话语的背后都存在着作家在行为层的写作行为,即虚构的叙事者的言说行为。

我们依据"元"概念及元认知模型的信息流特征,将小说中心理叙事的生成途径图示如下(见图2):

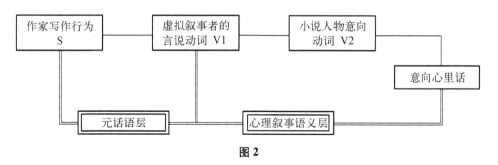

图 2

在第一层次,即元话语层,小说的作者的写作行为(S)控制着他所虚拟出来的叙事者的言说行为,这个言说行为在第二层次,即心理叙事语义层中表现为言说动词(V1),它的控制范围是小说中主人公的意向动词(V2)即这个意向动词所控制的由基本的外部过程表示的意向心理活动内容,构成了图3这样一个元认知干预下的元话语层与语义层、言说动词与意向动词组成的阶际递归的基本图示:

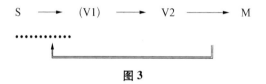

图 3

将图2进一步简化为图3,即为小说心理叙事的认知模式图:

(1)在图3中黑色实心箭头表示的是由S向M传递的是控制流,分别是语义层面上V2对M、V1对V2+M的句法控制,行为层面上S对V1的实际控制,以及元层面上S对V1+V2+M的认知控制。黑色的空心箭头所表示的是监测流,是小说中的客观语义层次回应的在元话语控制下的具体表现,两者形成信息的交互回流,共同形成元话语层面对基本语义话语层面的影响。

(2) 其中由于 V1 所表示的言说动词来自小说中由作家虚拟出来的叙事者,所以这是一个"虚拟的语言标记",为保障其叙事的效果,这个言说动词只能以零形态的方式呈现。一个动词没有实际地在篇章中出现,但是凭借一定条件能够推断出篇章中有它存在的位置,那么我们就认为这个动词取了零形态,反之则为语言形态。故在图 3 中 V1 是由小括号括起来的。相反,V2 作为只在单个语义层面出现的动词,它的表现形态则是自由的。

(3) M 在结构方式上分为直接引述及间接引述两种,直接引述即直接引述人物的思维内容,保持其人称及时态与文本中的思维的主体一致;间接引述即叙述者间接地引述人物的思维内容,其人称及时态相应地发生了改变。正是 V2 在语义层面上表现的零形态及语言形态、M 在结构方式上需用的直接引述及间接引述这四个变量,组成了下面就图 3 展开讨论的心理活动在小说叙事中的四种引述方法。

三、模式分析

以下将以第二部分构建的基本图式为模型分析利奇和肖特(Leech,Short,1981/2001)对小说心理叙事的四种引述形式,并从该认知模式的角度对这四种模式的接受效果作分析论述。

3.1 间接思维引述模式

当基本图式中小说人物的意向动词以语言形态呈现并通过间接方式引述人物的意向心理过程时,我们看到的是所谓的"间接思维引述"(见图 4)。

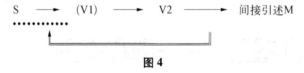

图 4

利奇和肖特认为由于语言与思维的不同感知方式,"直接引语"是表达对话的常规方式,而"间接思维引述"是表达思想的常规方式,其原因在于"作者不能亲耳听到而只能知道主人公所思考的内容"。(Leech,Short,1981/2001)

在这种"常规方式"下,元话语层面的作家可以通过其虚拟的叙述者直接控制主人公的心理活动。像我们所知道的,虽然这种心理活动本身就是作家自己"创作"的,但是由于小说的"虚构性"特质,处于小说的"元话语"层面的作家是无法得知小说人物想法的,是无权控制的。但是如图 4 所示,作家通过控叙事者的言说动词主动地控制了主人公的意向动词,使得作家可以毫无顾忌地"指挥"叙述者对人物的思想进行总结和归纳,使叙述速度加快,叙述更加流畅。这种处理方法不仅具有节俭性,同时表现在结构层面的人称与时态的一致又保证了叙述的流畅发展。

我自己心里也很难过,有点想哭。我想,别让母亲看见了,要哭就躲到被子里哭去吧。可是我实在太累了,头刚刚挨上枕头就睡着了,睡得又香又甜。(飞花《卖米》)

在这里我们并没有怀疑"我"的想法的真实性,我们清楚地看到了这是一个"想"的过程,这个过程是一个值得信赖的叙事者给出的。作者的元认知干预在形式上得到了最大限度的满足,体现了主体的绝对控制和理性秩序。

在小说心理叙事中,作者的目标就是通过心理活动的引述塑造鲜活的人物形象,达到这种目标的方式就是心理叙事的种种方法。我们认为从作家创作的层面来说,小说心理叙事创作处于元水平的"模型"就是"间接思维引述",这个模型反映了元话语层的作家在写作中不断调整、监控语篇的情况。

3.2 直接思维引述模式

当基本图式中小说人物的意向动词以语言形态呈现,且小说中通过间接方式引述人物的意向心理过程时,我们看到的就是"直接思维引述"(见图5)。

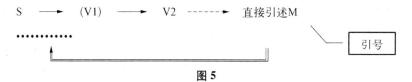

图 5

如图5所示,"直接思维引述"保持了意向动词的语言形态,同时人物的意向心理内容是通过直接引述的方式展现,并由引号来"突现"。

在引语范畴中,引号标志"人物的语气、语调、风格,使人物的主体性得以凸现";在思维引述范畴下,一方面,这种语言的可听性质与思维的本质相矛盾,影响了 V2 至 M 的控制流的"通畅",图5中此处的实心箭头变成了虚线的;另一方面这种引述方式强化了申丹(1991)提出的直接引语所特有的"音响效果",作为人物心理活动的"模拟实示"加强了描述的生动性、直接性,与第一人称的配合使用,更容易与读者产生共鸣。

谁也不知道户老先生怎么琢磨包老太太这些好话,也许他想:"你说的那个人他不是我呀。"(铁凝《小嘴不停》)

在作者对户老先生进行客观描述时,出现的一段"引述"——有声的引述,打断原来的叙述语流,同时这段"引述"也是有生命力的引述。这时的作家已经不能再通过控制小说的叙事者来控制户老先生的想法了,作者从叙事者所构建的文本层面跳了出来,和读者一起听到了人物的心声,这一点在行动层面突出了听觉效果。

在书面语中,引号的本身在视觉上就很醒目,容易吸引读者。这种思维的引述方式并不太常见,在《小嘴不停》中作者对其他人物及户老先生的其他心理描写大多是以间接思维引述方式进行的,突显的是一位全知全能的作家对这两人的冷静的观察。唯独此处,作家的"控制"一下子放缓了,户先生的一个想法好像就是被"躲"在文本里的作家听到了,进而被"实录"了下来,成为"言为心声"的最好解读。

3.3 自由间接思维引述模式

当基本图式中小说人物的意向动词以零形态呈现并通过间接方式引述人物的意向心理过程时,我们看到的就是"自由间接思维引述"(见图6)。引述中,人称和时态与正规的间接引语一致,但它不带引导句,转述语为独立的句子。这一形式常常保留体现人物主体意识的语言成分,如疑问句式、口语化或带感情色彩的语言成分等。

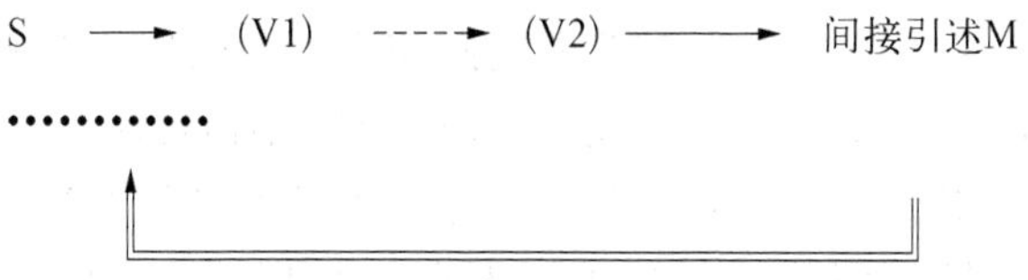

图 6

自由间接引语又称"内心分析"。在爱德华·迪雅尔丹(1861—1949)的小说《月桂树被砍倒了》(1888)中出现了既不同于直接的内心独白,亦不同于传统心理描写的表现技巧。

在中国,张爱玲被视为"心理分析作家",她的小说多以深刻、细微、独到的心理描写见长。下文是小说《金锁记》中的经典"七叔会"一段中主要通过"自由间接思维引述"方式展开的人物心理描述。

七巧低着头,沐浴在光辉里,细细的音乐,细细的喜悦……这些年了,她跟他捉迷藏似的,只是近不得身,原来还有今天!可不是,这半辈子已经完了——花一般的年纪已经过去了。人生就是这样的错综复杂,不讲理。当初她为什么嫁姜家来?为了钱么?不是的,是为了要遇见季泽,为了命中注定她要和季泽相爱。她微微抬起脸来,季泽立在他跟前,两手合在她扇子上,面颊贴在她扇子上。他也老了十年了,然而人究竟是那个人呵!他难道是哄她么?他想她的钱——她卖掉她的一生换来的几个钱?仅仅这一转念便使她暴怒起来。就算她错怪了他,他为她吃的苦抵得过她为他吃的苦么?好容易她死了心了,他又来撩拨她。她恨他。他还在看着她。他的眼睛——虽然隔了十年,人还是那个人呵!就算他是骗她的,迟一点发现不好么?即使明知是骗人的,他太会演戏了,也跟真的差不多吧?(张爱玲《金锁记》)

情节在此处突然停顿了下来,留出了特定的时间,让七巧做这样的内心独白。其中交织着爱恨情仇,充满了矛盾与悲怆,就如主人公内心的呐喊。文中的叙事者虽然仍处于叙事者的位置,与主人公是明显分离的两个个体。但在文中,却可以感受到叙述者与主人公的情感的交织与互动,形成了复调的"双重声音"(申丹,1991)。

在本文的解读模型中,这种"双重声音"即是产生于图 6 中的两处:由于小说中的人物意向动词采用了零形态的呈现方式,S 至 M 的控制流在 V2 处受到了影响,控制流在这两处都以虚线表示。正是由于元话语层次的作家对小说中人物的控制减弱,在这里形成了两个部分:作家所控制的虚拟的叙述言说行为及小说中的人物主体所控制的意向心理过程,两者所形成的"双重话语"的复调形式。从这个意义上来说,不但作家从文本中跳了出来,作家虚构的叙事者也从文本中得到了暂时的解脱,同时这一复调形式使得读者获得了旁观者的姿态。

3.4 自由直接思维引述模式

当基本图式中小说人物的意向动词以零形态呈现并通过直接方式引述人物的意向心理过程时,我们看到的是所谓的"自由直接思维引述"(见图 7)。

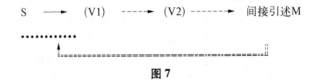

图 7

"自由直接思维引述"一直以来被认为是受到作家干预最少的引述方式,如图 7 所示,处于元话语层面的作家的控制流在进入语义层面就受到了削弱,这一点与自由间接思维引述模式一致。同时因为采用了直接的引述方式,人物意向动词 V2 对意向内容的控制也失去了语法形态上的支撑,使得处于模式末端的意向内容 M 可以轻松地脱离整体的控制并在文本中凸显出来,这样的一发不可收拾,甚至影响到了监测信息的回流。

从这个角度上来说,不光是作家,作家所虚构的叙述者还有小说中的主人公都暂时从文本的基本语义层中跳了出来。当然后两者的"跳出"是作家元认知控制下的产物,是作家在小说心理叙事的元认知"模型"中进行的监测、调整。由此,作家有效展示了小说叙事层面的元话语。

我不由心里一紧,心疼起父亲来。从家里到城里足足有三十多里山路,他挑这么重的担子走着去,该多么辛苦!就为了挣那么那个钱,把人累成这样,多不值啊!(飞花《卖米》)

如上述引文所示,在这种思维引述模式中,第一人称的人物直接向读者吐露自己的想法,作家的"控制"引退,人物的意向活动得以完全地摆脱叙述者的控制、调节、加工,从而使人物的思想活动以最活跃、最鲜活的方式呈现出来。

跟直接思维引述相比,由于"引号"的缺失,自由直接思维引述中的自我意识下降,更适于表达潜意识的心理活动。这里的作家"一言不发",对人物的心理不做任何的加工与干预,任其天马行空。

同时,由于这种直接引述中意向动词往往是零形态的,读者常常是在毫无准备的情况下接触到人物的"原话"(即心理活动)。为了避免这种混淆,也有作家也对这种方式做出了新的尝试。在张抗抗的小说《隐形伴侣》中,以自由直接思维方式展现人物的内心活动时采用的是与正文不同的字体。在本文的系统中,这种文字层面的改变可理解为作家通过对文字体系控制来弥补其在元话语层次模式下控制的缺失。

3.5 不同模式间的"滑入"

不同模式间"滑入"现象的出现表明了小说心理叙事中元认知监控的复杂性。以下文为例:

a. 他猜坤的男人也许是个整天忙忙碌碌的生意人,为了挣钱,很少顾及家里的事情。这点又很快被王波否认了,生意人的妻子很少有像坤这份恬静与悠闲,即使是做大生意很有钱的老板。除非坤是被包下的二奶奶,即使二奶奶,也掩盖不住那种庸俗与焦躁还有那种无聊。坤只是在晚饭后领着她的小狗出来悠闲,绝不是无聊。

b. 王波还想象坤的丈夫也许是个苟且而且自以为是总愿意到处摆谱收入不菲的机关公务员,但公务员的妻子不会像坤这么雍容。王波还猜测了一些职业,在没有得到准确的答案前,一切都属于猜测。(夏鲁平《狗儿子》)

小说描述了一个在畸形的单亲家庭长大的男人的婚姻和爱情故事。"坤"是主人公"王波"在小区遛狗时邂逅的一位美女,以上是他在与她第三次见面后谈话时内心的心理活动。在阅读中,我们可以感到作者通过分层次的叙述,展开了王波对这位美女的丈夫职业的种种思考。a段由"他猜"领起,b段由"王波还想象"领起,在"猜"与"想象"这两个意向动词的控制范围内,王波的思维是拘谨而克制的,是对这位美女丈夫的小心推测,因为他正在揣测的是一位有夫之妇,是别人的妻子,这是不光彩的,这种不光彩是被他所意识到了的,是被小说的叙述者意识到了的,也就是被作家意识到了的。但王波的心情真的很激动,他没有办法控制自己的思绪,连作家也觉得"他无法控制了",于是在文本中,我们读到了"这点又很快被王波否认了……",如脱了缰的野马在心底驰骋。但马上,作家的"监控"再次恢复了,开始了b段的引述,采用了同样的方式。这样的回环往复强化了王波当时的紧张、不安,无法抑制又希望抑制的矛盾情绪。

参考文献

[1] W. C. 布斯著,华明、胡苏晓、周宪译. 小说修辞学[M]. 北京:北京大学出版社,1987
[2] 封宗信. 叙事小说中的元语言功能及意义[J]. 清华大学学报,2004,(1)
[3] 贾中恒. 转述语及其语用功能初探[J]. 外国语,2000,(2)
[4] 李葆嘉. 汉语元语言系统研究的理论建构及应用价值[J]. 南京师范大学学报,2002,(4)
[5] 刘大为. 句嵌式递归与动词的控制功能[J]. 语言研究,2002,(4)
[6] 刘大为. 虚构言语行为的递归结构——小说、谎言和网上交谈[J]. 修辞学习,2003,(1)
[7] 刘大为. 意向动词、言说动词与篇章的视域[J]. 修辞学习,2004,(6)
[8] 彭建武. 语言转述现象的认知语用分析[J]. 外语教学与研究,2001,(5)
[9] 热奈特著,王文融译. 叙事话语　新叙事话语[M]. 北京:中国社会科学出版社,1990
[10] 申丹. 对自由间接引语功能的重新评价[J]. 外语教学与研究,1991,(2)
[11] 申丹. 小说中人物话语的不同表达[J]. 外语教学与研究,1991,(1)
[12] 汪玲,方平,郭德俊. 元认知的性质、结构与方法[J]. 心理学动态,1999,(1)
[13] 汪玲,郭德俊. 元认知的本质与要素[J]. 心理学报,2000,(4)
[14] 吴中伟. 引语的四种类型[J]. 修辞学习,1996,(2)
[15] 徐赳赳. 叙述文中直接引语分析[J]. 语言教学与研究,1996,(1)
[16] 张荣建. 管领词的引述功能与话语功能[J]. 外国语,1998,(1)
[17] 张燕. 论直接引语和直接思维引述[J]. 外国语,1988,(2)
[18] 赵毅衡. 小说叙述中的转述语[J]. 文艺研究,1987,(5)
[19] Flavell J. H.. Cognitive Monitoring. In: W. P. Dickson ed. *Children's Oral Communication Skill*[A]. New York: Academic Press, 1981
[20] Hyland Ken. *Metadiscourse*[M]. 北京:外语教学与研究出版社,2008
[21] Leech G. N., Short M. H.. *Style in Fiction: A Linguistic Introduction to English Fictional Prose*[M]. 北京:外语教学与研究出版社,2001

"劝世"与"娱心"的背后
——李渔小说创作心态特征及成因

赵雪倩

（复旦大学 国际文化交流学院，上海 200433）

摘 要：李渔是明末清初文坛一位很有影响力的剧作家和小说家。本文旨在剖析李渔小说创作的心态特征及其成因。在李渔生活的时代，对于通俗文学创作功能的要求，主要有两方面，即"劝善"和"娱心"，而"劝善"尤其重要。笔者认为：李渔虽然表面上对于这两个要求表示遵从，但在实际上，却出于个人在物质与心理方面的需求，不论是在创作过程之中还是创作的目的都专注于对作品娱乐效果的追求之上。

关键词：劝世；娱心

瑞士著名心理学家卡尔·荣格认为："人的心理孕育了一切科学和艺术。"（荣格，1982）就具体的文学作品而言，它直接表现为"一件复杂的心理活动的产物——一件显然有目的，有意识地制作成的产物"（荣格，1982）。正是这种"目的"与"意识"构成了作者的创作心态，并从根本上决定了他们的创作实践。

研究李渔在小说创作过程中的心态特征，将有助于我们更好地理解其小说的艺术与思想价值。

鲁迅先生谈到中国白话文学兴起的原因时说："俗文之兴，当由二端：一为娱心，一为劝善，而尤以劝善为大宗。"（鲁迅，1998：71）总观古代白话小说创作发展的历史，这一传统始终主宰着小说家们的创作意图。李渔——作为最早从事白话小说创作的文人之一，也不例外。无论是主观的思想意识，还是客观情势，都促使李渔自觉地接受了小说创作应该有裨风教，益于劝惩的创作原则。从主观思想来说，李渔虽然出身于商贾之家，自幼所受却是严格而系统的封建正统思想文化教育。"予襁褓识字，总角成篇，于诗书六艺之文，虽未精穷其义，然皆浅涉一过。"（《闲情偶记·音律第三》）。这种教育未能使他在科举仕途上获得成功，但根深蒂固的儒家理学思想熏陶与"代圣人立言"的文章创作原则却不能不影响到他的小说创作。

在其系统周密的戏曲理论著作《闲情偶寄》的开篇，李渔便提出了"四期三戒"的创作原则。其中"四期"为"一期点缀太平""一期崇尚俭朴""一期规正风俗""一期警惕人心"，这些表明了他的创作要"轨乎正道""益于劝惩"的主张。

从当时文坛创作的客观情况来说，经过宋元明几代作家的提倡和大力实践，言必劝惩，有裨风教早已成为小说创作的风尚，尤其是话本小说创作不可更改的原则。李渔不可能"冒天下之大不韪"而无视这一原则和风尚，为自己招致怨谤和抨击。

另一方面,深谙世道人心的李渔,十分了解一般读者的阅读心理。他说:"近日人情,喜读闲书,畏听庄论。有心劝世者,正告则不足,旁引曲譬则有余。"(《闲情偶记·凡例七则》)又说:"人情畏谈而喜笑也",文学作品"不投以所喜,悬之国门奚裨乎?"(《古今笑史序》)表面看来,李渔与其他文人作家们一样,希望通过"喜笑"来达到"劝世"的目的,但实际上,他的这种投合读者所好的"旁引曲譬"是否确实起到了"规正风俗"和"警惕人心"的"劝世"作用,还是他为了一个更为现实与迫切的目的——"砚田笔耒","养家糊口",而利用这个寓教于乐的名目,利用作品强烈的娱乐性来冲淡枯燥单调,装腔作势,令人厌烦的说教意味或者回避当时世道对于白话小说创作的这一功利性要求,这是我们在分析李渔小说作品实际及其创作心态之后,方能确定的。

李渔习惯于在小说的入话之中,以巧辩议论的方式来体现自己有关"劝惩"的创作意图。几乎篇篇如此,如《丑郎君怕娇偏得艳》中,入话大意是说,美女该配丑夫是天经地义,那些配了愚丑丈夫的佳人遇到这种情况应该安心贴意,宜室宜家,还能讨些后半世的便宜。

值得注意的是,与其他小说家在对读者宣教时那种认真急切的态度不同,李渔采用的是耐心说理的方式以及诙谐滑稽的文字来对读者进行劝告。如《合影楼》的入话开始便议论道:

这首词是说天地间,越礼犯分之事,件件可以消除,独有男女相慕之情,枕席交欢之谊,只除非禁于未发之先。若到那男子妇人动了念头之后,莫道家法无所施,官威不能摄,就使玉皇大地下了诛夷之诏,阎罗天子出了缉获的牌,山川草木尽作刀兵,日月星辰皆为矢石,他总是拼了一死,定要去遂心了愿……(《李渔全集》第一卷《与韩子蘧书》)

作者这里使用的是一种半认真半开玩笑的口气。正文的故事更是滑稽生动,妙趣横生,充分体现了其小说创作的喜剧风格和娱乐目的。尤其是李渔稍后的小说集《十二楼》,劝诫色彩更趋淡化,娱乐性却更为突出。如《十卺楼》讲述的是一个年轻士子十次合卺方得婚配的故事,是一出纯粹的荒唐滑稽的闹剧,与"规正风俗""警惕人心"的冠冕堂皇的创作意图相去远矣。又如他的长篇小说《肉蒲团》,作者在开头用两回的篇幅说明性事要适可而止的道理,正文却用近乎十六回的篇幅极尽色欲描写之能事,其真实用心十分可疑。

瞿子恩在《李渔小说论稿》中指出:"李渔的小说常常是'足以悦人,不足以'觉世'","宣讲的是一套训语,而在作品中'实施'的是另一套内容。"这段话十分切合李渔作品的实际,就是说,李渔并没有将他的创作重心放在劝惩和"觉世"上,而更关心其作品能否"娱心"和"悦人"。

李渔对自己作品的评价颇为中肯:"大约弟之诗文杂著,皆属笑资。以后向坊人购书,但有展阅数行,而颐不解者,即属赝本。"(《与韩子蘧书》)这段话基本符合李渔作品的实际情况。

在一些诗文中,李渔同样如实地表白了自己的创作心态。如《偶兴》:"尝以欢喜心,幻为游戏笔;著书三十年,于世无损益。但愿世间人,齐登极乐国。纵使难久长,亦且娱朝夕。一刻离苦恼,吾责亦云塞。还期同心人,种萱勿种檗。"这首诗表明,李渔在其文学创作过程中抱持的是一种"以欢喜心""幻为游戏笔"的嬉笑游戏的创作态度,期望达到的是"但愿世间人,齐登极乐国;纵使难久长,亦且娱朝夕"的娱乐效果。

从这首诗中，我们还可以看出，李渔对作品娱乐效果的追求，出于两种不同的心态意图：一为娱人，一为自娱。正是娱人和自娱两种心态构成了李渔以"娱心"为主的创作动机的两个方面，导致了他对作品娱乐效果的执意追求。

"著书三十年，于世无损益""一刻离苦恼，吾责亦云塞"从这些诗句中，我们能感觉到一种无奈和自责的意味，一种心有余而力不足的感叹。之所以如此，正如前文所述，是因为李渔对来自现实种种压力的屈服与妥协。归纳起来，这些压力主要体现在两个方面：一方面是家计无着，使他操起"砚田糊口"的卖赋生涯。为了拥有尽量多的读者，必须在创作上迎合他们的口味，增强作品的娱乐性与可读性；另一方面是主观上的，是李渔对现实社会和人生境况本身的不满与逃避，促使他借助于创作自娱。在《闲情偶寄·音律第三》中，李渔谈到自己有志于创作《南西厢》和《北琵琶》二剧，并对此抱有足够的信心："虽不敢望追踪前哲，并辔时贤，但能保与自手所填诸曲，如已经行世之前后八种，及已填未刻之内外八种，合而较之，心有浅深疏密之分矣。"但接着他却十分遗憾地说："然著此二书，必须杜门累月，窃恐饥来驱人，势不由我。安得雨珠雨粟之天，为数十口之家筹生计乎？伤哉贫也！"这段话让我们了解到家庭生计，这一沉重的经济负担对李渔的文学创作活动尤其是作品质量的影响。李渔曾不止一次抱怨过自己为家人生计所累，卖文糊口的贫困状况。在《曲部誓词》中，他说："不肖砚田糊口，原非发愤而著书。"（《李渔全集》）李渔的朋友也提到他："挟策走吴越间，卖赋以糊口。"（《李渔全集》第五卷《玉搔头·序》）

李渔常常抱怨自己的文章卖不了多少钱，难以疗贫：

仆无八口应有之田，而张口受餐者五倍其数。即有可卖之文，然今日卖文之家，有能奉金百斤以买长门一赋，如陈皇后之于司马相如者乎？子必曰：无之。然则卖文之钱，亦可指屈而数计矣。（《李渔全集》第一卷《与都门故人述旧状书》）

李渔指望他的作品带来更多的商业利益，赢得更多的读者，所以就在他的创作过程中表现出一种娱人心态，即在选材、情节、语言风格等方面，尽力迎合大众读者的审美能力和欣赏口味，增强作品的娱乐性与可读性，又要加快创作速度，争取在尽可能短的时间内，创作出尽量多的作品，以便满足市场需求。

在当时的历史情况下，具备一定经济实力与文化素质的商人和市民是戏曲小说等通俗文学的主要读者。李渔靠写小说赚钱，自然要迎合他们的审美情趣。所以他作品的娱乐效果主要体现在以下四个方面：

首先，题材新奇有趣，一般以通俗的家庭婚恋题材为主。其次，情节纤巧离奇，回环有致，结局皆大欢喜。再次，作品总体呈现出鲜明的喜剧风格。最后，语言明白流畅，通俗诙谐。实践证明，李渔在增强小说娱乐性与通俗性方面取得了成功，他的作品受到了广泛的欢迎，以至"即妇孺亦皆知有李笠翁"（《光绪兰溪县志》卷五《文学门·李渔传》）。

李渔创作中的自娱心理则出自其对社会现实，人生境况的不满与逃避。他说："文字之最豪宕，最风雅，作之最健人脾胃者，莫过填词一种。"因为"予生忧患之中，处落魄之境，自幼至长，自长至老，总无一刻舒眉。惟于制曲填词之顷，非但愁藉以舒，愠为之解，且尝僭作两间最乐之人，觉富贵荣华，其受用如此。未有真境之为所欲为，能出幻境纵横之上者"。（《闲情偶记》）这段话清楚地表明李渔在借文学创作逃避现实，忘却忧患落魄的人生境况，放纵自己沉迷于一个想象中的精神乐园，与现实的社会人生暂时分割开来，求得自我安慰与自我麻醉。

李渔身处明清朝代更迭之际，正是一个战火频仍、刀兵四起的多事之秋。但是，这一重大的社会历史现实在李渔的小说中并无体现，读者们所看到的是"一出出"新奇有趣的"无声戏"。精心安排与设计的情节，皆大欢喜的结局。

美国小说家亨利·詹姆斯曾经说过："在小说提供给我们的东西中，我们越是看到那'未经'重新安排的生活，我们越感到自己在接触真理；我们越是看到那'已经'重新安排的生活，我们就越感到自己正被一种代用品，一种妥协和契约所敷衍。"

李渔小说中那些精心设计的情节正是这种"代用品""妥协"和"契约"，李渔用它们来自娱和娱人，某种程度上来说就是在自我麻醉的同时，麻醉读者。这方面很明显地表现在李渔通过小说创作来重塑自我，以便寻求某种心理上的安慰与补偿的努力之中。

孙楷第先生在《李笠翁与〈十二楼〉》一文中指出：现实生活中，李渔为了获得物质生活上的保障，"不得不降志辱身以迎合时势"，"在王公大人面前，他的交际手腕也极尽了敷衍巴结之能事"（《沧州后集·卷三》）。

在当时，李渔受到了周围许多人的鄙视。《曲海总目提要》中说到李渔："人以俳优目之。"更有甚者，《娜如山房说尤》一书引用了同时代人对他的评价：

李渔性龌龊，善逢迎，游缙绅间，喜作词曲小说，极淫亵。常挟小妓三四人，子弟过游，便隔帘度曲，或使之捧觞行酒，并纵谈房中，诱赚重价。其行甚秽，真士林所不齿者也。予曾一遇，后遂避之。（《娜如山房说尤·卷下》）

这段话不无偏见，却能从中反映出当时李渔的尴尬处境。

对此，李渔在内心深处不是没有感触。在《多丽·过子陵钓台》一词中，他写道：

过严陵，钓台咫尺难登。为舟师，计程遥发，不容先辈留行。仰高山，形容自愧；俯流水，面目堪憎。同执纶竿，共披蓑笠，君名何重我何轻？不自量，将身高比，才识敬先生。相去远，君辞厚禄，我钓虚名。

再批评，一生友道，高卑已隔千层。君全交未攀衮冕，我累友不恕簪缨。终日抽风，只愁戴月，司天谁奏客为星？羡尔足加帝腹，太史受虚惊。知他日，再过此地，有目羞瞪。（《李渔全集·第二卷》）

这首词如实描述了李渔在现实生活中所处的物质与精神道德方面的双重困境，以及他自惭形秽的心绪。奥地利著名心理学家阿尔弗雷德·阿德勒在《自卑与超越》一书中提出了一个观点，认为"人的自卑感使人产生对优越的渴望"（阿德勒，2016：46）。在现实生活中，李渔无法满足这种渴望，于是求助于他的创作，在作品中人物的身上体现自己的理想和愿望，塑造出一个理想的自我。孙楷第在《李笠翁与〈十二楼〉》（《沧州后集·卷三》）一文中，详细而令人信服地论证了《三与楼》与《闻过楼》这两篇小说中的主人公虞素臣和顾呆叟都是"笠翁自寓"，因为他们在作品中的遭遇是李渔亲身经历过的，然而他们在作品中都是清高自许，备受尊重的隐士，命运结局也都十分美满，正是李渔所憧憬和向往的，是对自己内心的挣扎和不平衡所作的安慰与补偿。

综上所述，笔者认为，李渔小说创作动机虽然表面上表现为两个大的方面：一是劝惩，一是娱乐，但是，劝惩显然不是李渔从事小说创作的真正目的；娱乐——不但主宰了李渔小说创作的心态，也是其创作的主要目的，因为这不但可以使其作品赢得读者，帮助他缓解物质上的困境，更令他通过文学创作得到了某种心理上的安慰，从而逃避了现实所带给他的精神道德方面的尴尬和压力。

参考文献

[1] 阿尔弗雷德·阿德勒著,黄光国译.自卑与超越[M].杭州:浙江文艺出版社,2016
[2] 卡尔·古斯塔夫·荣格(Jung C. G.)著,顾良译.心理学与文学[J].文艺理论研究.1982(1)
[3] 李渔.李渔全集[M].杭州:浙江古籍出版社,1991
[4] 李渔.闲情偶记[M].上海:上海古籍出版社,2010
[5] 李渔.古今笑史序.丁锡根.中国历代小说序跋集(中册)[A].北京:人民文学出版社,1996
[6] 李渔.十二楼·合影楼[M].北京:人民文学出版社,1986
[7] 鲁迅.中国小说史略[M].上海:上海古籍出版社,1998
[8] 秦簧等修,唐壬森纂.光绪兰溪县志[A].光绪十四年刊本
[9] 孙楷第.沧州后集[M].北京:中华书局,1985
[10] 王灏.娜如山房说尤[M].四库未收书辑刊(第10辑第11册)[A].北京:北京出版社,2000

试论苏轼词中的超然精神

施国锋

(复旦大学 国际文化交流学院,上海 200433)

摘 要：胡寅《酒边词序》谓苏轼之词"逸怀浩气,超乎尘垢",论者由此挖掘苏轼词中的超然精神。他的超然精神显然受益于老庄的思想,故而在现实中屡屡受挫的苏轼一再袒露他旷达的襟怀。在他的词中,苏轼曾反复表达轻视功名、厌恶官场的思想,应该是他超然精神的核心。苏轼词中的寄情山水、月夜赏月、饮酒喝茶等无不体现其超然精神,处处闪烁着自由人性的光芒。"行藏在我,袖手何妨闲处看""身长健,但优游卒岁,且斗尊前"(《沁园春·孤馆灯青》),这就是苏轼超然精神的可贵之处。

关键词：苏轼；超然；精神；自由；淡泊

一

苏轼是宋代词坛开宗立派的大词人,诚如《四库全书提要》所言："……,至轼而又一变,如诗家之有韩愈,遂开南宋辛弃疾等一派。寻源溯流,不能不谓之别格,然谓之不工则不可。故今日尚与"花间"一派并行,而不能偏废。"这里的"一变""别格",自然与"词为艳科"的花间词相区别,所谓"眉山苏氏,一洗绮罗香泽之态,摆脱绸缪宛转之度,使人登高望远,举首高歌,而逸怀浩气,超乎尘垢之外,于是花间为皂隶,而耆卿为舆台矣"(胡寅《酒边词序》)。"绮罗香泽""绸缪宛转"源出"花间",当是词之"本色",而"逸怀浩气,超乎尘垢"之说,正是"一变"所至,"别格"之谓。但本文所论也绝非明朝张𫄠在《诗馀图谱》中的论断："苏子瞻之作,多是豪放",即以"豪放"论定苏词。论者不揣愚陋,在此试图从"逸怀浩气,超乎尘垢"之中挖掘苏轼词中的超然精神。

二

苏轼于熙宁七年(1074)由杭州通判移知密州(今山东省诸城)。第二年,政局初定,苏轼治园修台："予既乐其风俗之淳,而其吏民亦安予之拙也。于是治其园圃,洁其庭宇,伐安丘、高密之木,以修补破败,为苟全之计。而园之北,因城以为台者旧矣,稍葺而新之。"(《超然台记》)

旧台新修,苏轼游乐于此而忘却苦闷,故而《超然台记》接着写道："时相与登览,放意肆志焉。南望马耳、常山,出没隐见,若近若远,庶几有隐君子乎?……台高而安,深而明,夏凉而冬温。雨雪之朝,风月之夕,予未尝不在,客未尝不从。撷园蔬,取池鱼,酿秫酒,瀹脱粟而食之,曰:'乐哉!游乎!'方是时,予弟子由,适在济南,闻而赋之,且名其台曰'超然',以见余之无所往而不乐者,盖游于物之外也。"台名"超然",乃其弟苏辙名之。苏辙《超然台赋》序云:"子因其城北之废台而增葺之。以告辙曰:'将何以名之?'辙曰:'天下之士,奔走于是非之场,浮沉于荣辱之海,嚣然尽力而反,亦莫自知也,而游者恋之,非以其超然不累于物耶?'老子曰:'虽有荣观,燕处超然'诚以'超然'名之。"通过苏氏兄弟俩留下的名篇,"超然台"之由来及目的一览无余。苏辙为其兄修葺之台取名'超然'目的无非是让"奔走于是非之场,浮沉于荣辱之海"的"天下之士",消除是非之心,挣脱名利之网,即"不累于物"而获得内心之"超然"。苏轼在《超然台记》的文末显豁地表露了他自己的超然精神,即"无所往而不乐",盖得之于"游于物之外",以获得身心的真正自由。

"虽有荣观,燕处超然"出自老子《道德经》二十六章,意思是说虽享有豪华的贵族生活,却不会沉迷不返。"荣观""燕处"属于"物"之范畴,沉迷过度,必然身心俱疲,不得自由。苏氏兄弟超然精神的本质就是身心不受"物"之束缚,以获得独立、自由的人格。苏辙从《道德经》中摘出"超然"两字,可见这种文化的源远流长。明代茅坤《唐宋八大家文钞》卷二十五云:"子瞻本色。与《凌虚台记》,并本之庄生。"清代金圣叹《天下才子必读书》卷十五亦云:"台名超然,看他下笔便直取'凡物'二字,只是此二字已中题之要害。便以下横说竖说,说自说他,无不纵心如意也。须知此文手法超妙。全从《庄子·达生》《至乐》等篇取气来。"从茅坤、金圣叹等名家的点评中,苏轼的超然精神显然也受益于庄子的思想,而庄子的人生理想就是追求绝对的精神自由。《庄子》对后世的影响绵延不绝,诸如东晋的陶渊明、中唐的白居易等,苏轼的超然精神正是承老庄、陶渊明、白居易等而来,思想渊源之深、文化传承之显不言而喻。

三

苏轼为人刚直,不俯仰于时,一生仕途坎坷,屡屡遭贬,他临终前称,"问汝平生功业,黄州惠州儋州"(《自题金山画像》)。纵观苏轼一生,他融合了儒释道的思想,既执着人生,又能超然物外,在逆境中依然能保持浓郁的生活情趣。在苏轼的诗词和散文中,我们可以清晰地看到他心灵超然的具体体现,由此升华为他独有的超然精神。这里仅从苏轼的词入手,对其超然精神的由来略窥一二。

在他的词中,苏轼曾反复表达轻视功名、厌恶官场的思想,这应该是他超然精神的核心。胡寅《酒边词序》中说到的"超乎尘垢"即为此。苏轼乃嘉祐二年(1057)进士,此后步入官场,可谓少年得志,意气风发,是积极入世崇儒的,曾斥老庄哲学为"猖狂浮游之说"(《韩非论》)。涉世既深,又经宦海浮沉,苏轼的入世思想自然渐渐松动了。元丰二年(1079),苏轼因在《湖州谢表》中讥刺宋神宗用人不当,朝中权贵就此罗织罪状,用诬陷、诽谤的龌龊手段,将其逮捕入狱,是为有名的"乌台诗案"。这一年的十二月,苏轼被贬为黄州团练副使,次年二月达黄州。在黄州第一年的中秋,苏轼写下了"世事一场大梦,人生几度秋凉"(《西江月·黄州中秋》)的名句。元丰五年(1082)苏轼作《南乡子》:"万事到头都是梦,休休,明日黄花蝶也愁。"同年,千古名篇《念奴娇·赤壁怀古》诞生,词的结句"人生如梦,一樽还酹江月",足可震撼人心。官场突如其来的变故,令苏轼始料未及,"世事"如梦、"万事"皆梦、"人生如梦",那么人世间还有真实的存在吗?"蜗角虚名,蝇头微利,算来着甚干忙"(《满庭芳》），"浮名浮利，虚苦劳神，叹隙中驹，石中火，梦中身"（《行香子》），在没有经历人生重大变故之前，何以有此认识，苏轼也对自己的过往做出了深刻的检讨："长恨此生非我有，何时忘却营营。"（《临江仙·夜归临皋》）他在《行香子·过七里濑》中云："算当年，虚劳严陵。君臣一梦，今古空名。但远山长，云山乱，晓山青。"当年刘秀南征北战，建立功业，严光功成身退，沽名于富春江，但终究"君臣一梦"，所谓功名，何等虚幻！只有江山风月永存！

对虚幻功名的否定，必定由此厌恶官场。苏轼为了"蜗角虚名，蝇头微利"，也曾"何时忘却营营"。但是进入官场的他，四处奔波，没有片刻的歇息。"官里事，何时毕？风雨外，无多日"（《满江红·东武会流杯亭》），"此生飘荡何时歇？家在西南，长作东南别"（《醉落魄》），"人生到处萍飘泊"（《醉落魄·席上呈元素》），"飘荡""飘泊"应该是苏轼进入官场后的常态，为了"官里事"，他就不能时常回家，也不能经常与朋友团聚。官场的不自由，使苏轼心生倦意，而对退出的官员格外敬佩。元丰六年（1083）五月，苏轼作《满庭芳》，序云："有王长官者，弃官黄州，三十三年，黄人谓之王先生。"其词云："三十三年，今谁存者？算只君与长江。凛然苍桧，霜干苦难双。闻道司州古县，云溪上，竹坞松窗。"词中，苏轼极赞王先生的傲岸品格，就连其简朴的住处也显得无比素雅。苏轼虽未离开官场，但他厌倦官场。我们来看这首作于熙宁六年（1073）的《瑞鹧鸪》，其词曰："城头月落尚啼乌，朱舰红船早满湖。鼓吹未容迎五马，水云先已漾双凫。映山黄帽螭头舫，夹岸青烟鹊尾炉。老病逢春只是睡，独求僧榻寄须臾。"当时苏轼通判杭州，词中描写了一个官场上送往迎来的热闹场面，大小官员为迎接太守陈襄，早早恭候在那里，其中两位县令尤其令人瞩目。而苏轼对此无聊的应酬极其厌恶，独自找个安静的"僧榻"，睡上"须臾"，两相比较，对官场的态度鲜明若此。

四

苏轼进入官场而无意于虚名浮利，直至厌恶官场，算是从名缰利锁中挣脱了出来，这是其超然精神的核心。那么胡寅《酒边词序》中说到的"逸怀浩气"应该是"超乎尘垢"以后的概括，也即是苏轼超然精神方方面面体现的总括。唐圭璋编纂、王仲闻参订、孔凡礼补辑的《全宋词》（中华书局1999年版），共收苏轼词351首。苏词的数量大致如此，细细翻阅这些词篇，可以感受到苏轼扑面而来的"逸怀浩气"，那种超然物外的精神是如此崇高，给后代子孙的滋养何其丰富。苏轼词中的寄情山水、月夜赏月、饮酒喝茶等无不体现其超然精神，处处闪烁着自由人性的光芒。

"小舟从此逝，江海寄余生"（《临江仙·夜归临皋》），这是苏轼超然精神的宣示。为名利所牵，在官场上奔波了半生的他，要"忘却营营"，要身寄小舟去江河湖海随心所欲了。且看其词《好事近·湖上》这么说：

湖上雨晴时，秋水半篙初没。朱槛俯窥寒鉴，照衰颜华发。

醉中吹坠白纶巾，溪风漾流月。独棹小舟归去，任烟波飘兀。

苏轼公事之余，泛舟美丽的西湖，尽兴至月夜方返，完全沉醉于身心的愉悦之中。俞陛云《唐五代两宋词选释》评此词云："西湖夜归，清幽之境也，不可无此雅词。下阕四句有潇洒出尘之致。结句'飘兀'二字下语尤得小舟之神。""潇洒出尘之致""尤得小舟之神"，可谓的论。

苏轼寄情山水，完全是从鄙视虚名微利而来。我们再看其通判杭州时写下的《南歌子》，其词云：

　　日出西山雨，无晴又有晴。乱山深处过清明。不见彩绳花板、细腰轻。

　　尽日行桑野，无人与目成。且将新句琢琼英。我是世间闲客、此闲行。

此词作于熙宁六年（1073），词人于清明节这天，独自闲行于自然的深山桑野，面对自然、社会有阴晴不定的现实，琢磨着诗词中的新句，甘愿做一个自娱自乐的"闲客"。

据有人统计，月的意象在宋词中出现5 700次之多。在苏轼350多首词中，写月夜的有50多首。其中不乏词人超凡脱俗、皈依自然的自由之作。如其名词《卜算子·黄州定慧院寓居作》云：

　　缺月挂疏桐，漏断人初静。时见幽人独往来，缥缈孤鸿影。

　　惊起却回头，有恨无人省。拣尽寒枝不肯栖，寂寞沙洲冷。

黄庭坚在《豫章先生文集》卷二十六《跋东坡乐府》评此词云："东坡道人在黄州时作，语意高妙，似非吃烟火食人语。非胸中有万卷书，笔下无一点尘俗气，孰能至是。"词中缺月、幽人、孤鸿，天人合一，"无一点尘俗气"，最为关键的是宁静和谐的月色之中的词人拥有无所不快、无所不适的自由心境，可体现苏轼的超然精神。

苏轼最有名的赏月词是《水调歌头》，此词一经问世，"余词尽废"（胡仔《苕溪渔隐丛话》后集卷三十九）。其词序曰："丙辰中秋，欢饮达旦，大醉作此篇，兼怀子由。"其词云：

　　明月几时有？把酒问青天。不知天上宫阙，今夕是何年？我欲乘风归去，又恐琼楼玉宇，高处不胜寒。起舞弄清影，何似在人间？

　　转朱阁，低绮户，照无眠。不应有恨，何事长向别时圆？人有悲欢离合，月有阴晴圆缺，此事古难全。但愿人长久，千里共婵娟。

此词作于熙宁九年（1076）八月十五日，苏轼面对清明澄澈的天地宇宙，神思飞跃，探索着人生的哲理与宇宙的奥秘。他唯一的心愿就是天各一方的亲友能永远健康地共赏天上那一轮亘古不变的明月，因此没有落入前人的窠臼，翻出了新意。其中蕴含着苏轼对人事常圆的美好期盼，自然也蕴含着他超然的人生态度。

"几时归去，作个闲人，对一张琴，一壶酒，一溪云"（《行香子》），"且将新火试新茶，诗酒趁年华"（《望江南·超然台作》），饮酒喝茶，超脱尘俗，可获自由之精神。我们且看苏轼的《十拍子》，其词云：

　　白酒新开九酝，黄花已过重阳。身外傥来都似梦，醉里无何即是乡，东坡日月长。

　　玉粉旋烹茶乳，金齑新捣橙香。强染霜髭扶翠袖，莫道狂夫不解狂，狂夫老更狂。

饮酒喝茶是苏轼获得自由心境的良方："醉里无何即是乡，东坡日月长。"获得超然精神的他越老越洒脱，"狂夫老更狂"。苏轼在词中多次以狂自称，乃是他追求超然精神的体现。如《满庭芳》："且趁闲身未老，须放我、些子疏狂。百年里，浑教是醉，三万六千场。""江南好，千钟美酒，一曲满庭芳。"又如《行香子》云："都将万事，付于千钟，任酒花白，眼花乱，烛花红。"又如《念奴娇·中秋》云："我醉拍手狂歌，举杯邀月，对影成三客。"这些词句皆写尽了苏轼的狂放不羁，也即淋漓尽致地体现了他的超然精神。

结　　语

论者还是以苏轼由杭州移守密州早行途中之作《沁园春》收束本篇，其词云：

孤馆灯青,野店鸡号,旅枕梦残。渐月华收练,晨霜耿耿,云山摛锦,朝露泔泔。世路无穷,劳生有限,似此区区长鲜欢。微吟罢,凭征鞍无语,往事千端。

当时共客长安。似二陆初来俱少年。有笔头千字,胸中万卷,致君尧舜,此事何难。用舍由时,行藏在我,袖手何妨闲处看。身长健,但优游卒岁,且斗尊前。

词中作者触景生情,不由得发出"世路无穷,劳生有限,似此区区长鲜欢"的感慨,并由此"往事千端"直涌心头。回想当年,作者以"二陆"(西晋陆机、陆云)自比,亦是"有笔头千字,胸中万卷,致君尧舜,此事何难",然而现实中频频受挫,理想无由实现,因而日益看淡荣辱得失,自然道出"行藏在我,袖手何妨闲处看",苏轼宁静自适、淡泊从容如此,他更看重的是"身长健,但优游卒岁,且斗尊前",这就是苏轼超然精神的可贵之处。苏词扩大了词的题材,使"无意不可入,无事不可言"(刘熙载《艺概》),"苏子瞻以诗为词"(陈师道《后山诗话》),他是一位大家,苏词思想、风格丰富多彩。因此,限于本文篇幅,苏轼词中能体现其超然精神的地方很难面面俱到地论及。

参考文献

[1] 唐珪璋编. 全宋词[M]. 北京:中华书局,1965
[2] 唐珪璋编. 词话丛编[M]. 北京:中华书局,1965
[3] 苏轼. 苏轼文集[M]. 北京:中华书局,1986
[4] 苏轼. 苏东坡全集[M]. 北京:中国书店出版社,1986
[5] 吴熊和. 唐宋词通论[M]. 杭州:浙江古籍出版社,1985
[6] 王水照,朱刚. 苏轼诗词文选评[M]. 上海:上海古籍出版社,2004
[7] 刘熙载. 艺概[M]. 上海:上海古籍出版社,1978
[8] 杨海明. 唐宋词史[M]. 天津:天津古籍出版社,1998
[9] 叶嘉莹. 迦陵论词丛稿[M]. 上海:上海古籍出版社,1980
[10] 方智范等. 中国词学批评史[M]. 北京:中国社会科学出版社,1994

《黄雀记》的语言艺术赏析

郑文晖

(复旦大学 国际文化交流学院,上海 200433)

摘　要:《黄雀记》是苏童的力作,2015 年荣获第九届茅盾文学奖。本文认为该作的成功不仅在于它跌宕起伏,出人意料的情节,也在于它精彩的语言艺术。本文从四个方面对《黄雀记》的语言艺术进行了赏析:第一,语言具有深刻的哲理;第二,语言充满了细腻的生命感觉;第三,唯美的语言充满了激情和诗意;第四,运用了拟人、排比、比喻等一系列修辞手法。这四个方面综合起来使该作思想深邃,感觉细腻,激情荡漾。

关键词:哲理;生命感觉;唯美;拟人;排比;比喻

《黄雀记》是著名作家苏童的长篇小说,2013 年 5 月由作家出版社出版,2015 年荣获第九届茅盾文学奖。它以精巧的情节构思,精湛的语言艺术,流畅的抒情笔意,各具特色的人物塑造赢得了广大的读者。

小说描写了发生于香椿树街上的故事。住在香椿树街上的保润的祖父一直说自己的魂丢了,到处挖树掘地要找到自己祖宗的尸骨,以找回自己的魂。儿子、媳妇把他送进了精神病院——井亭医院,保润便在医院照顾爷爷;而香椿树街的另一头住着肉铺的柳生,他的姐姐因花痴病也住进了井亭医院。保润和柳生在医院邂逅,柳生从中撮合,让保润认识了井亭医院的老花匠的孙女——仙女。保润带仙女去溜旱冰,为她付了八十元的押金。事后仙女赖账,不肯归还这八十元,保润将仙女绑在井亭医院的水塔里,然后扬长而去。而柳生趁机强奸了仙女,事后又施以贿赂,仙女放了柳生一马,却诬告保润是强奸犯,保润为此被判十年。十年后,柳生,保润和仙女再次相遇。在柳生结婚的晚上,保润酒醉,捅了柳生三刀……

这部小说喻义丰富而深刻。井亭医院诸多精神病患者的出现,喻示着社会在转型期间国民的精神紊乱,个体精神的窘迫与荒诞。几个主人公,如保润的被诬入狱,柳生的青春骚动,仙女的桀骜不驯,都栩栩如生,跃然纸上。而所有的创作意图都借助于作者流畅的抒情的诗意的语言艺术的贯穿其中,得以丰富饱满地实现。

本人认为该小说的语言艺术有以下几个特色。

一、深刻的哲理性的语言使小说的细节充满了深邃的思想意义

(1) 祖父永远是苍老的,今年的苍老,不过是重复着去年的苍老。(《黄雀记》,以下同,P7)

"今年的苍老,不过是重复着去年的苍老",作者哲理化的语言高度概括了祖父日复一日

卑琐而凄凉的一生。

（2）春天的天空充满了谜语，那谜语他不懂。春天的水塔也充满了谜语，那谜语他不懂。还有他自己，春天一到，他的灵魂给身体出了很多谜语，他的身体不懂；他的身体给灵魂出了很多谜语，他的灵魂不懂。（P90）

句中出现了一系列的"不懂"，反复表现出保润青春的懵懂和蒙昧。而这懵懂正是保润日后犯下一系列致命错误的根源。作者将"春天的天空""春天的水塔""身体""灵魂"等事物哲理化，细节也情节化了，细节饱含着丰富的思想。

（3）风一吹，旧社会的桂花与竹子在摇曳，新社会的花草和蔬菜在摇曳。它们在一起，正好是历史在摇曳。（P95）

"桂花与竹子""花草和蔬菜"，这些微不足道的东西在苏童笔下变成了"它们在一起，正好是历史在摇曳"，将细小的东西上升到历史意义的高度，我们不得不对苏童挖掘细节的本质特征的能力表示叹服。

（4）保润曾经多次从皮革厂的前面路过，他从未料到有一天自己会到皮革厂的后面来，似乎是梦里走错了路，醒来之后，已经抵达里面，这么短暂而诡异的旅程，超出了他对自己人生的想象。（P96）

保润被诬告入狱，监狱在皮革厂的后面。人们常把监狱说成"里面"。作者用"前面"与"后面"，"外面"和"里面"两对反义词就高度概括了保润诡异的人生旅程。

（5）他欠保润的，都还到了祖父头上。与祖父相处，其实是与保润的阴影相处，这样的偿还方式令人疲惫。（P125）

柳生诬告保润，现在他觉得欠了保润的，就常常到医院来照顾保润的爷爷。作者深刻地洞悉柳生的心理，用"与祖父相处，其实是与保润的阴影相处"一语，深刻地剖析了柳生虚弱而疲惫的心理状态。

（6）她在房间里转了几圈，算算自己留在这个城市的社交网络，看上去人多势众，其实细若游丝，碰一碰就断了。（P221）

白小姐在走投无路时，想求助于自己在这个城市的社交网络，作者用"其实细若游丝，碰一碰就断了"一语，形象而精准地揭示了白小姐的社交网络的脆弱、不靠谱。

作家孙犁说："重视语言，就是重视内容了。一个写作的人，为自己的语言努力，也是为了自己的故事内容。他用尽力量追求那些语言，它们能完全而又美丽地传达出这个故事，传达出作者所要抒发的感情。"（王彬彬，2012）

苏童的创作就是将语言当作内容来精心打磨，才使得整部作品耐人咀嚼，愿意一读再读。

就以例句（6）为例，如果我们将句子改成："她在房间里转了几圈，算算自己在这个城市的朋友，看上去人多，其实都派不上什么用。"——这样的大白话，那就平淡了许多，没有妙语连珠的阅读快感，白小姐走投无路的绝望感也不会那么深入人心。

苏童在这部小说中，对每一个句子都这样精雕细琢，使语言与内容相辅相成，完美地呈献给读者一个深入人心的故事。祖父疯癫地寻找魂魄的举动寓意着国家在转型期间国民将民族之魂丧失的悲哀。祖父就是那些卑微的国民的象征。柳生、保润、白小姐三个年轻人各自有着自己乖舛的命运，也是人生与命运的象征。作者这些深刻的寓意就是借助一系列哲理性的语言表露出来的。

二、句子中细腻的生命感觉使细节充满了生命活力

日本新感觉派作家片冈铁兵说过:"要使作者的生命活在物质之中,活在状态之中,最直接、最现实的联系电源就是感觉。"(晓华,汪政,1986)

在这部作品中,苏童用了大量的充满生命感觉的句子来传递他笔下的人物活在生命"状态"中的种种鲜活的生命感受,即便是无生命的物体,在作者丰富的生命感觉之中也变得充满了生命的活力。

(7) 他的目光给人以新生的感觉。它像夏日的天空一样,明朗,深远。(P4)

祖父轻生被人救起,新生后的祖父,"目光"像"天空一样,明朗,深远",作者凭借细腻的生命感受熨帖地传递出祖父的目光给人的感觉。

(8) 他拄着一根龙头拐杖出现在鸿雁照相馆,衣冠楚楚,神色庄严,那套黑灰色的毛呢中山装上有樟脑丸的气味,皮鞋擦得铮亮,浑身散发着一首挽歌刺鼻的清香。(P5)

祖父每年去给自己拍遗照,衣冠楚楚,"浑身散发着一首挽歌刺鼻的清香","挽歌"与"清香"之间只有生命中的通感才能将它们连接在一起。

(9) 仙女回来了。记忆訇然一响,成为满地碎片,放射出令人惊悚的尖利的光芒。(P130)

(10) 码头上的这个夜晚,以其宁静与诡秘触动了他的心。星星下降了,极其温柔地铺在他的头顶上。河水向城外流淌,一路喃喃低语,偶有夜航的船只悄然经过,桅灯昏黄的光束从漆黑的河面上拖曳而过,河水稍稍亮了一下,很快又沉在黑暗里。(P181)

作者的生命感受赋予了他笔下的夜晚以生命,如星星的温柔,河水的喃喃低语,船只的悄然经过,都使这个夜晚具有生命力。

(11) 他的欲望是金灿灿的稻浪,在这一小片洼地里快乐地歌唱。(P187)

"欲望"在"歌唱",只有凭借作者的生命意识才能创造出这样的句子。

作者借助生命中的通感,调动起嗅觉,听觉,视觉等多方面的感觉,将许多原本并无生命的事物冠以生命的种种特征,读来令人有别具一格,细腻生动之感。

三、唯美的语言使小说的细节充满了激情和诗意

(12) 蛇的道路充满祖先的叹息声,带着另一个时空的积怨,它被一片浅绿色的阴影引导着,消失在街道尽头。保润极目远眺,看清那片阴影其实是一把浅绿色的阳伞。那么晴朗的星期天的早晨,那么温暖的春天,不知是谁打着一把浅绿色的阳伞出门了。(P19)

一边是祖父被儿子送进精神病院这样凄怆的故事,一边是"保润极目远眺,……那么晴朗的星期天的早晨,那么温暖的春天,不知是谁打着一把浅绿色的阳伞出门"这样美丽的风景,鲜明的对比是苏童在这部作品中常用的手法,这似乎是现实与理想在交战。现实中有那么多的不幸,而作者并没有沉湎于不幸的现实之中,而是处处用美的语言营造出一个个理想

的美的意境,让我们看到这部作品中所有的人物,他们的现实处境是卑微的、渺小的,可他们的生命感觉同样可以是美好的、美丽的,读者在读着这些美丽的诗一样的句子时,不禁为这些小人物的生命诗意而感动起来。

这样的例子在这部作品中还有很多,请看下面的例子:

(13) 那只蝴蝶让他想起了她的脖子。春天以来,有一只紫色的塑料蝴蝶挂件,一直在她雪白的脖颈上翩翩起舞。(P45)

"一只紫色的塑料蝴蝶挂件",在仙女"雪白的脖颈上翩翩起舞",作者用美的意象向读者传递了仙女的青春之美。

仙女是一个身世飘零的女子,不知自己的父母是谁,被井亭医院的老花匠收为孙女,没有受过多少教育,性格粗野乖戾,然而苏童在写她的时候却没有一句粗鄙的语言,而是处处用唯美的句子来描绘她,仿佛在描写一个野蛮的公主。即使是一个"塑料蝴蝶挂件",在仙女的脖子上也能够在"雪白的脖颈上翩翩起舞"。

(14) 她的香味在空气中妖娆地回旋。她就在窗子后面,那只脚离他不远,五颗脚趾甲就在窗子后面,离他不远,五瓣红色的花瓣探出了窗子,向着保润开放,这是他们的咫尺天涯。他在这边,而她仿佛在天涯之外。(P77)

你看,作者笔下的仙女,"香味在空气中妖娆地回旋",五颗脚趾就像"五瓣红色的花瓣探出了窗子,向着保润开放"。好美!

(15) 现实仿照着梦境,她回来了,梦也回来了。她坐在他的身边,就像一片黑夜降落下来,带着浓重的露水,带着一些诡秘的忧伤。(P132)

当年的仙女,现在的白小姐,又回到了这个城市,与柳生邂逅,让柳生感觉就像一场梦。柳生看见她的"影子在光线下波动,散发出一丝哀悼一丝缅怀的气息",好美!黑夜,露水,诡秘的忧伤,好美!现在的白小姐只是一个富商的小蜜,身份卑贱,可作者一如既往地用唯美的语言去描写白小姐,这样强烈的对比是为什么呢?我想这完全是因为作者尊重他笔下每一个小人物的生命。不管他们在现实生活中多么卑微、渺小,可他们的生命是美丽的,作者为这些美丽的生命在残酷的现实中遭遇的不幸而忧伤,而悲悯。正因为作者将他笔下的人物当作是一个个美丽的生命来尊重和爱着,他在书写他们的时候才会是充满生命的激情的,而唯美的语言帮助作者完满而准确地表达出了他心中的激情。

为此,我忍不住再举两个例子让读者再一次感受作者语言中洋溢的激情。

(16) 他还记得那扇窗子。扁扁小小的,像火车的车窗……她坐在窗边看书,或者发呆,像一个旅行者坐在自己的火车上。
他眺望着她的火车,她的旅程,他可以眺望她的火车,却眺望不到她的旅程。
(P169)

(17) 她想起了小拉,小拉。遗弃了十年的舞步,现在她都想起来了。咚嗒嗒咚,她朦胧的爱,从小拉开始,她炽热的恨,也是从小拉开始。咚,嗒,嗒咚,一、二、三、四。那舞步的节奏像一个咒语。你堕落了,你堕落了。小拉,该死的小拉。小拉所有的舞步,都是堕落的咒语。(P238)

再看第(18)个例子:

(18) 风从原野上吹过来,湿润而沉重,一股清冽的花香环绕着他,若有若无的。他不知道那是茉莉还是栀子花香。是你身上的香味吗?那是什么香味?他几次想开口问,终究不好意思。隔着两个厘米,也许是一个厘米,他能够感受到女孩子湿润的身体放射着某种温暖的射线,尤其是肩膀。偶然的一个触碰,她的体温无意中传递给他的后背,他身体内的某条秘密通道忽然亮了,一股温情犹如小河涨水,占据了他的整个身心。(P53)

这是保润第一次用自行车带仙女去滑冰的内心感受。风的湿润,花香的清冽,女孩身体的温暖,一个少年心中对异性充盈着的都是美的感受。保润只是一个生长在一个小市民家庭中的懵懂少年,没有受过多少教育,然而作者在写他对异性的朦胧感觉时,文字却是那样干净,仿佛花香一样清冽,作者诗一样的语言荡涤着人们心灵的尘埃。让我们看到了一个少年生命世界的美丽。也正以为如此,我们才会为三个年轻人日后乖舛的现实命运而叹息。

著名作家汪曾祺说过:"语言具有内容性。语言是小说的本体,不是外部的,不只是形式、是技巧。探索一个作家的气质、他的思想(他的生活态度,不是理念),必须由语言入手,并始终浸在作者的语言里。语言具有文化性。作品的语言映照出作者的全部文化修养。"《忆昔·自报家门》

是的,通过这种唯美的语言风格,我们也可以清晰地感受到作家苏童对小人物悲悯的情怀,感受到他对生命诗意的追求的文化气质。他的语言告诉我们他的生活态度是对生命充满、尊敬和爱意的。

四、拟人、排比、比喻等一系列修辞手法的运用使细节生动鲜活

(19) 一场疯狂的掘金运动席卷了香椿树街南侧,其后,渐渐扩散到了北端,最后甚至蔓延到了河对岸的荷花弄。每天夜里都有人出动,宁静的夜里响起了铁镐铁锹与泥土亲密接触的声音,五月的夜晚有很多秘密,这个秘密的趣味多于罪恶,已经半遮半掩。(P15)

"宁静的夜里响起了铁镐铁锹与泥土亲密接触的声音",这拟人化的手法使铁镐铁锹的碰撞声充满了疯狂的人性的内涵。

(20) 八十八对木榫都在忙于告别。它们相处百年,多少有点厌倦,榫头与榫槽的告别共计一百七十六种,都是短促的,音色雷同,喀嚓,再见,如此而已。(P17)

保润的父母把保润的爷爷送进精神病院,然后把保润爷爷的大床拆除,"八十八对木榫都在忙于告别","告别"一词,是拟人化的用法,使大床的拆除充满了凄怆感。

(21) 祖父不知从何处误听到了消息,提前收拾好了行李,抱着一个鼓鼓囊囊的网线袋端坐在梯阶上,像一个迷路的孩童。(P28)

祖父被儿子媳妇送进精神病院,可他误听说儿子要来接他,于是他早早地收拾好行李,等着儿子,"像一个迷路的孩童"。这个比喻句贴切地写出了祖父的无助与凄凉。

(22) 全家福照片里只有祖父幸存,祖父在时间与水滴的销蚀中完好无损。祖父的苍老常在,祖父的猥琐常在,祖父的怯懦常在。(P204)

一组排比句式的运用使祖父的形象跃然纸上。

(23) 保润回家了,但这消息就像雨天屋檐上的一滴水,仅仅是滴答一声,落下来之后便什么也听不见了。(P204)

保润回家的消息就像屋檐上的一滴水,"落下来之后便什么也听不见了",形象而深刻地

揭示出保润无人问津的生活状态。

(24)居民们大多在午睡,街道在寂静中构思黄昏以后的流言蜚语。(P261)

"街道在寂静中构思黄昏以后的流言蜚语",拟人手法的运用使街道这一物充满了人的特性。

小说中还有许多不胜枚举的例子。写尽了三个少年青春的懵懂,现实的逼仄,命运的尴尬。在这部小说中,语言成了人们阅读时的快感与惊喜的艺术来源,散发出四射而持久的艺术光芒。

作家汪曾祺说:"语言不只是一种形式,一种手段,应该提到内容的高度来认识……语言不是外部的东西。它是和内容(思想)同时存在,不可剥离的。语言不能像橘子皮一样,可以剥下来,扔掉。世界上没有没有语言的思想,也没有没有思想的语言。往往有这样的说法:这篇小说写得不错,就是语言差一点。我认为这种说法是不能成立的。我们不能说这首曲子不错,就是旋律和节奏差点儿;这张画不错,就是色彩和线条差一点。我们也不能说:这篇小说不错,就是语言差一点。语言是小说的本体,不是附加的,可有可无的。从这个意义上说,写小说就是写语言。小说的语言是浸透了内容的,浸透了作者的思想的。我们有时看一篇小说,看了三行,就看不下去了,因为语言太粗糙。语言的粗糙就是内容的粗糙。"(王彬彬,2012)

当代有不少小说就存在着语言或粗糙或粗俗或平淡,甚至有文理不通之处,让人看了三行就看不下去,例如几年前就有人专门就著名作家池莉的小说中出现的诸多文理不通的句子提出诟病。而苏童的这部小说则妙语连珠,有许多神来之笔,美丽而又充满生命的激情,直抵人的心灵深处,充满哲理性的语言也提升了作品的思想价值和艺术价值,可以说是当代小说中不可多得的上乘之作。它的成功提示我们:当代小说家写小说也应当发挥"郊寒岛瘦"的诗人精神,精心打造语言,哪怕是写长篇小说,也应当像写诗一样雕琢语言,小说才会充满诗意的光芒,产生经久不息的艺术生命力,让读者愿意一读再读。

参考文献

[1] 王彬彬.《遍地月光》与长篇小说的语言问题[J].中国现代、当代文学研究,2012,(8)
[2] 汪曾祺.忆昔[M].南京:江苏人民出版社,2014
[3] 晓华,汪政.莫言的感觉[J].当代文坛,1986,(4)

留学生对汉语成语理解程度的调查研究

王景丹

（复旦大学 国际文化交流学院，上海 200433）

摘 要：以82名留学生为被试，采用对多项选择题进行选择判断的调查方法，探讨了语境对留学生理解汉语成语的影响程度、留学生对不同结构类型成语的理解程度、留学生对不同意义类型成语的理解程度。结果表明：语境是留学生理解汉语成语的关键，强语境可以促进留学生对汉语成语的理解；留学生对[2+2]式成语的理解情况明显好于[2+1+1]式、[1+1+2]式和[1+3]式；留学生对比较接近字面语素意义的成语的理解正确率明显高于具有典故内涵的成语。

关键词：留学生；汉语成语；理解；调查

一、研究目的

汉语成语既有字面意义，即可以通过语素来了解成语的意思，也有深层的典故内涵。根据以往的一些研究成果，外国留学生在学习汉语成语的时候，一般都是从语素的意义上去掌握，缺少文化知识的了解，这样，就很难真正理解汉语成语的意义。所以，应该说，对于外国人来说，要想很好地掌握汉语成语还是有一定的难度的。

那么，外国留学生理解汉语成语有什么特点？本次调查的目的：了解留学生对成语的理解程度，希望为成语学习和教学提供一定借鉴、参考。具体调查问题如下：

（1）语境对留学生理解汉语成语的影响程度如何？
（2）留学生对不同结构类型成语的理解程度如何？
（3）留学生对不同意义类型成语的理解程度如何？
（4）留学生对不同来源成语的理解程度如何？

二、被试选取

被试为两个部分，一是日本立教大学汉语上级班的学生，二是复旦大学成语与中国文化选修课的留学生。参加测试的学生，一般都具有HSK五级及以上的水平。学生分别来自日本、韩国、印尼、泰国、法国、美国、澳大利亚、马来西亚、缅甸，共82人。

三、问卷设计说明

3.1 成语的选取

从《新汉语水平考试六级大纲》中,选出成语 118 个。从《汉语水平词汇与汉字等级大纲》中,选出成语 40 个。从目前的对外汉语教材及 HSK 模拟题中选出成语 40 个。这三个部分有重合,实际一共 118 个成语作为测试材料。

具体操作如下:成语测试材料,经过两步统计筛选。

第一步是根据《新汉语水平考试六级大纲》,选出成语 118 个。

第二步是根据现有对外汉语教材及 HSK 模拟题,在现有教材中找出经常出现的成语。来源有三:一是北京语言大学出版社、北京大学出版社、北京师范大学出版社、复旦大学出版社出版的对外汉语教材;二是根据复旦大学出版社 2008 年 5 月出版的《成语教程》,选出常用成语;三是根据上海外语教育出版社 2012 年 12 月出版的《新汉语水平六级应试指导与模拟试题集》,找出新 HSK 模拟题中出现频率较高的成语。

3.2 成语结构类型的控制

118 个成语的结构类型包括谓词性和体词性,其中谓词性的成语有:"博大精深""根深蒂固"等。体词性的成语有"至理名言""当务之急"等。

从成语的结构看,汉语成语以四音节成语为主。在音节的构成上,总体是[2+2]式居多,此外,还有[1+1+2]式、[2+1+1]式、[1+3]式。共时状态下不同类型的成语的数量具有不平衡性,这在一定程度上反映了成语这类短语的结构特点。

3.3 问卷形式和要求的设定

我们侧重考察留学生对成语特定语用含义的理解程度,同时为保证问卷难度适中,所以问卷形式设定为选择题。另外,为了减少学生作答过程中的理解障碍,对成语释义力求简洁易懂,尽量使用学生学过的词汇进行释义。而干扰项的设置主要是利用大多数成语不能从字面义推导其语用含义的特性,用成语的字面意义作为干扰项,例如:

(1) 根深蒂固

    A. 大树枝非常坚固   B. 大树的根不太深

    C. 大树不容易搬家   D. 形容不容易改变

另外,为了弄清楚学生对成语的理解情况,我们设计了三套调查材料,即无语境一套,中语境一套,强语境一套。三套测试材料的选择项是相同的。例如:

无语境:

(2) 见多识广

    A. 见面的机会多,所以认识   B. 认识的人很多

    C. 见过的多,知道的广   D. 认识那个广场

中语境:

(3) 见多识广

我爸爸见多识广。

    A. 见面的机会多,所以认识   B. 认识的人很多

    C. 见过的多,知道的广   D. 认识那个广场

强语境：

（4）见多识广

她去过很多国家，自然见多识广。

A．见面的机会多，所以认识　　　B．认识的人很多

C．见过的多，知道的广　　　　　D．认识那个广场

三套测试材料分别测试，不过，被试者相同。

四、数据收集

问卷调查分别在日本立教大学和中国复旦大学的选修课上进行，要求被试者在课堂完成，其间不允许查阅字典或词典等工具书。

问卷发放、调查、回收，发放问卷 82 份，回收有效问卷 82 份，有效率 100%。

五、结果统计及数据分析

对回收问卷的评判标准是如果学生选择正确，就认为他们已经掌握该成语的语用含义。每个正确项目算 1 分，错误或未作答或自己补充释义项目均不算分，所有被试数据均参与计算，结果如下：

5.1 语境对于留学生理解成语的影响

首先，我们先来考察一下语境在留学生理解成语时的作用。我们分别用三套测试题进行测试，其被试者相同。得出三组数据。

数据统计是这样进行的：我们给出的 118 道成语测试题，每题都有四个备选答案。这四个备选答案中，有一个是成语的意义，有三个是干扰项。如果留学生在测试中，选择了正确答案，那么成绩计 1 分；如果留学生回答错误，那么成绩计 0 分。

表 1 列出了留学生在不同语境条件下，对汉语成语意义理解的平均成绩。

表 1

意义\语境情况	无语境		中语境		强语境	
	平均分	正确率	平均分	正确率	平均分	正确率
成语意义	82.74 满分 118	70.12%	90.22 满分 118	76.46%	97.76 满分 118	82.85%

从表 1 可以看出，在无语境情况下，留学生常常根据字面的语素意义理解汉语成语。在中语境情况下，留学生也是借助于字面的语素意义理解汉语成语的。中语境还不足以帮助留学生理解汉语成语。在无语境和中语境的情况下，之所以出现留学生主要从字面的语素意义理解汉语成语的情况，究其原因，主要有三：一是与留学生对中国文化的了解和掌握程度有关；二是与第二语言的习得过程有关；三是与汉语本身的修辞知识有关。

在强语境情况下，留学生对汉语成语意义的理解成绩要好于字面意义的理解成绩。这说明，语境是留学生理解汉语成语的关键，强语境可以促进留学生对汉语成语的理解。语境

对学习汉语成语非常重要,这一点提示我们,教材编写以及练习的设置一定要突出语境。

5.2 不同结构类型的成语对留学生理解成语的影响

我们对不同结构类型的成语进行了考察分析,分析一下留学生对118个成语的理解情况。目的在于想考察分析一下成语的结构类型对留学生理解成语方面的影响。

我们给出的118道成语测试题,这118个成语中,有[2+2]式成语91个,占总数的77.12%,[2+1+1]式成语7个,占总数的5.93%,[1+1+2]式成语11个,占总数的9.32%,[1+3]式成语9个,占总数的7.63%。

118个测试题中,每题都有四个备选答案。这四个备选答案中,有一个是成语的意义,有三个是干扰项。如果留学生在测试中,选择了正确答案,那么成绩计1分;如果留学生在测试中,选择其他三项为正确答案,那么成绩计0分。然后,分别计算出留学生对不同结构类型的成语的理解情况。

表2列出了留学生对不同结构类型成语的理解情况。

表2

2+2	2+1+1	1+1+2	1+3
正确率	正确率	正确率	正确率
85.27%	75.71%	71.82%	74.44%

从以上数据我们可以看出,留学生对不同结构类型成语的理解情况还是有差异的,主要有:

第一,从成语的内部构成来看,我们又仔细考察了留学生对[2+2]式、[2+1+1]式、[1+1+2]式和[1+3]式成语的理解情况。[2+2]式如"风土人情""喜闻乐见"等,[2+1+1]式如"天伦之乐""全力以赴"等,[1+1+2]式如"名副其实""轻而易举"等,[1+3]式如"爱不释手""精益求精"等。第二,从调查结果来看,留学生对[2+2]式成语的理解情况明显好于[2+1+1]式、[1+1+2]式和[1+3]式。这说明,词汇化程度高的成语,留学生更容易理解。而词汇化程度低的成语,特别是类语的成语,对留学生来说就有一定的难度。

5.3 不同意义类型的成语对留学生理解成语的影响

我们对不同意义类型的成语进行了考察分析,分析一下留学生对118个成语的理解情况。目的在于想考察分析一下成语的意义类型对留学生理解成语方面的影响。

数据统计是这样进行的:我们给出的118道成语测试题,我们把这118个成语分为两类,一类是比较接近字面语素意义的成语,就是比较容易理解的成语;另一类是具有典故内涵意义的成语,就是比较难于理解的成语。应该说汉语成语都具有一定的文化意义,我们之所以把它们分为两类,只是为了说明不同意义类型的成语对留学生理解方面是有影响的。

118个测试题中,每题都有四个备选答案。这四个备选答案中,有一个是成语的意义,有三个是干扰项。如果留学生在测试中,选择了正确答案,那么成绩计1分;如果留学生在测试中,选择其他三项为正确答案,那么成绩计0分。然后,分别计算出留学生对不同意义类型的成语的理解情况。

表3列出了留学生对不同意义类型成语的理解情况。

表 3

接近语素意义的成语	具有典故意义的成语
正确率	正确率
85.56%	68.26%

从表 3 我们可以看出,不同意义类型的成语中,留学生对比较接近字面语素意义的成语的理解正确率明显高于具有典故意义的成语。

对于比较接近字面语素意义的成语,留学生认知这个成语的每一个汉字,根据字面语素意义就可以推导其真正的含义,也可以直接理解或使用其语用含义。而对于具有典故意义的成语,留学生由于缺少中国文化的蕴涵,只是习惯于从字面意义上去推导,较难理解成语的真正含义,更谈不上语用的正确性了。这正是我们对外汉语成语教学的关键所在。从字面语素意义到深层的文化意义,有一个留学生理解的空缺项目,这个项目在教学当中,我们填充好了,就可以提高留学生的汉语水平,而且,这个填充过程也有助于扩大留学生的词汇量,增长留学生的中国文化知识。这是我们成语教学的重点,也是教学难点,更是留学生感兴趣的地方。

5.4 不同来源的成语对留学生理解成语的影响

我们对语料中不同来源的成语进行了考察分析,分析一下留学生对 40 个来源于《汉语水平词汇与汉字等级大纲》中的成语的理解情况,以及留学生对 40 个来源于对外汉语教材和 HSK 模拟题中的成语的理解情况。目的在于想考察分析一下大纲与教材在成语方面应该值得我们思考的问题。

数据统计是这样进行的:我们给出的 80 道成语测试题,这 80 个成语中,有 40 个来源于《汉语水平词汇与汉字等级大纲》,有 40 个来源于对外汉语教材和 HSK 模拟题。二者有重合部分。

80 个测试题中,每题都有四个备选答案。这四个备选答案中,有一个是成语的意义,有三个是干扰项。如果留学生在测试中,选择了正确答案,那么成绩计 1 分;如果留学生在测试中,选择其他三项为正确答案,那么成绩计 0 分。然后,分别计算出留学生对不同来源的成语的理解情况。

表 4 列出了留学生对不同来源成语的理解情况。

表 4

《汉语水平词汇与汉字等级大纲》	对外汉语教材和新 HSK 模拟题
正确率	正确率
78.81%	76.75%

应该说明的是,我们进行测试的成语来源有三:一是《汉语水平词汇与汉字等级大纲》,二是对外汉语教材,三是 HSK 模拟题。这三者是有重合的,比如说,《汉语水平词汇与汉字等级大纲》中的成语在教材和 HSK 模拟题中均有出现,我们选出了 40 个成语进入测试题。但是,《汉语水平词汇与汉字等级大纲》中没有收录的常用成语还有很多,这些成语出现在对外汉语教材和 HSK 模拟题中,也常常会出现在留学生的学习生活中。我们从对外汉语教材和 HSK 模拟题中选出了 40 个成语进入测试题。

从表 4 的具体数据中,我们可以看到,留学生对《汉语水平词汇与汉字等级大纲》中的成语理解正确率偏高,这也正好说明,我们的《汉语水平词汇与汉字等级大纲》是符合实际的,是一个有意义的纲领性文件。但是,我们也应该看到,《汉语水平词汇与汉字等级大纲》也存在不足,主要是《汉语水平词汇与汉字等级大纲》对成语的重视程度不够,《汉语水平词汇与汉字等级大纲》中成语的数量偏少,对学生了解中国文化的帮助作用还不够有力。虽然来源于对外汉语教材和新 HSK 模拟题中的成语学生理解程度偏低,但是,这些成语常常出现在学生的生活之中,有鲜活的指导作用。这也从另一个角度证明了课堂教学中成语输入和操练的必要性。另外,这两个数据很接近,这就表明,我们的对外汉语教材和新 HSK 模拟题的质量不错,可以有效地指导留学生的成语学习。

汉语成语的学习非常重要。如果不能正确理解成语的语义,可能造成交际不畅。而课堂教学是学习者学习成语的主要途径之一,因此,建议《汉语水平词汇与汉字等级大纲》增加成语的数量。课堂教学可以通过向留学生输入成语并反复操练、重现,帮助留学生逐步培养对成语的辨识和提取能力,并将这些能力内化,以便留学生在真实交际中自学获得更多的汉语成语。

六、调查结论及教学启示

6.1 调查结论

第一,语境是留学生理解汉语成语的关键,强语境可以促进留学生对汉语成语的理解。对于没有学习过的成语,留学生主要从字面语素意义上理解汉语成语。但是如果补足语境,留学生还是可以理解成语的文化意义的。

第二,对于不同结构类型的成语,从调查结果来看,留学生对[2+2]式成语的理解情况明显好于[2+1+1]式、[1+1+2]式和[1+3]式。这说明,如果词汇化程度高的成语,留学生更容易理解。类语成语,对于留学生来说,理解起来有一定的难度。

第三,对于不同意义类型的成语,留学生对比较接近字面语素意义的成语的理解正确率明显高于具有典故意义的成语。

第四,对于不同来源的成语,留学生对《汉语水平词汇与汉字等级大纲》中的成语理解正确率偏高。但也说明我们的对外汉语教材和新 HSK 模拟题的质量不错,可以有效地指导留学生的成语学习。

6.2 教学启示

通过以上调查,我们知道,如何教会留学生从文化意义上理解汉语成语,是我们汉语教学的重点,也是我们汉语成语的教学目标。具体说来有如下启示:

第一,一定要结合语境进行教学,结合中国文化知识进行教学。
第二,适当讲解汉语成语的内部语法结构及词汇结构。
第三,要讲解清楚汉语成语字面语素意义与文化典故意义之间的联系。
第四,增补《汉语水平词汇与汉字等级大纲》中成语词条。

参考文献

[1] 成宁.探讨汉语成语习得在对外汉语教学中的作用[J].语文学刊,2006,(2)

[2] 石琳.基于中介语语料库的成语使用偏误分析[J].社会科学家,2008,(2)
[3] 王景丹.成语教程[M].上海：复旦大学出版社,2008
[4] 王景丹.成语解读[M].北京：北京师范大学出版社,2008
[5] 王景丹.基于语料统计的成语语法结构及句法功能研究[J].日本立教大学人文纪要,2010,(24)
[6] 王景丹.对外汉语成语教材成语条目语料库的构建与实现[J].日本立教大学人文纪要,2011,(25)
[7] 王景丹.基于现代汉语语料库的对外汉语成语教材编写研究[C].中西亚区域研究及汉语教育国际学术研讨会,2012
[8] 王景丹.新汉语水平考试六级应试指导与模拟试题集[M].上海：上海外语教育出版社,2013
[9] 张永芳.外国留学生使用汉语成语的偏误分析[J].语言文字应用,1999,(3)
[10] 赵清永.谈谈对外汉语教学中的熟语教学[J].语言文字应用,2007,(1)

来华留学生中级汉语听力学习情况调查及教学策略
——以复旦大学留学生为例

党 瑞

(复旦大学 孔子学院办公室,上海 200433)

摘 要:本文从实践出发,对2018年春季复旦大学来华留学生中39名中级水平学生的听力学习情况进行了调查,分别从学生对听力课的态度、对听力课的认知、对教材的使用体验、对教师的满意度以及练习题设置五个方面做了详细的调查和分析。为了提高中级汉语听力教学的效果,本文基于此次调查和分析的结果,拟从听力课本身、听力内容、练习题和教师等四个方面提出自己的一些想法和教学策略,以期为对外汉语中级听力教学提供参考。

关键词:来华留学生;中级汉语听力;学习情况;调查分析;策略

20世纪70年代末80年代初,对外汉语教学经过几十年的发展,出现了一派改革的新形势。在这场改革中,按语言技能设课成为一种倾向,听力课由此成为一门独立的课型,关于听力教学的研究也逐渐多了起来。尽管目前听力研究已经取得了很大的成就,但是"在看到成就的同时,我们也不得不承认,听力教学研究取得的进步与对外汉语教学飞速发展的形势是不相适应的,现状并不容乐观"(刘颂浩,2001)。我们作为教学实践者,应该充分发挥自己的主动性,不断探索更好的教学方式,以求在教学中取得更好的效果。

对外汉语教学的目的是培养和提高学习者运用汉语进行交际的能力,通过对汉语的基本知识,包括语音、词汇、语法等方面的学习,并灌之以多种技能的训练,最终实现顺利交际。汉语听力课便是由此产生的四种技能(听、说、读、写)课之一。吕必松(1996)从语言学习过程的角度和语言交际的角度分别阐述了听力的重要性。从语言学习过程的角度说,听总是先于说,听不懂说也无从说起。对第二语言学习者来说,只有先听,然后才能跟着模仿。听的能力越强,学说话就学得越快。从语言交际的角度说,听的能力总要大于说的能力,这也就是我们通常所说的语言常规教学中的"输入"大于"输出"。在言语交际的过程中,"说"是"输出",是主动的行为;"听"是输入,是被动的行为。如果听不懂听人说的话,交际就无法进行。

可见,听力技能学习在学习者学习过程中的重要性不言而喻。而中级汉语听力学习更是在整个听力过程中起着承上启下的重要衔接作用,学生能不能巩固好初级阶段的基础知识,又通过此阶段的学习,听懂连贯对话、抓住话题的主要内容和观点、理解说话人的感情和态度、提高猜词、抓重点及掌握细节的能力,如何在中级听力阶段顺利地过渡和提高,这就对教师提出了要求。因此教师必须要清楚地了解中级汉语听力教学的重要性,也要找到中级汉语听力教学过程中的难点及存在的问题,并对此提出解决策略和方法。

本文坚持"以学生为中心"的教学观点,从实践出发,对2018年春季复旦大学来华留学生中39名中级水平学生的听力学习情况进行了调查分析,拟从学生对听力课的态度、对听力课的认知、对教材的使用体验、对练习题的感知以及对教师的满意度以及五个方面进行分析并提出相应的策略。

一、学生对听力课的态度

针对学生对听力课的态度,我们主要设置了两个问题,分别是"你最喜欢什么课?""你喜欢上听力课吗?"调查显示,约有57%的学生最喜欢的课是精读课,18%的学生最喜欢口语课,12%的学生最喜欢的课听力课,而只有8%和5%的学生最喜欢写作课和泛读课(见表1)。这与"听、说、读、写"中把"听"放在首位的重要性截然不同。经过访谈,笔者发现,造成这一情况的原因是因为对于大多数学生来说,精读课更能满足学生的求知欲,他们在精读课上能学到更多的语法、生词等,而听力课对于他们来说仅仅是一种练习。

表1

问　　题	类　别	人　数	百　分　比
你最喜欢什么课?	精读课	22	57%
	口语课	7	18%
	听力课	5	12%
	写作课	3	8%
	泛读课	2	5%

但是,对于第二个问题"你喜欢上听力课吗?",有30%的学生表示很喜欢,59%的学生一般喜欢,只有11%的学生不太喜欢(见表2)。由此可见,大部分学生对于听力课的态度还是比较积极的,这一点最起码可以分说明,在影响学生的听力学习中学生的态度首先不会起到制约作用。

表2

问　　题	类　别	人　数	百　分　比
你喜欢上听力课吗?	很喜欢	12	30%
	一般喜欢	23	59%
	不太喜欢	4	11%
	完全不喜欢	0	0%

二、学生对听力课的认知

任何形式的学习在很大程度上需要学生内在的动力和对此门课程的认可及认知程度。针对这一点,我们设计了两个问题来考察学生对听力的认知,包括:"你觉得听力课重要吗?""你觉得听力课对你学习汉语有没有帮助?"调查显示,约有72%的学生觉得听力课很重要,28%的学生觉得一般重要,没有学生觉得不太重要或完全不重要。(见表3)可见,对于听力课的认知度,或者说对于学生来说"听"的重要性,绝大部分学生还是认可的,这就为以后的听力学习打好了心理基础。

表 3

问 题	类 别	人 数	百 分 比
你觉得听力课重要吗?	很重要	28	72%
	一般重要	11	28%
	不太重要	0	0%
	完全不重要	0	0%

对于第二个问题"你觉得听力课对你学习汉语有没有帮助?",有66%的学生觉得很有帮助,26%的学生觉得有点儿帮助,8%的学生觉得不太有帮助,没有学生觉得没有帮助(见表4)。两个问题的调查结果比较来看,学生对听力课认知的重要性和其学习效果是基本成正比的。这也充分说明了学生积极的心理因素对学习的促进作用。

表 4

问 题	类 别	人 数	百 分 比
你觉得听力课对你学习汉语有没有帮助?	很有帮助	26	66%
	有点儿帮助	10	26%
	不太有帮助	3	8%
	没有帮助	0	0%

三、学生对教材的使用体验

随着对外汉语教学的发展,汉语教材也相继蓬勃发展起来,从最初的以语法结构为主,到现在各种针对化、多样化的教材出现,极大地满足了国内大部分高校针对来华留学生的教材使用。复旦大学国际文化交流学院针对长期来华进修生选用的中级汉语听力教材是《发展汉语——中级听力Ⅰ》,关于学生对此教材的使用体检,我们也设计了两个问题:"你觉得现在的听力书难不难?""你对听力书的内容感兴趣吗?"问题一主要想调查听力课本对学生来说是否合适,问题二的目的在于考察现用的听力课本能不能调动学生的学习积极性。通过调查发现,21%的学生觉得使用的教材很难,62%的学生觉得有点儿难,只有17%的学生觉得不太难,没有学生觉得不难(见表5)。可见,我们选用的教材从总体来说是合适的,但对于少部分学生来说可能有些难。

表 5

问 题	类 别	人 数	百 分 比
你觉得现在的听力书难不难?	很难	8	21%
	有点儿难	24	62%
	不太难	7	17%
	不难	0	0%

关于听力课本的内容,有3%的学生表示都感兴趣,56%的学生对大部分内容感兴趣,41%的学生仅对少部分内容感兴趣,没有学生对教材的内容完全不感兴趣(见表6)。不难看出,对教材内容完全感兴趣或大部分感兴趣的学生所占百分比刚刚过半,还有近一半的学生只对少部分内容感兴趣,因此,关于使用什么样的听力教材才也是个值得探讨的问题。

表6

问 题	类 别	人 数	百 分 比
你对听力书的内容感兴趣吗?	都感兴趣	1	3%
	大部分感兴趣	22	56%
	少部分感兴趣	16	41%
	完全不感兴趣	0	0%

四、学生对练习题的感知

听力课不同于其他课,学生在课堂上的主要活动是听和做,听指听力文本,做指跟听力文本配套的练习题,所以听力教材中练习题的设置显得尤为重要。《发展汉语——中级听力Ⅰ》设计的练习题包括判断对错、填写词语或句子、根据课文内容选择正确答案、排列顺序、填写表格、连线题等,学生对于这些练习题的反馈怎么样,我们设计了两个问题:"你喜欢那种练习题?(可多选)""你觉得哪种练习题最难?"从表7可以看出,约有69%的学生喜欢判断题,26%的学生喜欢填空题,59%的学生喜欢选择题,18%的学生喜欢排列顺序,38%的学生喜欢回答问题,28%的学生喜欢听后重复,15%的学生喜欢填写表格,26%的学生喜欢连线题。不难看出,判断题和选择题是比较受欢迎的,这充分说明了此种形式是比较适合学生的学习模式的,今后应继续坚持,而排列顺序和填写表格两类练习题所占的比例都没超过20%,说明此类形式不受学生的欢迎,今后可以相应的减少。

表7

问 题	类 别	人 数	百 分 比
你喜欢哪种练习题?(多选)	判断	27	69%
	填空	10	26%
	选择	23	59%
	排列顺序	7	18%
	回答问题	15	38%
	听后重复	11	28%
	填写表格	6	15%
	连线	10	26%

在实际的教学中笔者发现,有部分学生在上课时会选择性地做练习题,因此对于练习题的难易度,笔者也做了相应的调查,约有15%的学生认为判断题最难,13%的学生觉得

填空题最难,8%的学生觉得选择题最难,21%的学生觉得排列顺序最难,38%的学生觉得回答问题最难,23%的学生觉得听后重复最难,26%的学生觉得填写表格最难,3%的学生觉得连线题最难(见表8)。可见,回答问题和填写表格的设计不太符合学生的学习心理或接受程度,而选择题和连线题相对来说所占比例很少,说明学生对此类题是比较容易接受的。

表 8

问 题	类 别	人 数	百分比
你觉得哪种练习题最难?(多选)	判断	6	15%
	填空	5	13%
	选择	3	8%
	排列顺序	8	21%
	回答问题	15	38%
	听后重复	9	23%
	填写表格	10	26%
	连线	1	3%

五、学生对教师的满意度

尽管听力课相对于其他课来说练习比较多,我们也坚持"以学生为中心"的教学原则,但教师在课堂的主导地位仍然不可忽视,对此,我们专门设置了几个问题来考察学生对教师的满意度以及教师在课堂上的作用。主要包括以下几个问题:"在听力课上你觉得老师的重要性怎么样?""老师在听力课前会引导你们进行听力训练吗?"你对听力老师的满意度怎么样?关于教师在听力课上的重要性,62%的学生表示很重要,33%的学生觉得比较重要,只有5%的学生觉得不太重要,没有学生觉得不重要(见表9)。

表 9

问 题	类 别	人 数	百分比
在听力课上你觉得老师的重要性怎么样?	很重要	24	62%
	比较重要	13	33%
	不太重要	2	5%
	不重要	0	0%

可见,大部分学生能够意识到教师在听力课中的重要作用,这就说明学生在很大程度上还是很"依赖"老师的,老师的作用应该怎么发挥也是个重要的问题。

教师怎么发挥其主导作用,关于此问题,我们设置了"老师在听力课前会引导你们进行听力练习吗?"来考察,调查显示,约有49%的学生表示都会,41%的学生回答有时会,10%的学生回答不太会,没有学生表示教师不会(见表10)。很显然,教师在课前引导方面做得不错,但怎么有效又有趣地引导也是个值得探讨的问题。

表10

问 题	类 别	人 数	百分比
老师在听力课前会引导你们进行听力训练吗?	都会	19	49%
	有时会	16	41%
	不太会	4	10%
	不会	0	0%

最后,关于学生对教师的满意度,我们也做了调查。结果显示,约有62%的学生对听力课的教师非常满意,33%的学生对教师比较满意,仅有5%的学生对教师不太满意,没有学生不满意现在的教师(见表11)。学生对教师的满意度直接关系到一门课的学习效果,怎么最大限度地提高学生对教师的满意度,这与教师的教学状态、教学方法及技巧、教具、教学经验等都有密不可分的关系。

表11

问 题	类 别	人 数	百分比
你对听力老师的满意度?	非常满意	24	62%
	比较满意	13	33%
	不太满意	2	5%
	不满意	0	0%

六、一些思考

"我们应该清醒地认识到,任何学科领域,科学研究的最终目的都是为了应用。这是科学生命之所在。"(陆俭明,2005)下面结合本人对外汉语听力教学中的实践提出几点想法和大家交流。

6.1 听力课不仅是练习课,更是技能课

前面我们提到,许多学生最喜欢的课是精读课,因为其更能满足学生的求知欲,而听力课对他们来说只是练习课。之所以会这样,一是跟课型本身的性质有关系,精读课更重注书面语的学习,而听力课主要是"听";二是跟听力课怎么上有关系。吕必松先生说:"语言教学既是一门科学,也是一门艺术。"我们应该意识到,听力课不仅仅带着学生做练习,而是在做练习的过程中培养学生的听力技能。对于中级汉语听力来说,这些技能包括能捕捉话题或文章的主要内容和观点、会抓关键词或句子、猜词能力、领会对话者的意图等,除此之外,还要引导学生区分汉语在语调、语气、句式上的差别。具体可采用以下几种方法:

6.1.1 对文章结构"心中有数"。在听文章前,教师可在课前进行引导,说出几种常见的文章结构,如总分总、分总、总分等,告诉学生主要内容或观点出现的大概位置,让学生有针对的听,有选择的听,做到事半功倍。

6.1.2 学会捕捉关联词语。在现代汉语中有很多有特定意义的关联词语,如"因为……所以……"表原因,"只要……就……"表条件,"如果……就……"表假设等,在"听"

前提醒学生注意这类词语,由此可以推断说话者的意图、态度等。

  6.1.3 适当模仿。语言的学习在一定程度上就是一种模仿,无论是母语学习还是第二语言学习,最初都是先听,然后根据听进去的内容再说。要想让学生真正掌握汉语的语气、语调,最好的办法就是模仿。教师可带着学生模仿某些特殊的句型或语调,让学生亲自体会,做到熟能生巧,融会贯通。

  听力水平的提高不仅仅是应试的需要,也是学生语言综合能力的重要部分,听、说能力提高了,读、写能力也就自然会得到提升。因此,在对外汉语教学中应该充分发挥"听"在汉语习得上的特殊作用,抓住这一关键环节来进学生各项语言技能的全面提高。

6.2 听力内容不仅靠教材,还要靠其他

  在文章的第三部分我们调查了学生对现用的听力教材的使用体验,结果表明,有超过一半的学生认为现在的教材有点儿难,对他们来说要听懂还是有一定压力的,这在一定程度上就减弱了学生的学习积极性。针对教材的内容,大部分感兴趣的人数和少部分感兴趣的人数各参半,这说明教材的内容不太符合学生的心理预期。这就给教师一个提示,在教学中我们不仅要靠教材,还应该补充其他的听力材料。

  6.2.1 选择合适的教材。教材是老师上课的依据和工具,对于听力课来说,教材的难或易直接关系到听力教学效果。所教师首先应该根据学生的实际听力水平准备听力教材。材料太容易,学生则没有动力;材料太难,学生则畏难不敢听;材料太枯燥,学生则不感兴趣;材料太活泼,学生又容易分心。鉴于此,教师在课前应花费很大的精力在材料的选取上,一定要准备出适合学生听且乐于听得课堂材料。

  6.2.2 要适当补充其他材料。调查显示,有近一半的学生只对教材的少部分内容感兴趣,怎么样最大限度地提高学生的学习兴趣,就需要教师适时适当地补充其他材料。比如有节课的文章是跟相亲相关的,可以选取时下流行的节目《新相亲时代》的片段给学生看,采取视听结合的方法,让学生在看中听,乐中懂。

  6.2.3 多调查,多听学生的建议。无论是教材内容还是课外材料,教师在课前都应跟学生商议,可采取调查问卷、访谈、课堂提问等方式来了解学生感兴趣的话题和希望听到的内容,再结合每个学院的教学大纲适时调整。

  总之,教材是听力课教学的依据,但又不应该完全照搬教材,要在遵循教材基本内容和教学大纲的基础上,补充与时俱进的内容,让学生既能训练听力技能,又能通过听力课来了解当今中国的新发展、新变化、新思想等,坚持听力内容"从学生中来,到学生中去"。

6.3 练习题不仅要做,还要多变

  针对练习题的形式和难易度我们也做了调查,对于中级汉语水平的学生来说,判断题和选择题的相对于其他形式的练习题来说是比较受学生欢迎的,其难度也是比较低的,排列顺序和填写表格的受欢迎度比较低,回答问题和填写表格的难度比较大。那么,不太受欢迎的练习题和难度较大的练习题到底做不做,怎么做才能符合学生预期心理,达到听力训练的效果?可以从以下几方面来试试。

  6.3.1 练习题的数量可适当减少。对于中级汉语水平的学习者来说,学生大部分都经过了初期的汉语语音、语调等的训练,也有了一定的词汇基础,但对于练习题的数量,并不是越多越好。有些学生表示一篇文章里的练习题太多,觉得听得有点儿累。所以教师应灵活把控练习题的数量,选择重要的、有代表性的题让学生进行训练,力求少而精。

6.3.2 练习题的内容可适当改写。对于练习题的内容,当然无外乎都是跟听力文本相关的,但这并不是说要针对文中出现的每句话每个小的内容都要设置练习题。在实际教学中发现,有些练习题的设置并没有什么实际的意义,只是在考察学生有没有听清这句话,笔者认为,练习题的内容应与文本的主要内容及观点相关,对于只掌握了 2 000—2 500 个常用词的中级汉语水平学习者来说,掌握文章的大概意思和主要观点就足够了,其他的可在高级阶段进行训练,这一方面有利于减轻学生的心理压力,另一方面有助于教学的顺利进行。把握好这一点,教师在上课时就可以随机应变,因材施听。

6.3.3 练习题的形式可适当改变。关于练习题的形式,上文我们也做了调查。对于学生受欢迎的应继续坚持,对于不太受欢迎和难度较大的我们可以适当改变。比如对于回答问题,可以变成讨论,这也是在调查中学生提出的建议,毕竟客观地说,"听"与"说"的关系最为密切,"听"有助于"说","说"有赖于"听"。当然教师应把握好讨论的时间,不能把听力课变成了口语课。另外,对于填写表格的习题,可变成小组采访活动,采用团队活动的形式,让学生在合作中学习,而不只是单纯一个人听一个人答。

如果说教材是依据,练习题就是依据的重心,合适的练习题既能训练学生的听力技能,又能让学生学到有意义的内容,既能让学生由被动做题式的听变成主动获取信息的听,又能在听后锻炼学生的口语能力,从而提高各方面的技能。

6.4 教师不仅是引导者,还是合作者

关于学生对听力教师的满意度,我们也进行了调查,仅有5%的学生表示不太满意,这就说明教师的教学还是相对成功的,我们都知道"以学生为中心"的原则,但这并不是说教师不重要,相反,教师的角色更应该多样化,不仅是引导者,还是合作者。

6.4.1 注重课前的引导。教师应坚持讲课前的心理愉悦训练,调查结果也表明,大部分教师都会采用此种方法。教师可选择播放中文歌曲、广告、幽默故事、新闻等一些趣味性较强的听力材料。其间,教师可以适当提示其中精华语句,让学生边欣赏优美旋律,边跟唱中文歌曲,享受听力的乐趣,每次内容尽量新颖别致,让学生愉快地开始听力学习。以此来调节学生的心理状况,减轻其听力焦虑。

6.4.2 注意课中的合作。教师在引导学生进入正常的听力活动后,整个教学活动应以学生为中心,教师此时的角色应由引导者变为合作者、参与者。教师应换位思考,边听边和学生讨论、交流、互动,跟学生一起听,一起思考,一起找答案,在师生、生生相互探讨交流的过程中,形成新型的师生合作关系。使学生在和教师的交流中听有所得、听有所获。

6.4.3 注意听后共同复习。针对下课前学生的听力疲劳或焦躁,教师可安排一点时间和学生一起进行总结复习,采用小组互动或全班互动的方式,总结练习题的形式、学生的错误、听力文本的难点,复习听力文本的主要内容和观点,最后再结合本节课程的话题,播放精炼和富有趣味的音频或视频,既放松学生神经、减弱情感过滤,又使学习者在愉悦中真切体会语境,强化语感,并增强其对听力课的兴趣与认同。

随着对外汉语教学的发展,对教师的要求也越来越高,在中级汉语听力教学方面,现代的新型的教师不只是主导者、引导者,更应该是合作者和参与者,只有教师实质性参与到学生互动之中,真实了解学生对教学的意见与企盼,并及时与其交流,为其鼓劲,才能更好地激发学生克服困难、积极学习的积极性。

参考文献

[1] 胡波.汉语听力课教学法[M].北京：北京语言大学出版社,2007
[2] 吕必松.对外汉语教学概论(讲义)[M].国家汉办编印,1996(内部资料)
[3] 吕必松.对外汉语教学发展概要[M].北京：北京语言学院出版社,1990
[4] 陆俭明.对外汉语教学与汉语本体研究的关系[J].语言文字应用,2005,(1)
[5] 刘颂浩.汉语听力教学理论与方法[M].北京：北京大学出版社,2008
[6] 刘颂浩.对外汉语听力教学研究述评[J].世界汉语教学,2001,(1)
[7] 刘珣.对外汉语教育学引论[M].北京：北京语言大学出版社,2000
[8] 李晓琪主编.对外汉语听力教学研究[M].北京：商务印书馆,2006
[9] 李杨主编,王钟华,陈灼副主编.对外汉语教学课程研究[M].北京：北京语言大学出版社,1997

附录：

中级听力课学生学习情况调查问卷

性别：男/女　年龄(age)：_____　　国籍(nationality)：_____　　班级(class)：_____

1. 你学习汉语多长时间了？_____
2. 你最喜欢什么课？
　A. 精读课　　　B. 口语课　　　C. 听力课　　　D. 写作课　　　E. 泛读课
3. 你喜欢上听力课吗？
　A. 很喜欢　　　B. 一般喜欢　　C. 不太喜欢　　D. 完全不喜欢
4. 你觉得听力课重要吗？
　A. 很重要　　　B. 一般重要　　C. 不太重要　　D. 完全不重要
5. 你觉得听力课对你学习汉语有没有帮助？
　A. 很有帮助　　B. 有点儿帮助　C. 不太有帮助　D. 没有帮助
6. 你觉得现在的听力书难不难？
　A. 很难　　　　B. 有点儿难　　C. 不太难　　　D. 不难
7. 你对听力书的内容感兴趣吗？
　A. 都感兴趣　　　　　　　　　B. 大部分感兴趣
　C. 少部分感兴趣　　　　　　　D. 完全不感兴趣
8. 你喜欢哪种<u>练习题</u>(exercises)？（<u>可多选</u> you may choose more than one options）
　A. 判断对错(right or wrong)　　B. 填词语或句子(fill in the blanks)
　C. 选择(choose)　　　　　　　D. 排列顺序(rearrange the sentences)
　E. 听后重复(listen and repeat)　F. 回答问题(answer the questions)
　G. 填表格(fill in the form)　　　H. 连线题(match)
9. 你觉得哪种<u>练习题</u>(exercise)最难？
　A. 判断对错(right or wrong)　　B. 填词语或句子(fill in the blanks)
　C. 选择(choose)　　　　　　　D. 排列顺序(rearrange the sentences)

E. 听后重复(listen and repeat)　　F. 回答问题(answer the questions)
G. 填表格(fill in the form)　　H. 连线题(match)
10. 如果没听懂,你觉得问题可能是(可多选 you may choose more than one options):
A. 说得太快了　B. 生词太多　C. 语法不明白　D. 文章太长了
E. 不感兴趣　F. 自己的精神状态(mental state)不好
11. 在听力课上你觉得老师的重要性(importance)怎么样?
A. 很重要　　B. 比较重要　　C. 不太重要　　D. 不重要
12. 老师在听力课前会引导(guide)你们进行听力练习吗?
A. 都会　　B. 有时会　　C. 不太会　　D. 不会
13. 你希望老师常常增加(add)新的听力内容(content)吗?
A. 希望　　B. 有时希望　　C. 不希望
14. 你对听力老师的满意度(degree of satisfaction):
A. 非常满意　　B. 比较满意　　C. 不太满意　　D. 不满意
15. 你对听力老师/听力课有什么建议(suggestion)?

留学生本科毕业论文立场标记语研究[①]

路 广

(复旦大学 国际文化交流学院,上海 200433)

摘 要:立场标记语是学术论文中重要的人际交流策略,针对留学生的立场标记语策略的研究是留学生学术语言能力研究的重要组成部分。本研究通过自建的汉语言(对外)专业本科毕业论文语料库,采用Hyland(2005)提出的学术语篇中作者立场分析框架,考察了留学生本科论文中作者立场标记语的特点,并与汉语母语学术论文中作者的立场标记语的特点进行了比较。比较分析结果表明:留学生本科论文与汉语母语学术论文在模糊限制语、确定表达语、态度标记语、自我提及等四方面呈现出比较大的差异。这些差异背后有留学生自身的原因,同时反映了论文指导教师对留学生论文的期待,以及语言使用背后的文化差异。

关键词:本科留学生;毕业论文;立场标记语

近年来,不仅针对外国留学生的一般语言教学发展快速,而且越来越多的外国留学生进入中国大学攻读硕士、博士,从事科学研究领域的工作。而他们的学术语言能力对于从事科学研究工作意义重大,留学生在本科阶段就应打好这方面的基础。因此,深入了解目前汉语言(对外)本科留学生的学术语言使用情况就显得尤其重要。

立场标记语是探究学术语言使用情况的重要窗口之一。以往观点认为研究论文是对独立的外部客观事实的研究报道,因此具有客观性,不依赖于人的个人情感,但是近年来这种观点受到越来越多的质疑,越来越多的观点认为研究论文的目的决定了作者不只是单向地向读者告知客观事实,而是向读者说明自己的立场,推销自己的观点(吴格奇,2010)。Biber,D., Leech, G., Conrad, S. & Finegan, E. (2000:45)认为,论文作者既需向读者客观地传达研究结果,也需要表明自己的立场,与读者取得情感上的认同。Hyland(2005:178)认为学术论文中的"立场"是作者对命题的正确性或可靠性的一种评价,反映了作者对命题正确性或可靠性的承诺或者对读者的态度。Englebreson(2007a)认为立场表达是语言使用者在沟通过程中主动参与的具有场景的互动过程。Du Bois(2007:163)把立场表达涉及的诸多因素综合起来,建立了一个"立场分析三角模式",认为立场表达是由行动者根据社会文化领域的凸显维度,通过明示的沟通手段,同时进行对象评价、主体定位、与其他主体结盟的公共行为。吴格奇、潘春雷(2010)认为,学术论文中的立场是指作者的论述视角,具体地说是作者所表达的对命题的个人情感、态度和评价。

立场表达的实现途径是语言形式,Biber & Finegan(1989)认为这些语言形式主要是词汇和语法表达。在词汇方面的手段主要有动词、情态动词、副词、形容词等,语法方面的手段则

[①] 本文为复旦大学卓学计划、复旦大学自主科研项目的研究成果之一。

主要有立场状语、从句、句式结构等。

Hyland(2005:178)从作者的态度表达、认识判断、承诺程度,以及读者的参与程度等四个角度,提出了学术论文中的立场分析框架,体现为以下四种立场标记语:

一、模糊限制语。指作者通过使用特定的词汇、句子结构等,使信息作为一个主观观点而不是一个需要确认的客观事实传递给读者,如 probably、it suggests。

二、确定表达语。指作者用来表达对自己的陈述说明持肯定确信态度的言辞,如 certainly、demonstrate。模糊限制语和确定表达语的使用体现了作者对命题承诺的不同程度。

三、态度标记语。指作者用以表达情感态度,如惊讶、同意、重要性等的言辞,如 important、surprisingly。在四种标记语中,态度标记语最直接明确地表达了作者的立场,是赢得读者感情上认可的有效策略。

四、自我提及。指作者用以指称自己的第一人称代词,如 I、my、me,表示作者对论点的权威性和责任(吴格奇,潘春雷,2010)。

根据 Hyland 对学术论文中的作者立场标记语的研究框架,我们考察了 57 篇复旦大学汉语言(对外)专业留学生本科毕业论文。我们主要研究的是其中的摘要和结论部分,同时为了观察指导教师对学生的语言使用方面的指导影响,这 57 篇中包含了 25 篇初稿(其余 32 篇为终稿),建立了一个小型的留学生学术论文语料库。本次统计以词为统计单位,而不是以字为统计单位,以词为单位进行统计可以使统计项与比较基数之间在单位上具有一致性。吴格奇、潘春雷(2010)在统计"汉语学术论文"中的立场标记语的时候,所考察项"立场标记语"是以词为单位的,但其所作统计基数却是以字为单位的,我们认为这种统计方法存在欠缺,应该将词数而不是字数作为统计基数。也正因为此,本研究得出的结论与吴格奇先生所作研究数据存在一定差异。在语料库切词方面,我们使用了张华平博士开发设计的切词软件——NLPIR 汉语分词系统(又名 ICTCLAS2013),主要功能包括中文分词、词性标注等。该软件曾对《人民日报》1998 年 1 月的新闻纯文本语料进行开放测试,测试结果为分词精度达 98.13%,词性标注精度达 94.63%。在使用过程中我们对分词与词性标注不当之处进行了人工干预。

为了便于与汉语母语者的立场表达作数据对比,我们还建立了一个对比语料库"中文学术期刊语料库",共收录 30 篇期刊论文的摘要和结论部分,主要从语言学的核心期刊——《世界汉语教学》《汉语学习》《语言文字应用》和《语言教学与研究》中随机抽取,发表时间的区间是 2010—2015。

两个语料库所含摘要和结论部分数据基本情况如表 1 所示:

表 1 两部语料摘要和结论部分基本数据

语料来源	词　数	字　数
期刊论文摘要	5 401	9 650
期刊论文结论	8 721	15 896
留学生论文摘要(初稿)	1 162	2 116
留学生论文结论(初稿)	1 916	3 429

续　表

语料来源	词　数	字　数
留学生论文摘要(终稿)	1 706	3 099
留学生论文结论(终稿)	4 324	7 651

两个语料库中的立场标记语的使用数量和频率如表2所示：

表2　两数据库中立场标记语的使用数量

资料来源	模糊限制语	确定表达语	态度标记语	自我提及
期刊论文摘要	19	21	2	4
期刊论文结论	61	27	13	37
留学生论文摘要(初稿)	6	3	1	7
留学生论文结论(初稿)	13	15	0	16
留学生论文摘要(终稿)	11	3	0	13
留学生论文结论(终稿)	32	22	4	37

立场标记语的使用频率(以100词为单位计)表示如图1所示：

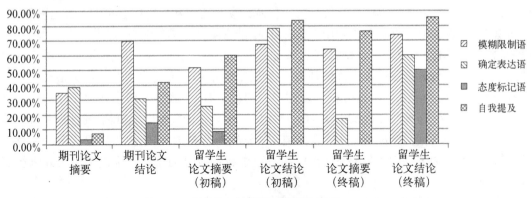

图1　立场标记语的使用频率

一、模糊限制语

模糊限制语在两个数据库中都使用比较少(见表3)。

表3　模糊限制语使用情况

模糊限制语	表示可靠性的	表示精确度的模糊语
期刊论文摘要	8	11
期刊论文结论	36	25
留学生论文摘要(初稿)	2	4
留学生论文结论(初稿)	8	5

续 表

模糊限制语	表示可靠性的	表示精确度的模糊语
留学生论文摘要(终稿)	4	7
留学生论文结论(终稿)	17	15

模糊限制语的使用频率如图2所示：

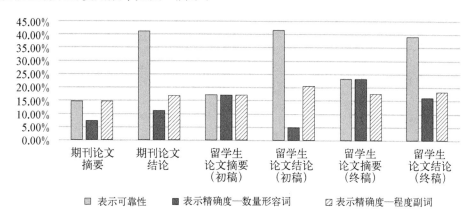

图2 模糊限制语的使用频率

分析：模糊限制语包括表示可靠性的模糊语和表示精确度的模糊限制语。前者比如"可能、也许、大概"等，后者又包括表示数量的形容词（如较少、一些等）和表示程度的副词（如主要、很大等）。

表示可靠性的模糊语表示作者对所谈论的内容没有十足的把握。不过，"在很多情况下，作者选用这些情态词是对客观情况做出的揣度，目的是为了使话语显得更客观，增强命题的可靠性。此外，作者通过使用这些情态词，减少了自己对命题的承诺程度，给了读者考虑判断的空间，增强了命题被读者认可的机会"（吴格奇，潘春雷，2010）。

在本研究中可以看出，无论期刊论文还是初稿、终稿的摘要部分所使用的可靠性模糊限制语都明显比结论部分少得多，这说明在论文摘要中作者大都有意识地避免出现模糊限制语，而因为结论主要在于总结陈述、问题展望、预测结果，有时甚至涉及未知领域，因此出现模糊限制语比较多，两者的使用差异较大。

表示精确度的模糊语包括数量的和程度的模糊语。表示数量的模糊语，比如：较少、一些、多个等；表示程度的模糊语，比如：主要、很大、类似等。这类模糊语主要用来标识名物的数量以及动作的程度、涉及的范围、相似度等。本研究显示，就摘要而言，与期刊论文相比，留学生论文中的摘要使用了更多的表示精确度的模糊语，而且终稿比初稿更多，从数量上看，终稿甚至超过了期刊论文摘要的两倍。可见，在期刊论文摘要中，作者是在有意识地少用这些表示精确度的模糊语。就结论而言，留学生论文所使用的这类模糊语与期刊论文相比差异并不是特别明显，初稿比期刊论文所用还少，不过，终稿比期刊论文所用要多一些。

二、确定表达语

确定表达语主要包括四类：实情引述动词、表示确定的副词、表示确定的形容词、表示强调的情态词。实情引述动词用来有逻辑地引证数据、论据或者得出理所当然的结论,比如"说明""显示""证明"等;表示确定的副词在语气上加强推理或结论的确信性,比如"显著""总是""根本";表示确定的形容词用来对所述名词作确信性描述与肯定,比如"典型的";表示强调的情态词表示情愿、可能,比如"能""不能"。

"确定表达语"的使用情况如图3所示:

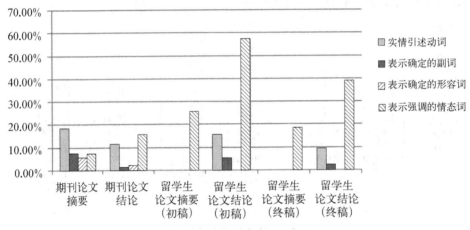

图3 确定表达语使用频率

现作分析如下。

1 实情引述动词方面

A. 摘要部分:期刊论文摘要中出现了较多的实情引述动词,但是留学生论文初稿中数据为零,论文终稿中的数据也是零。由于实情引述动词主要用来有逻辑地引证数据、论据或者得出理所当然的结论,是论证的重要话语,而留学生论文初稿和终稿中都没有出现,说明留学生论文在实情引述方面存在欠缺。

B. 结论部分:相比期刊摘要部分,期刊结论部分实情引述动词有所下降。而留学生论文在初稿和终稿的结论中都出现了一定数量的实情引述动词,这与摘要部分的情况相差很大。

2 表示确定的副词和形容词:

总的来看,表示确定的副词和形容词都不是很多,而在留学生的初稿、终稿中尤为稀少,甚至为零。

A. 摘要部分:期刊论文的摘要部分表示确定的副词与形容词不多,而留学生的论文无论是初稿还是终稿都是零。

B. 结论部分:期刊论文的结论部分均有少量表示确定的副词与形容词,而留学生论文初稿和终稿也有少量表示确定的副词,然而都没有表示确定的形容词。

3 表示强调的情态词

表示强调的情态词表示情愿、可能。在期刊论文中,这类词并不多见,尤其是在期刊摘要中更少,结论中稍多一些,但都不如留学生论文使用频繁。在留学生论文初稿的摘要中,这类词的数量是期刊论文摘要和结论中的总和。而留学生论文初稿的结论中,更是数量巨大,达到了57%,是所有确定表达语中出现最多的一类。联系确定性的其他形式,可以看出,留学生习惯于用这种方式表达确定性。然而,在终稿中,这类词出现频率有所下降,相比初稿,基本上平均下降了50%。这是值得注意的现象。

三、态度标记语

态度标记语是有关作者情感态度的副词和形容词。态度标记语的多少说明作者在论文中多大程度上表达了自己的感情。它主要包括表示重要性的标记语,以及表示一致观点的标记语。前者对某个论点或者材料表达主观评价,如"重要"等;后者对他人论点或材料表达一致性同意意见,比如"很好地""有效地"等。

态度标记语的使用情况如图4所示:

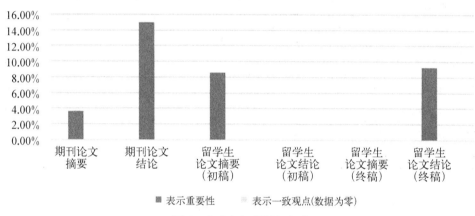

图4 态度标记语使用频率

现做分析如下。
1 态度标记语数量较少
无论在期刊论文,还是在留学生论文初稿、终稿中,态度标记语数量都非常少。
2 表示重要性的态度标记语
A. 表示重要性的态度标记语数量稍多一些。
B. 结论部分相对摘要更多一些,摘要部分相对较少。
C. 就摘要来说,期刊论文摘要中出现了一些态度标记语,但数量占比很少。留学生的初稿中只有一例,而在终稿的摘要中则为零。
3.2.4 就结论部分来说,期刊论文中的最多,相比之下,留学生初稿结论中没有出现,但是在留学生终稿的结论中有较多用例。
3 表示一致性观点的态度标记语
无论期刊论文、还是初稿、终稿的摘要和结论中都没有表示一致性观点的态度标记语。表示一致性观点的态度标记语往往用于论证环节,而摘要、结论部分都不是论证的中心环节,所以为零。

四、自我提及

自我提及是论文作者身份的更为显性的表示,Hyland(2005)的数据表明,在英语学术论文中,单数第一人称"I"在各学科的论文中有一定的用例,相比自然科学,人文科学论文中的自我提及标记语使用更频繁。

自我提及标记语的类型主要包括:单数第一人称标记语,用于自称,比如:"我""我的";复数第一人称代词,也经常用来指称作者自己或者拥有多作者的研究团队,标记语形式为"我们""我们的";一般名词:"笔者"。笔者是"执笔者"的简称,使用"笔者"的效果是使论文更加客观化。

自我提及标记语使用情况如表4、图5所示:

表4　自我提及标记语使用情况

自 我 提 及	单数第一人称代词		复数第一人称代词		名　词
	我	我的	我们	我们的	笔者
期刊论文摘要	0	0	3	0	1
期刊论文结论	0	0	36	1	0
留学生论文摘要(初稿)	4	0	3	0	0
留学生论文结论(初稿)	9	0	7	0	0
留学生论文摘要(终稿)	4	1	4	2	2
留学生论文结论(终稿)	17	1	15	2	2

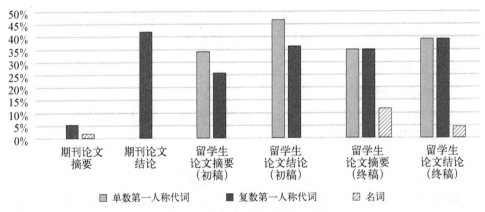

图5　自我提及标记语使用频率

可以看出:

1　第一人称代词

A. 期刊论文摘要和结论部分都没有使用单数第一人称代词,与此相对的是,留学生论文的初稿和终稿中都使用了大量的单数第一人称。

B. 在留学生初稿摘要中使用了较多的单数第一人称,但是在留学生论文摘要的终稿中这样的自我指称词减少了1/3。

C. 在留学生的论文结论部分的初稿中使用了大量的单数第一人称代词,但是在留学生论文结论部分的终稿中也有所减少。

2　复数第一人称代词

A. 与单数第一人称正好相反,复数第一人称代词可以看作是期刊论文自我指称的主要手段,尤其是期刊论文结论部分的使用量达到42.4%。不过相比之下,期刊摘要部分使用量并不多,只有5.6%。

B. 与单数第一人称的使用情况相同,留学生论文摘要的初稿中复数第一人称代词也大量出现,是期刊论文摘要使用量的5倍多,在摘要的终稿中,复数第一人称代词使用量更多,是期刊论文摘要使用量的7倍多。

3 名词

A. 在期刊论文中,作为自我指称标记词的"笔者"并不多,仅在摘要中出现了1例。

B. 在留学生的论文摘要和结论部分也有少量用例,不过值得注意的是,在初稿的摘要和结论中都没有出现,但在终稿的摘要和结论中则有一些用例出现。

留学生毕业论文的初稿是留学生自行提交的,是教师还没有介入的语料。这些初稿代表了学生对论文写作的理解,而论文的终稿是经过老师指导并认可可以进行答辩的语料,因此可以代表教师所认为的留学生论文所应该达到的标准。这个标准的建立主要依靠的是教师的指导性介入。

余论

立场标记语是标记作者的立场标记的语词,论文写作作为一种呈现人际互动的过程,立场标记语的使用对人际互动有重要影响。从这个角度出发,我们可以看出留学生论文初稿和终稿在客观性、逻辑性、确信性方面的改变和特点。

首先是初稿到终稿的客观化。

由于表示强调的情态词主观意愿性比较强,所以,期刊论文一般使用较少,而在留学生论文中这类词使用数量却很多,甚至是所有确定表达语中出现最多的一类。然而在终稿中,这类词呈现出大幅度下降,降幅达50%。我们推测,可能的原因是教师的干预。

另一个例子是名词性自我指称形式"笔者"的使用,在留学生论文的初稿中没有一例"笔者",而在终稿中则出现了一些。这些用词变化可能也得到了老师的指导。

一般认为,在学术论文中,第一人称应该尽量少出现,原因是第一人称具有太强的主观化色彩,所得相关结论可能会因此不客观,从而失去信度。在留学生的论文初稿中,这类词大量存在,说明留学生在论文写作中没有意识到这一点。而在论文结论的终稿中,这类词却有大幅度减少,论文因此得到了进一步的客观化,这个变化应该也是因为教师的指导。

不过,一个值得注意的现象是,虽然这类词大幅减少,但是正式的期刊论文与之相比,仍然有一定的差距,我们推测,这可能与教师对留学生论文的期待值有关系。经过调查访谈发现,教师一般认为留学生论文首先要达到文从字顺,至于论述的层次结构、逻辑推理等则是第二个层面的问题,有的指导教师并不强求;教师对于留学生论文在指称表达方面还存在着尊重其母语习惯的倾向,有的教师认为可能留学生母语中有一些既定的表达,留学生并非中国学生,无须强求一致。可见,留学生毕业论文的这些特点还与指导教师对留学生论文的定位密切相关。

其次是初稿、终稿的逻辑性问题。

相比客观性,逻辑性其实是比较隐蔽的一个指标。在作者立场标记语中,确定表达语与逻辑性密切相关,尤其是实情引述动词,期刊论文摘要中出现了较多的实情引述动词,但是与之相反的是,留学生论文初稿、终稿的摘要部分却都没有实情引述动词。同时,留学生论文初稿终稿的摘要和结论中表示确定的副词和形容词尤为稀少,甚至为零。终稿与初稿相比并没有很大的变化,说明指导教师对此关注较少。可见,教师在指导中可以适当加强论文逻辑性的引导。

再次,从初稿到终稿,确信度的提升。

确信度是指论文写作中作者对自己的论点论据论证的主观确信程度,高的确信程度可以感染读者,从而增强论文的说服力。态度标记语的作用就在于提高作者对推理论证的确信度。正因如此,期刊论文中出现了大量确信态度标记语。但相比之下,留学生论文初稿中没有出现这样的标记语,不过,在终稿的结论中又出现了较多用例,这些态度标记语的增多说明留学生在修改过程中逐步完善了论证思路,增强了论文的逻辑性。

留学生作为语言学习者,其中介语言始终处在发展之中。留学生本科毕业论文是留学生四年本科学业的结业论文,是本科留学生培养中的重要一环,也是进一步跨入研究生阶段的重要基础,应该得到重视。但目前留学生的本科论文作为本科留学生汉语学术写作的主要呈现形式,还没有得到很好的关注。同时,对留学生本科论文进行研究有助于发现留学生习得汉语的阶段性特征,也有助于探讨、反思与明确留学生在本科阶段的培养模式。

从本研究的相关结果来看,留学生在学术语言运用能力上有待提高,尤其是在涉及论文写作的逻辑性方面。学术语言能力属于有认知要求的语言能力,是第二语言能力的重要组成部分。学术语言能力,又称为认知学术语言能力(cognitive academic language proficiency,简称CALP),指利用语言进行学习、研讨、学术写作等复杂抽象的学术活动的能力。学术语言能力的提高不仅包括语言形式方面的提高,还包括逻辑推理、方式方法等语言思维功能的提高。

留学生作为跨文化的语言学习者,在学术语言的运用上也展现出了很多与汉语母语者不同的特征。汉语母语者在期刊写作中使用立场标记语倾向于谨慎保守,与读者的互动交流比较含蓄,经常会主动使用表示精确度的模糊限制语等客观化的语言策略,在语篇指称方面也经常不主动提及自己,而留学生在论文写作中则比较倾向于直接表达,与读者之间的假设距离感较近。

参考文献

[1] 梁凤娟.语篇立场表达之跨文化研究.中国社会语言学(第15辑)[A].高等教育出版社,2010

[2] 龙满英,许家金.大学生英汉同题议论文中立场标记的对比研究[J].外语与外语教学,2010,(3)

[3] 吴格奇,潘春雷.汉语学术论文中作者立场标记语研究[J].语言教学与研究,2010,(3)

[4] 吴格奇.英汉研究论文结论部分作者立场标记语对比研究[J].西安外国语大学学报,2010,(4)

[5] 吴格奇.学术论文作者自称与身份构建———一项基于语料库的英汉对比研究[J].解放军外国语学院学报,2013,(3)

[6] Biber, D. & Finegan, E.. Styles of Stance in English: Lexical and Grammatical Marking of Evidentiality and Affect. *Text* 9(1), 1989
[7] Biber, D., Leech, G., Conrad, S. & Finegan, E.. *Longman Grammar of Spoken and Written English*, Beijing Foreign Languages Teaching and Research Press, 2000

留学生在汉语学术写作中的策略使用初探①
——社会文化视角下的个案研究

陈 钰

(复旦大学 国际文化交流学院,上海 200433)

摘 要:本文从社会文化视角出发,采用质化个案的研究方法追踪了一位在中国某大学攻读硕士学位的外国留学生的三年学术写作经历。通过对该学生使用的策略的研究发现:学习者的策略使用呈现出了从"抵制"到"顺应"再到"利用"的阶段性发展;策略的使用与发展受学习者在新的话语社团中的身份的发展过程及其所属的话语社团特征的影响。因此,本文倡导语言教师要和专业教师合作,对入系后的学历留学生展开学术汉语的教学,帮助并指引学习者成为所在专业的话语社团中的合法成员。

关键词:学历留学生;汉语学术写作;写作策略;话语社团;成员身份;学术汉语

一、引言

近年来,随着对学习者写作过程的日益关注,写作策略研究逐渐成为第二语言写作研究中的一个重点。目前,汉语作为第二语言的写作策略研究更多从认知视角出发,按写作中的计划、组织、翻译、修改、评估等认知过程对学习者的策略进行分类和调查,并将学习者的策略使用与其汉语水平或写作成绩相关联(如张琦,2010;殷佩蓓等,2011;肖勤,2012;刘茹,2014;于良杰,2014;吴剑,2012)。

这些研究扩展了我们对二语学习者在汉语写作中的"做法"的认识,使我们发现了策略的使用与汉语学习效果之间所存在的联系。然而,认知视角下的策略研究忽视了学习者使用策略的语境,无法将学习者在写作中的"想法"与"做法"相关联,也无法探究学习者使用策略的具体原因(Prior,2006)。

因此,社会文化视角的策略研究逐渐兴起,研究者认为与"(发现学习者)在写作中运用了什么策略"相比,探究学习者"通过写作成为了一个什么样的人"以及其中的原因是写作研究中更为重要的目标(Ivanič,1998:94)。但在目前国内的汉语作为第二语言的写作策略研究中,这一视角的研究几乎还没有看到。

二、研究问题

在我们的研究中,"汉语学术写作"指的是以汉语作为第二语言的学习者在中国高校的

---

① 本研究得到上海市高校本科重点教改项目"'对话中国'理念下的留学生汉语课程混合教学模式探究与实践"的资助。

专业学习中所进行的,以表达所在专业的研究过程和研究成果为主要目的的汉语写作活动。随着中国高等教育的国际化,在中国高校攻读学位的留学生(以下简称"学历留学生")逐渐成为高校留学生群体中的主体,而汉语学术写作正是他/她们在专业学习中必须参与的重要写作活动。

Norton(2005)从社会文化视角提出,策略的使用是一种为了发展自我在所处话语社团中的成员身份而进行的投资。其中,"话语社团"是对具体语境的一种描述;而"发展成员身份"指的是学习者对自我的认识与所处话语社团的要求逐渐接近的过程。在本研究中,学历留学生所处的"话语社团"主要指学生就读的中国高校的院系与专业,这是学习者使用写作策略的具体学术语境。"发展成员身份"则着眼于学历留学生跨越专业和汉语的障碍,通过写作完成所在专业的学习任务和要求,并逐渐得到该专业中的其他母语者成员(主要指所在专业的中国教授们)的认可的过程。在这一过程中,学习者选用并检验不同写作策略的效果;其策略的不断改变也反映了学习者发展写作能力、逐渐获得社团成员身份的过程。

基于对写作策略的以上认识,本文的研究主要回答三个问题:
1. 学历留学生在中国高校的学术写作中是如何使用写作策略的?
2. 学历留学生的写作策略使用与其发展成员身份的过程之间的关系是如何体现的?
3. 学历留学生在中国高校的学术写作中,其所处的学术语境对其写作策略运用有何影响?

三、研究方法

Hyland(2005)发现,在围绕第二语言写作的研究中,从自然情境中收集材料进行分析与描述的质化研究方法正在逐渐成为主流。其中,个案研究是质化研究中的一种主要方法,特别适合于"无法把现象中的变量从它们的场景中剥离出来的情况"(麦瑞尔姆,2008:21)。因此,本文选择了个案研究的方法,通过对一位在中国某大学攻读硕士学位的外国研究生的三年纵向追踪,采用访谈、观察等方法收集资料,通过对这一个案的深入描述与解释来探究中国高校中的学历留学生在汉语学术写作中的策略使用特征及其影响因素。

四、研究发现

4.1 个案背景简介

朴乡[①]是一位在中国东部某重点大学(以下简称"E大学")的汉语言文字学专业攻读硕士学位的韩国留学生。在韩国学习时,她的专业是汽车管理与制造,同时自学汉语。大学毕业后,她自费来到中国参加E大学开设的非学历的汉语进修项目。在完成中高级阶段的汉语课程并获得HSK考试6级[②]后,她选择了继续自费攻读该校中文系的硕士学位,提高自己的汉语水平。

---
① 为保护隐私,学习者姓名和学校名字都采用匿名形式。
② 旧版的HSK考试,共11级,6级属于中级水平。

4.2 学术写作活动中的策略使用与发展

4.2.1 一年级:"写论文很好,是我练习汉语的最好方法"

入系之初,朴乡就感到了在中文系学习的压力。她认为这是由于自己的汉语水平太低。因此当朴乡听说中文系每门课都以论文写作作为课程的考核方式后,她感到很庆幸,认为"写论文很好,是我练习汉语的最好方法"。因此写作中,朴乡特别重视汉语的表达,将其当成自己学习和操练汉语的一个机会,在策略上也体现出了"语言学习与操练"的特征。

写作前:逐词阅读;摘抄词句

"(写论文前)看(文章)的时候是很累的,因为有很多生词我不认识都要查字典,一页纸也要看一个小时,常常看了后面又忘了前面在说什么。看到别人的文章里有好的词语和句子,我就抄下来。"

写作时:模仿、扩写词句

"我自己写的时候,我看这些(抄下来的)句子和词语,就能自然而然地有一些句子可以想起来,可以写,简单写以后,再加长一点点,再写,真的很累。"

写作后:请以前的写作老师修改语法

"我发我的文章给以前汉语写作课的老师,请她帮我修改语法错误。"

尽管朴乡在写作中付出了很多努力,然而反馈的课程成绩却都不理想,这让朴乡颇为苦恼。

4.2.2 二年级:"写论文应该要向教授们表示我在认真学习"

升入二年级后,随着对所在专业的逐渐了解及与专业中的教授们的接触逐渐增多,朴乡发现"在中文系,有一些韩国本科生他们家里有钱所以来中国读大学,他们不太努力学习,每天去玩,教授们见过很多这样的韩国学生,他们(教授们)就觉得韩国学生都不太努力学习。……老师真的是对韩国学生有偏见"。

由此,朴乡希望通过写作去向教授们展示自己的努力,从而在策略运用中时时考虑该如何让教授们满意,体现出了"努力适应他人要求"特点。

写作前:为了读很多资料而放弃阅读中文

"我想写论文应该要向教授们表示我在认真学习,我在努力学习。所以写论文前我读很多资料,我觉得老师们喜欢我们读很多资料,但因为我读中文的资料很慢,读一张纸需要1—2个小时,虽然我知道读中文资料对我学习汉语有帮助,但是我觉得更重要的是向老师表示我读了很多,所以我在网上找韩语或者英语的资料,有时我也请韩国朋友们帮我收集韩国的材料,我把韩语的或英语的资料集中读一下,整理一下再写。"

写作时:为了避免抄袭而使用翻译

"写的时候,我翻译那些(韩语或者英语的)资料,就算是中文资料,我也不抄那里的词语和句子了,因为我听说抄袭是很大的问题,所以有一些中文的材料,我看了后先翻译成韩语,然后再用自己的话翻译成汉语,这样就不会和原来的一模一样了。"

写作后:为了表示重视而自己做封面

"我自己还会做封面,因为在韩国,有封面的文章表示很正式的,很重视的。这样教授们就可以看出我对论文是很重视的,很努力的。"

然而这一年的努力依然没有换来课程成绩的明显进步,这让朴乡感到很困惑,也很焦虑:"我很有心写课程论文,我来中国很想努力学习,可是教授们却看不到,我真不知道该怎么办!"

4.2.3 三年级:"写论文是为了要表达自己的研究"

进入三年级后,毕业论文的写作成为朴乡的首要任务。朴乡沿用原来的策略,以为只要根据开题报告时教授们的建议来进行写作就可以顺利完成论文,但在实际写作中,她却遭到了打击:教授们建议的理论她不理解;教授们建议的研究方法她不会用;翻译别人的研究又被导师一再质疑文章的新意在哪里。

写作中的障碍和导师的指导使朴乡意识到"写论文是为了要表达自己的研究",而自己"研究语法的能力不够",不能完全按照教授们的建议来写作。因此,她在写作中开始根据自己的能力展开汉语语法的研究,在策略使用中也体现出了"适应自我能力展开研究"特征。

写作前:根据标题有选择地阅读中文资料,并思考自己的观点

"我又看了好多中国语法家的文章,不是每篇都读,我先很快看里面的小标题,然后把这些内容分类,看的时候我发现有的研究一样的内容,但有不同的方法来说明不同的观点,我就仔细读一读,把这些观点分成不同的组,然后写下我自己对这些观点的看法,我能力不够,提不出和他们不一样的新的观点,所以我只能表示自己同意其中的一些,不同意其中一些,这也算是我的观点吧。"

写作时:为不影响自己的思路而放弃翻译;关注文章结构和自己的想法

"以前我写的时候常翻译别人的研究,但现在我觉得翻译的时候,特别是翻译整段内容时,怎么把翻译的内容和我的思路联系起来也有点困难,所以我也不想这样翻译了。……我(写作时)觉得文章的结构很重要,还有用自己的想法来分析也很重要。"

写作后:请导师等专业中的人修改内容;反思写作对汉语学习的帮助

"我请导师,还有我们专业的中国同学帮我修改,他/她们主要也是帮我修改内容,语言我觉得不是太重要吧……这次写毕业论文,我最大收获就是读了这些材料后让自己更明白汉语的这个语法结构了,中国人可能不这样想,但因为我是外国人,这对我来说,我觉得是很重要的研究意义,所以我(修改时)也把我的这个想法写在论文上了,我觉得这就是表达我自己的想法的。"

运用这些写作策略,朴乡最终完成了符合中文系硕士研究生要求的毕业论文,取得了硕士学位,顺利从 E 大学毕业了。

五、结果分析

5.1 汉语学术写作中的策略使用与发展

与认知视角提出的"策略使用是为了更好地学习目标语"(O'Malley & Chamot, 2001:43)不同,社会文化视角的研究者认为学习者在写作中使用策略是为了在其所属的话语社团中获得资源、完成任务、并发出自己的"声音"(voice)(Canagarajah, 2003)。通过本研究我们发现,朴乡在攻读硕士学位的三年中,为了完成学术写作任务而采用的写作策略与其所处的话语社团之间的关系大致呈现出了"抵制—顺应—融合"的阶段性变化。

在入系初期,她所运用的策略,如写作前的阅读、摘抄,写作时的模仿、扩写和写作后的语法修改等,都体现了其对语言形式的重视,表现出她"注重自己的语言学习需要、不顾专业研究要求"的策略特征,在其所属的话语社团中发出了"抵制"的声音。进入二年级后,朴乡的策略发生了很大的改变,不管是写作前放弃中文阅读还是写作中的多次翻译或是写作后的封面制作,都体现出她"竭力满足所在专业的教授们的要求而不考虑自我需要和能力"的策略特征,在该话语社团中发出了"顺应"的声音。到了三年级,朴乡的策略再次发生了改变。一方面,她能根据所在专业的要求阅读文献、分析观点、放弃翻译、注重论文的表达内容和思路;另一方面,她也能意识到自己作为二语学习者的特点和不足,以自己的方式表达观点,并通过写作来学习与理解汉语语法结构,实现自己汉语学习和汉语研究的双重目标,体现出"将专业要求与自我需要和能力相结合"的策略使用特征,在话语社团中发出了"融合"的声音。

5.2 汉语学术写作中的策略使用与话语社团中的成员身份发展

二语学习者的策略使用变化与其在话语社团中的成员身份的发展密切相关,朴乡的经历对此作出了诠释。最初,朴乡的目标是提高汉语水平,因此将自己认定为一名"汉语学习者"。表现在写作策略中,朴乡将学术写作当成一种训练汉语表达的方式,在使用策略时只关注自己的汉语表达,而不关注论文表达的内容,表现出了对所处话语社团的学术研究要求的"抵制"的特征。

逐渐地,当朴乡发现该话语社团中的教授们(可能)对韩国学生存在偏见时,她又将写作当成了"向教授们表现自我"的一种方式,在策略运用上努力满足、取悦他人,体现出"不顾个人能力而一味顺应教授们要求"的特征。但作为一名二语学习者,由于对教授们的要求模糊不清,她的策略使用依然无法适应该话语社团的要求,因此,她的努力不仅无法得到教授们的认可,反而导致其在这一话语社团中迷失方向,找不到写作的目标所在。

到了三年级,朴乡终于意识到自己是所在专业中一个汉语能力和研究能力都有限的研究生,论文写作的目标应该是进行汉语的研究而不是操练汉语或向教授们展示自己的努力。因此,她根据自己的能力调整写作策略,既在写作中研究汉语语法,又不放弃汉语学习,体现出了"将话语社团要求与自我能力融合"的策略特征。

从中可见,二语学习者的策略使用不仅是为了更好地学习目的语或完成语言交际活动;还与其进入新的目的语话语社团,成为其中的合法成员的过程密切相关。学习者策略的选择和改变体现了他/她们为发展新的成员身份所付出的努力。

5.3 特定话语社团特征对汉语学术写作策略使用的影响

从主观上看,学习者在新的话语社团中发展成员身份的过程影响了其在写作中的策略使用。但从朴乡的经历中我们还发现,在其所处的话语社团中,二语学习者与母语者之间客观存在着的不平等关系对其写作策略的使用产生的影响同样不容忽视。

这种不平等关系首先体现在该话语社团中的母语者和二语者在汉语能力的差距上。以朴乡为例,由于其汉语能力与中国同学存在很大差距,因此当她要和中国同学一样独立完成同样的写作任务时,她所面临的困难自然比中国同学更大。然而,这种由于汉语能力缺乏而导致二语学习者缺乏自信、难以展开专业研究的现象在其所处的话语社团中并没有引起汉语母语者的足够关注,从而使得学习者只能自己摸索,而这种摸索常常伴随着很多次的碰壁和弯路,体现在策略使用上,学习者不得不将大量时间和精力花在克服语言能力的不足上,体现出"注重汉语学习"而非"专业研究"这种偏离话语社团要求的"抵制"策略特征。

其次,这种不平等关系也体现在母语者和二语者对所在专业中的"普遍常识与规则"的不同认识上。Watson-Gegeo 和 Nielsen(2003)发现,了解特定话语社团中隐性的、潜在的"常识与规则"对一个向新的话语社团靠近的成员来说是至关重要的。但在朴乡所处的学术环境中,二语学习者由于缺乏对这些规则的了解而在学习中处于弱势的现象同样没有得到汉语母语者的重视。例如,对于该专业的学术论文的评价标准,中国师生有一个基本一致的认识,但是对于朴乡这样的留学生来说,这些要求和标准却是模糊不清的。因此,当中国学生开始通过论文的写作进行学术研究的训练时,二语学习者却还常常处于对这些"常识与规则"的探索与了解中,体现在策略使用上,他/她们使用"顺应"类策略的过程盲目而曲折。

最后,这种不平等关系还体现在对二语学习者的写作评价中所采用的"唯一"的母语者标准上。在学术写作中,朴乡在入系初期所使用的"模仿和摘抄词句",是"是二语学习者唯一的或天然所能依靠的策略"(Shi,2004:191),体现了第二语言学习者在语言能力的发展过程中所不可跳跃的阶段性特征,但是在母语者的教授们看来,"模仿与摘抄词句"的策略与"抄袭"界线难分,因此为了避免母语者所认定的"抄袭"行为,学习者不得不放弃"模仿"策略的使用,从而使其在学术写作中试图将汉语学习与汉语研究相互结合的努力更为困难。

由此可见,看似是学习者主动选择的策略事实上受到客观语境的影响,学习者所处的话语社团对学习者的策略使用起着潜在的制约与引导作用。学历留学生在学术写作中所经历的无助、迷茫、挣扎和沮丧实际上正反映了中国高校的学术语境中,母语者对二语学习者特殊性的忽视。

六、研究启示

随着中国高等教育的日益国际化,学历留学生的数量不断增加。针对他/她们在专业学习中的困难,目前汉语教学的普遍做法是在入系前开展一年的预科教学,并将 HSK 成绩作为入系学习的主要指标。但我们的研究结果显示,即使学习者的语言水平已经达到了入学的要求,他/她们在专业学习中所实际面临的困难依然很多,而我们的教师(包括专业教师和语言教师)在这一过程中并没有为学习者提供足够和恰当的帮助来培养其策略,促使其适应并成为新的话语社团成员。因此,我们提倡在针对学历留学生的教学中,语言教师、专业教师要展开合作,加强对学习者入系后的支持与指导。语言教师要根据留学生的专业学习需要,持续展开学术汉语(Chinese for Academic Purpose)的教学,提高留学生在学术语境下的汉语运用能力。专业教师要根据留学生的特点尽早向学生介绍专业中的"常识与规则",指引留学生了解所在专业的学术规范和要求。以学术写作为例,我们提倡在高校建立针对学历留学生的汉语学术写作指导中心,在各个专业中招募有经验的中国研究生、专业教师与汉语教师一起合作,为留学生的论文写作提供长期的、常态化的、个性化的咨询与辅导,通过一对一的辅导,提高留学生的学术写作能力与专业研究能力,指引留学生使用合适的写作策略,尽快适应中国高校的学术环境,成为所在专业的话语社团中的合法成员。

参考文献

[1] 刘茹. 吉尔吉斯斯坦中级汉语水平来疆留学生汉语写作策略现状调查研究[D]. 新疆师范大学硕士学位论文,2014

[2] 莎兰·B·麦瑞尔姆著,于泽元译. 质化方法在教育研究中的应用:个案研究的扩展

[M].重庆:重庆大学出版社,2008
[3] 吴剑.来华预科留学生汉语写作策略探索[J].华文教学与研究,2012,(2)
[4] 肖勤.高年级留学生汉语写作策略与教学研究[D].上海外国语大学硕士学位论文,2012
[5] 殷佩蓓,闫丽萍.中亚留学生汉语写作策略调查分析——以中级阶段中亚留学生为例[J].新疆职业大学学报,2001,(19)
[6] 于良杰.来华留学生汉语写作策略调查与分析[D].安徽大学硕士学位论文,2014
[7] 张琦.中级水平留学生汉语写作策略研究[D].华东师范大学硕士学位论文,2010
[8] Canagarajah. S.. Multilingual Writers and the Struggle for Voice in Academic Discourse. in Pavlenko & Blackledge (eds). *Negotiation of Identities in Multilingual Contexts* [M]. Clevedon, UK: Multilingual Matters Ltd., 2003: 266-289
[9] Ivanič. R.. *Writing and Identity* [M]. Amsterdam/Philadelphia: John Benjamins, 1998
[10] Hyland. K. 写作教学与研究[M].北京:外语教学与研究出版社,2005
[11] Norton. B.. *Identity and Language Learning: Gender, Ethnicity and Educational Change* [M]. London, UK: Longman, 2000
[12] O'Malley & Chamot. 第二语言习得的学习策略[M],上海:上海外语教育出版社,2001
[13] Prior. P.. A Socialcultural Theory of Writing. In C. A. MacArthur, S. Graham & J. Fitzgerald(Eds.) *Handbook of Writing Research* [A]. New York: The Guilford Press, 2006
[14] Shi. L.. Textual Borrowing in Second-Language Writing [J]. *Written Communication*, 2004, 21: 171-200
[15] Watson-Gegeo. K & Nielsen. S.. Language Socialization in SLA in Doughty Catherine J & Michael H Long (eds). *The Handbook of Second Language Acquisition* [A]. Oxford: Blackwell Publishing, 2003

泰国学生习得条件复句
"只要……就"语义偏误分析①

盛若菁　吴小敏

（复旦大学　国际文化交流学院，上海　200433）

摘　要：复句教学在对外汉语教学中是一个重要语言项目,本文分析了泰国学生习得条件复句"只要……就"的语义偏误。在调查偏误语料、汉泰语义对比的基础上,本文描写了泰国学生习得"只要……就"的语义偏误形式,分析了语义偏误的主要原因在于泰语语义的负迁移,具体为：泰语中"ขอแค่/จะต้อง（只有）"和"ขอแค่（只要）"的语义相关,大多情况下可以互换；"ขอแค่（只要）"在泰语条件复句中含有条件转折义；泰语的"ก็（就）"和"จึง（才）"在语义上相当接近,泰语里"ก็"可用"就"、"也"来表示；泰语中有可以表示条件关系的คำเชื่อมบอกความสัมพันธ์ทางเวลา（"一A就B"句式）,但语义上不像汉语那样强化前后分句在时间上的短暂间隔。

关键词：只要……就；习得；语义；偏误

一、研究背景

"汉语复句是对外汉语教学中的重要组成部分,是留学生学习汉语的重点和难点。"(樊琳丽,2018)条件复句是对外汉语复句教学中的重要项目之一,其语义关系复杂,较难习得把握；再者,泰国学生是个人数众多的群体,据教育部网站（http://www.moe.gov.cn/jyb_xwfb/moe_2082/zl_2016n/2016_zl42/201607/t20160727_273095.html）发布的信息显示,"以泰国为例,2010年来华留学生人数为13 177人,2015年上升到19 976人"。因此,讨论、分析泰国学生复句习得偏误如条件关系复句习得偏误具有重要性,也很有必要。限于篇幅,本文将仅就泰国学生习得条件复句"只要……就"的语义偏误展开分析、讨论。

二、泰国学生汉语条件复句习得偏误前人研究

关于泰国学生条件复句习得研究目前虽有一些成果,但尚无从语义平面考察泰国学生条件复句习得偏误的成果。笔者在中国知网上仅搜索到4篇相关论文：马曼娇(2009)、宋丹(2013)、杨阳(2016)、朱琳(2017)。其中,宋丹(2013)、杨阳(2016)、朱琳(2017)描写了部分条件复句的句法偏误,马曼娇(2009)对泰国学生连词偏误进行了一些分析,但未涉及语

---

① 本文例句和部分内容与吴小敏硕士毕业论文《泰国学生条件关系复句习得偏误考察》一致。

义偏误。杨阳(2016)根据所收集的偏误语料推断初级、中级、高级水平的泰国学生使用条件连词出现的主要偏误类型是错序偏误和误代偏误。作者只分析了句法偏误,未涉及语义层面。朱琳(2017)的条件复句偏误句法表现分析均限定于几个偏误形式,未论及泰国学生习得条件复句的语义偏误。

三、语料来源

本文的偏误语料选自于暨南大学华文学院书面语语料库、HSK动态作文语料库和泰国学生作文。

表1 泰国学生条件复句"只要……就"习得频率及偏误次数

条件复句	语料库使用频率	语料库偏误频率	学生作文使用频率	学生作文偏误频率
"只要…就"	78	40	125	81

由表1可知,泰国学生条件复句"只要……就"习得偏误率为59.6%,偏误率较高,证明分析研究很有必要性。

泰国学生习得条件复句"只要……就"偏误的种类、原因有很多,可从三个平面进行全面分析、讨论,1985年,胡裕树、范晓发表《试论语法研究的三个平面》,正式提出三个平面语法理论(胡裕树,范晓,1985),范晓(2004)将"三个平面"理论发展为三维语法。指出三维语法由句法系统、语义系统和语用系统组成,句法、语义和语用是形成语法的重要成分(范晓,2004)。

鉴于未能掌握条件复句"只要……就"所涉语义内容是导致偏误发生的重要原因之一。限于篇幅,本文将在汉泰语义对比的基础上,就泰国学生习得条件复句"只要……就"的语义偏误展开分析、讨论,相关的句法、语用偏误将另文讨论。本文讨论的语义偏误是泰国学生在母语负迁移的影响下造成的使用"只要……就"的语义偏误。

四、泰国学生习得条件复句"只要……就"语义偏误分析

根据母语迁移理论,"在第二语言的习得过程中,学习者的第一语言即母语的使用习惯会直接影响第二语言的习得,并对其起到积极促进或消极干扰的作用。起促进作用的影响,其效果是正向的,被称为正迁移;起干扰作用的影响,其效果是负向的,被称作负迁移"(Odlin,1989)。本文主要探讨泰国学生"只要……就"语义偏误情况,将关注泰语在习得过程中的语义负迁移,探讨泰国学生原有的母语知识对新知识吸收的阻碍作用。

4.1 混淆了"只要……就"和"只有……才"的语义差异

"只要……就"与"只有……才"均表示条件关系,但存在明显语义差异,张斌(2001)认为,"只要"用于前面的小句,后面小句常用"就""便""那么"等呼应,表示充分条件。字面意思是,有这个条件,必定会产生某种结果;隐含的意思是,没有这个条件,也不一定不产生同样的结果。而"只有"出现在前一小句,后一小句用"才"与之呼应,表示必要条件。字面上意思是,必须具备这个条件,才会产生某种结果;隐含的意思是,没有这个条件,就不可能

产生同样的结果。

泰国学生在使用时常常区分不了二者的语义差别。在一般语境中,下面几个例子均为偏误句:

(1) 只要每个人遵守交通规律,交通上就会变得很整齐。
(2) 只要我亲自去对不起她,她就原谅。
(3) 只有你的内在美丽才获得真正的幸福。
(4) 只有在教育学院学习,才能学好汉语和当好的老师。
(5) 只有人们有过去爱情的苦难,才能了解了爱情的道理。

上述例句为偏误句,偏误产生的重要原因是:泰国学生未能分清"只要……就"与"只有……才"条件复句的语义差异。

例(1)中"每个人遵守交通规律"是后句"交通变得很整齐"的唯一条件;例(2)中我亲自向她道歉是"原谅"这个结果的唯一条件。泰国学生未能明白这一点,错用成"只要"。例(3)中的"获得真正的幸福"可以通过"你的内在美丽"实现,也可以通过其他方式、条件获得;例(4)中的"学好汉语和当好老师"可以通过"在教育学院学习"获得,也可以通过其他方式、条件获得。同理,例(5)的"了解爱情的道理",可以通过"有过去爱情的苦难"获得,也可以其他方式、条件得到。泰国学生错误地将这三例的前句理解成唯一关系,故而发生偏误。

究其原因,和泰语的语义特点很有关系。在泰语中,"只要"和"只有"的区别没有汉语那么明显,泰语中的"ขอแค่ เพียง"对应汉语中的"只要"和"只有"(กำชัยทองหล่อ. หลักภาษาไทย[M]. กรุงเทพมหานคร:สำนักพิมพ์รวมสาส์น,2009)。"'ขอแค่/จะต้อง(只有)'和'ขอแค่(只要)'关联词属于因果关系的一类"(นววรรณพันธุเมธา. ไวยากรณ์ไทย[M]. กรุงเทพมหานคร:โรงพิมพ์แห่งจุฬาลงกรณ์มหาวิทยาลัย,2010)。"'ขอแค่/จะต้อง(只有)'和'ขอแค่(只要)'的语义相关,'ขอแค่/จะต้อง(只有)'表示的因子会比较强烈,大多情况下可以相互替换"(ผู้เขียน:นววรรณ พันธุเมธา,ชื่อเรื่อง:ไวยากรณ์ไทย,พิมพ์ครั้งที่:5,เดือนปีที่พิมพ์,2015)。如以下例句:

(6)(泰)จะต้องเห็นเท่านั้น ถึงจะเชื่อ(ผู้ เขียน:นววรรณ.ไวยากรณ์ไทย:101)

(汉)只有看见,才会相信。("只有"与"才"呼应)

(7)(泰)ขอแค่ คุณมี หลักฐาน เขาถึงจะเชื่อคุณ.(ผู้ เขียน:นววรรณ,ไวยากรณ์ ไทย:101)

(汉)只要你有证据,他才相信你。("只要"与"才"呼应)

从上述两例特别是例(7)可以看出,"只要"和"只有"语义相关,可以相互替换,正是因为泰语母语中两者语义区别不大,负迁移后导致了泰国学生选用"只要"和"只有"的随意性。

4.2 将"只要"的语义误用为无条件复句中的条件转折义

(8) 无论学习怎样艰难,只要把它完成。
(9) 今天我就是相信,不管遇到了什么困难,只要坚持!
(10) 我认为每个宗教都教我们同样的道理,不管你信什么的,只不要去伤害别人。

上述三例均为偏误句,从语义关系上看,上述三例均为无条件复句,关于无条件复句,王维贤等(1993)认为,无条件复句中出现的"让步"或"转折"的意思,不是"虽然A,但是B"那种"转折",而是指无条件复句所表示的、在一定范围内不考虑条件的限制用法,这同单独指出条件的句子存在"语气"上的差别。例如:

(11) 不管是皇上的,还是别人的错吧,反正姑母的日子过得挺舒服。

按照汉语无条件句的语义标准,例(8)、例(9)、例(10)后一分句的关联词应该是"都要""都不要"。"在表示无条件的复句中,前边小句出现'无论''不管'等关联词语,后面小句用'都'进行总括。总括的是任何情况、条件。"(张斌,2001)但三例均错误地使用了"只要"。这是因为在泰语中,"ขอแค่(只要)"具有条件转折义,พัชรินทร์(2010)认为:"ขอแค่(只要)"在泰语条件复句中含有条件转折义,表示 A 句产生的 B 句的无条件的绝对结果。这正好与汉语无条件句的关联词"都要"关联词形成了对应关系。因此,泰国学生受母语影响,将"只要"在泰语条件复句中含有的条件转折义负迁移至汉语,导致了偏误的发生。

4.3 分不清"就"和其他关联词的语义差异

除了分不清"只要"和"只有"的语义使用条件,泰国学生习得条件复句"只要……就"时,也常常分不清"就"和其他关联词的语义差异,或将关联词"就"错用成其他词,或将其他关联词错用成"就",如下列偏误例句:

(12) 我已经爱你了,只要看到你了我才很开心。

(13) 我觉得只有不断地努力你就会成功的。

(14) 只有我们用直正的心理的感情说出来,一下子就能解脱所有的事情了。

上述三例均为偏误句。从泰语的角度来看,张顺美(2010)认为:"ก็(就)"在泰语中主要用于表条件性的假设句,表示转折、顺承,此外还可以用于并列、解说、选择等句式。"จึง(才)"在泰语中表示因果关系或内在逻辑联系,其义项由第一义项引申而来的。นวรรณ(2010)指出:"只有"关联词属于因果关系的一类。ผู้เขียน(2015)提出:"'ขอแค่/จะต้อง(只有)'和'ขอแค่(只要)'的语义有所相关,'ขอแค่/จะต้อง(只有)'表示的因子会比较强烈,大多情况下可以相互替换。"

泰国学生将例(12)中的语义关系错误地理解为因果关系,"我才很开心"的原因是"看到你",故而用上了在泰语中可表因果关系的关联词"才",导致了偏误。

例(13)中,泰国学生将"会成功"和"不断地努力"理解成了条件顺承关系,故而用上在泰语中可表顺承关系的关联词"就",导致了偏误。

例(14)中,泰国学生"解脱所有的事情"和"我们用直正的心理的感情说出来"理解成了条件顺承关系,故而用上在泰语中可表顺承关系的关联词"就",导致了偏误。

再如:

(15) 只要我一做家务,母亲也会说我来做,我去看书。

(16) 只要努力也没有什么事办不成的。

上述两个偏误句是由于泰国学生未能准确理解关联词"也"和"就"的语义差异。张顺美(2010)认为:《泰汉语词典》将汉语副词"就"解释为"ก็",加之泰语里"ก็"可以用"也"来表示。因此导致泰国学生常常混淆"就"和"也"的语义差异。

例(15)、例(16)两例说明,由于汉语中的"就"和"也"均与泰语的"ก็"相对应,泰国学生常受到母语负迁移的影响,将"就"和"也"在汉语条件复句中混用。

4.4 未能区分"一 A,就 B"与条件复句"只要 A 就 B"的语义差异

(17) 一每天喝到八杯白水,就会对身体很好。

（18）哥哥其实不是犯错的那个人，警察一帮助我们的家，爸爸就会给他们很多钱。

"一A就B"句式的基本语义特征是，"以事件为参照点，说话人认为前后事情间隔时间短。例如，你一到那里就来信；一接到通知就往回赶"（张斌，2001），前后项之间时间间隔很短暂是"一A就B"句式的突出语义特征。

上述两例符合汉语条件复句的语义特征，例（15）中前句"每天喝到八杯白水"是后句"对身体好"的充分条件，即"只要你每天喝到八杯白水，就会对身体很好。"例（16）中"帮助我们家"是"给钱"的充分条件，即"只要警察帮助我们的家，爸爸就会给他们很多钱"。在汉语中，上述两例前后分句无时间上短暂间隔的特点，故而用"只要……就"为宜。

为什么上述两例中泰国学生使用了"一A就B"而不用"只要"条件复句表达。这是因为汉泰句式的语义差异所致。"一A就B"结构和泰语中的时间关系连词 คำเชื่อมบอกความสัมพันธ์ทางเวลา 相对应（พจนานุกรมฉบับราชบัณฑิตยสถาน [M]. กรุงเทพมหานคร : สำนักราชบัณฑิตยสถาน, 2011）。นววรรณ (2010)认为：时间关系连词表示事情发生的前后关系，句子之间含有连接性，位于名词或动词前面，泰语中使用 คำเชื่อมบอกความสัมพันธ์ทางเวลา（"一A就B"）时，不像汉语那样强化前后分句在时间上的短暂间隔，且分句间含有"只要A就B"的条件关系。

由于泰语中有可以表示条件关系的 คำเชื่อมบอกความสัมพันธ์ทางเวลา（"一A就B"）句式，语义特征与"只要A就B"类似，受母语负迁移影响，泰国学生使用"一A就B"句式表达汉语中的条件关系，导致了偏误的发生。

综上，泰国学生使用条件复句的语义偏误的主要原因在于泰语的母语负迁移，未能明确汉泰条件复句的语义表达差异，对条件复句认知错误，从而未能掌握条件复句的用法。

五、对策

为了减少上述泰语负迁移造成的语义偏误，建议在今后教学中避免使用泰语翻译语义内容不符合汉语实际的汉语教材，加强教材的针对性。在教学中，重点讲解汉泰语义差异，辅之以大量练习，努力建立泰国留学生的汉语语感，以期获得良好的习得效果。

参考文献

[1] 范晓.三维语法阐释[J].汉语学习,2004,(6)

[2] 樊琳丽.汉语复句的关系分类及其在对外汉语教学中的应用[J].吉林省教育学院学报,2018,(8)

[3] 胡裕树,范晓.试论语法研究的三个平面[J].新疆师范大学学报（社会科学版）,1985,(2)

[4] 马曼娇.汉泰连词比较研究——浅析泰国学生汉语连词使用偏误[D].西南大学硕士学位论文,2009

[5] 宋丹.泰国学生因果复句习得研究[D].华中科技大学硕士学位论文,2013

[6] 王维贤,张学成,卢曼云,程怀友.现代汉语复句新解[M].上海：华东师范大学出版社,1993

[7] 杨阳.基于语料库的泰国留学生汉语连词习得研究[D].云南师范大学硕士学位论文,2016
[8] 张斌.现代汉语虚词词典[M].北京:商务印书馆,2001
[9] 张顺美.汉泰语副词"就"和"kor"与"才"和"Peung/Jeung"对比[D].复旦大学硕士学位论文,2010
[10] 朱琳.泰国学生汉语关联词的习得情况考察——以条件和假设关系为例[D].天津师范大学硕士学位论文,2017
[11] กำชัย ทองหล่อ.หลักภาษาไทย[M].กรุงเทพมหานคร:สำนักพิมพ์รวมสาสน์,2009
[12] พัชรินทร์ ดวงศรี.ประโยคเงื่อนไขเพื่อยืนยันในภาษาไทย[D].กรุงเทพมหานคร:จุฬาลงกรณ์มหาวิทยาลัย,2010
[13] นววรรณ พันธุเมธา.ไวยากรณ์ไทย[M].กรุงเทพมหานคร:โรงพิมพ์แห่งจุฬาลงกรณ์มหาวิทยาลัย, 2010
[14] พจนานุกรมฉบับราชบัณฑิตยสถาน[M].กรุงเทพมหานคร:สำนักกราชบัณฑิตยสถาน, 2011。
[15] ผู้เขียน:นววรรณ พันธุเมธา,ชื่อเรื่อง:ไวยากรณ์ไทย,พิมพ์ครั้งที่:5,เดือนปีที่พิมพ์, 2015
[16] Odlin, T.. *Language Transfer*[M]. Cambridge:Cambridge University Press, 1989

基于语料库的日本汉语学习者
同形词偏误分析

董新萍

（复旦大学 国际文化交流学院，上海 200433）

摘 要：本文在先行研究的基础上，明确中日同形词的定义并界定了其研究范围，选取 HSK 动态作文语料库中日本汉语学习者的同形词误用语料，并对偏误类型做了系统梳理和分类。本文还分析了造成日本学生同形词偏误的原因，以及与欧美学生相比，如何针对日本学生的特殊情况，制定更加适合日本学生的教学策略。主要提出了调动学习者的学习积极性、削弱学习者的同形词意识、提高教师素质、改善教学方法以及规范教材工具书编写等教学建议。

关键词：中日同形词；对比研究；偏误分析

一、引言

众所周知，在汉语和日语中存在大量的同形词。中日同形词的产生主要有如下两大来源：其一是日本人从中国借用的汉字词。中日两国作为地缘上非常接近的国家，自古以来在经济、文化等诸多方面交往密切。早在奈良至平安初期，日本盛行汉诗汉文，这是全面接受中国文化的时期。汉语词汇也通过各类文化典籍、佛教典籍等融入日语中，成为日语的一个重要组成部分。隋唐之后中日文化交流频繁，日本从政治、经济、文化等方面大量吸收汉字词汇。与汉字同时传入日本的是儒家文化，因此，日本传统文化在理论观念上与中国传统文化保持一致，汉字起到了一种桥梁作用。其二是中国从日本借用的汉字词。明治维新以来，日本开始全面学习西方的科学技术和政治制度，作为直接从西方导入近代文明的步骤，努力创造新词来应对诸多的新概念，也即所谓的和制汉语。甲午战后，亚洲各国特别是中国和朝鲜开始以日本为榜样，派遣大量留学生去日本学习，他们把日语中使用的大量新词原封不动地带回中国，加以普及和应用，形成了汉字文化圈中的共有知识。

二、基本定义

关于同形词的界定，学者的研究视角各不相同，至今尚未有一个明确的、为大家所普遍认同的定义。其中，比较有代表性的说法有以下几种。大河内康宪（1992）在《日本语和中国语言的对照论文集》中这样表述："所谓同形语，简言之就是像'政治、经济'这样字形相同的词。不过中国最近才开始采用这一称谓。虽然称谓不同，实质上相当于之前的'日语借词'。将其范围扩大,这些'日语借词'和古典中国语(或称为'汉语借词')合在一起,不管是谁借用谁,中日均采用汉字标记(不管是否简化)的词一概称为同形词。"宫岛达夫(1994)则进一步将同形词范围扩大,主张"除了汉语词之外,训读词'和语'也属于'日中同形词'范畴"。曲维(1995)将中日同形词的定义表述为:"人们通常把使用中日相同汉字书写的词称为'中日同形词'。其实,所谓的'同形'只不过是一种笼统的概念。由于中日两国依据各自的方针进行了文字改革,所以一部分原来字形相同的词现在已经不同形了。习惯上人们把这些字形上发生了变化的词也作为中日同形词看待。"潘钧(1995)归纳出界定同形词时所依据的三个条件:"① 现在中日两国语言中都在使用的词;② 表记为相同的汉字(简繁字体差别及送假名、形容动词词尾等非汉字因素均忽略不计);③ 具有共同的出处和历史上的关联。"除此之外,还可以根据语义的特点将中日同形词加以分类。而大多数文章从词义角度出发一般将中日同形词分为三类,即同形同义词、同形类义词(或称同形近义词)、同形异义词三种。翟东娜(2000)对同形词的表述为:"日语词汇中存在着大量的音读汉字词。其中有一部分在字形上与汉语相同或相近,一般称之为汉日同形词。"

由上可见,虽然研究者对同形词的定义不尽相同,但具体内容大同小异,都将定义的重点放在了"字形相同或相近"这一点上。纵观汉字传入日本的历史以及在日本生根发展的过程,我们不难发现日本人对待汉字以及汉语词的热情程度。语言文字是人类交际的重要工具,受到政治、经济、社会、文化等因素的影响。地理位置、政治制度、宗教影响、外来语汉译等都会造成中日同形词意义的不同。如果因为中日语言中大量同形词的存在,在二语习得过程中不仔细加以辨别的话,就会产生很多偏误。

三、偏误分析

日本汉语学习者对同形同义词的习得比欧美学生轻松得多,基本上不用细加说明就能心领神会。而在同形异义词和同形近义词的习得过程中,由于母语的影响往往产生很多偏误。下面以 HSK 作文动态资料库的语料为例,对日本汉语学习者同形词偏误做系统分类和说明。HSK 动态作文语料库是母语非汉语的外国人参加高等汉语水平考试(HSK 高等)作文考试的答卷语料库,收集了 1992—2005 年的部分外国考生的作文答卷,总计文章 46 967 篇,按国籍检索到日本考生文章 8 934 篇。运用该语料库,可以进行多方面的研究。例如汉语中介语研究、第二语言习得研究、不同国别语言偏误研究,等等。

中日同形词中最常见的为双字词,本文选用的日本汉语学习者的语料中,除双字词外,也选了少量的单字词和三字词。

3.1 同形异义词使用偏误

(1)满足生理的要求后,又想得到更高的要求,<u>十分</u>的钱,相当高的地位,漂亮或帅的对象,等等。(→充分,足够)

(2)他考虑不丢橡皮的办法,以后他<u>工夫</u>了,做成了很好的一支铅笔。(→开动脑筋,想方设法)

(3)我 1967 年在大阪<u>出产</u>。(→出生)

(4)所以我在您的公司一定发挥自己的能力,请您<u>检讨</u>一下。(→研究,商讨)

(5)我们大人应该爱护青少年,为青少年不开始抽烟,大人应该不给他们买。发现他们

抽烟,大人应该注意他们。(→警告,提醒)

(6) 为了养成孩子,父母本身能力应该提高。(→培养,造就)

这类中日同形词词虽然写法,但词义差别明显,容易辨析掌握,因此使用偏误在语料中所占比例较小。

3.2 同形近义词使用偏误

3.2.1 词义含义大小不同造成的偏误。这类偏误涉及语感、语义搭配等,大多是近义词,需要细加辨别。比如日语中的爱情除了表示男女之间的感情外,还可以表示对父母、朋友、学校、公司的感情,而汉语中的爱情范围则窄得多,只用于表示男女间的感情;日语中的家族是汉语家属的意思,而汉语中家族是以婚姻和血统关系为基础而形成的社会组织,包括同一血统的几辈人。事情、发表、低落、随便、暖和、激烈、模范等中日同形词词义均有或大或小的差别,因此使用时要仔细加以甄别。

(7) 父亲给我钱,却没给我爱情。(→爱)

(8) 我想既然病人没有意识,那么以后的判断,靠病人的家族。(→家属)

(9) 我们没有告诉他真正的事情,要不然他肯定失去活着的希望。(→情况)

(10) 一般日本人说得不太好,发表很少,也许是我国国民的特色。(→发言)

(11) 山地的教育水平很低落,因此留在那里的只有老弱妇孺。(→低)

(12) 大部分的学生经过导师的指导,获得坚实的基础而会对自己研究的对象随便思考。(→自由)

(13) 大家在很精神的气氛中进行活动。(→热烈)

(14) 他总是很开朗,很暖和。(温和)

(15) 我没勇气跟他打架、抗议,所以他的行为越来越激烈了。(→过分)

(16) 父母对孩子的影响很大,孩子会无意地模范他们的行为。(→模仿)

(17) 我觉得这会计专门技术可能有利于找工作,所以决定利用春假的时间去学会计。(→专业)

(18) 在日本,每年发生安乐死问题,实行安乐死的医生被批评,被追求作为医生的责任。(→追究)

(19) 从这样的经验来看,父母是对孩子的成长产生重大影响的人。(→经历)

(20) 已有这么多的人可以做饭,只有我一个人不帮助也没问题。(→帮忙)

(21) 故事中的三个和尚连那么小小的事也爱小便宜,可是我不能逗笑他们,我也可能是个那样的人。(→嘲笑)

3.2.2 由搭配不同造成的偏误。这类偏误多见于形容词、副词、动词等的用法偏误。比如:一般说"猛烈抨击""猛烈追求",而不说"猛烈学习";说"贵重的物品""宝贵的时间",而不说"贵重的时间"……动词的使用则更加复杂,特别是像"见面""道歉"这样的离合动词,是中间可以加"了""个"等助词量词成分的动宾结构的动词。日语中没有离合词的概念,因此掌握起来有一定的难度,在考生的作文中,偏误率比较高。

(22) 我在法国猛烈地学习,还能说法语了。(→拼命)

(23) 我每次的回国对父母、对我来说是很贵重的一段时间。(→宝贵)

(24) 父母给我们的生命是很贵重的。(→宝贵)

(25) 我二十一岁,富有精神,而且体格也很顽强。(→强壮)

(26) 可是有了三个人,人的危机感渐渐稀薄起来,而产生惰性。(→淡薄)
(27) 生命是天赐给我们的,可不可以容易放弃?(→轻易)
(28) 由于绿色食品里没有化肥和农药,所以对身体没有恶影响。(→坏)
(29) 他开始游泳后,一个教练见面了宁泽涛。(→见)
(30) 前几天我拜见了贵公司招聘人员的广告。(→拜读,看)
(31) 我觉得和尚有礼貌,所以不好谢绝朋友们的愿望。(→拒绝)
(32) 一个人的努力,根本完成不了社会的需求。(→满足不了)
(33) 我在中国学习汉语时,旅行了很多地方。(→去……旅行了)
(34) 今年已经毕业了大学。(→大学毕业了)
(35) 若可能你们采用我,我一定会给贵公司做出很大的贡献。(→录用)
(36) 我觉得她可能听错了,可是她不原谅那个美国人,最后他道歉她。(→向她道歉)
(37) 从小,在家里不吃饭或吃得少,会受到父母的不高兴。(→使……不高兴)

3.2.3 词性不同造成的偏误。词义尽管相同,但如果忽视了词性的差异,造成的就是语法错误。

(38) 我们早就知道他是非常非常严格的老师,所以被通知他当我们的担任的时候,就想开始不幸的日子。(→班主任)
(39) 结婚、出产等等这些女人特有的仪式时,还是需要长辈们的经验和智慧。(生孩子)
(40) 他对我的要求很严格。他的要求不是在学校的成绩而是在于对周围的人,年龄大的人怎么样待遇,就是说礼貌。(→对待)
(41) 关于语言方面的能力,我有自信肯定能满意贵方。(→使……满意)
(42) 我决心了将来成为对日本和中国有用的人才。(→下决心)
(43) 因为他们不确认自己的义务所以终于更要吃苦了。(→明确;→最后)

3.2.4 语体不同造成的偏误。日语中表达一个意思,根据不同场合,有使用"和语"和"汉语"之分,一般说"和语"属于口语,"汉语"属于书面语,多用于文章和郑重的场合。日本学习者往往不能充分认识到这一点,很随便的场合也使用在中文中显得很正式的"汉语",使得表达出现了一种不协调感。

(44) 在公司里做辅佐科长的工作。(→协助)
(45) 在旅行社工作,经常需要到别的国家公干。(→出差)
(46) 离开泰国后我们去了越南,先去了中部,然后访问了河内等地。(→游览)
(47) 那位女优在台湾非常有名,可是我想不起来她的名字了。(→女演员)
(48) 回到家感觉非常累,没有吃饭的力量,就睡觉了。(→力气)

3.2.5 情感色彩不同造成的偏误,有些同形词,在日语中是褒义词或者中性词,可在中文中却是贬义词,不加甄别地使用很容易造成言语交际中的误会。

(49) 对这一课有什么质问呢?(→疑问,问题)
(50) 学校门口有一个贩卖生活用品的老婆婆。(→出售)
(51) 我反省到该好好读书了。(→认识)
(52) 大家可以趁我在中国的时间,多多利用我练习口语。(→和)

3.2.6 纯粹照搬日语造成的误用。这部分同形词,在日语中太常用,往往不假思索就搬到了汉语中,特别是口译或者口语的场合。

(53) 如果他决定一个事情,他肯定做。比如说：<u>禁烟</u>。(→戒烟)

(54) 今年秋天他为了讲演来到中国,我陪他去很多地方,我能够看到他工作时的一张<u>脸</u>。(→一面)

(55) 这台<u>机械</u>没油了。(→机器)

(56) 法律是没有<u>人间性</u>,而且不应该按照感情轻易改变的。(→人性)

(57) 但很奇怪,性格特点和爱好这么<u>相对</u>的我们俩马上就成为了好朋友。(→截然不同)

(58) 前几天我<u>拜见</u>了贵司招聘人员广告。(→参阅,查看)

(59) 孩子长大后,他会<u>逢</u>到各种各样的人。(→遇)

(60) 我认为人应该<u>生</u>到最后。(→活)

通过日本汉语学习者的课堂学习效果观察,由于中日文中大量同形词的存在,可以看到日本学生比欧美学生习得汉字词汇要快,特别是初级阶段,书写和理解方便占很大优势。另一方面,进入汉语中高级学习阶段后,受母语负迁移等原因的影响,在词汇输出方面更多反而出现更多的偏误。在诸多汉语教师的眼中,日本学生相比欧美学生而言,课堂表现显得不够活跃,学习主动性、积极性略显欠缺,对同形近义词的微妙差异未能加以辨别,套用母语的搭配、词性等从而出现各种表达和书写方面的偏误。另外,教师在教学过程中教学方法的单一以及教材工具书的局限,也是影响其学习效果的因素之一。

四、结语

本文以 HSK 动态语料库日本汉语学习者的语料为例,针对其在中日同形词方面的常见偏误进行了分析。在教学过程中,建议从以下几方面入手：第一,设法提高学习者的学习积极性。第二,削弱学习者的同形词意识；即便遇到与日文表达相同的生词不望文生义,不懂的意思多参考权威的词典。有比较才有鉴别,语言只有通过与其他语言进行比较才能更清楚、更明确地展示出它的特点。赵元任先生曾经说过："所谓语言学理论,实际上就是世界各民族语言综合比较分析研究得出的科学结论。"引导学习者有意识地比较同形词的差别,以增进学习效果。第三,改善教学方法；有选择地在课堂上给学生穿插讲解一些语言背景知识,结合具体的句例、语境,明确指出该词在中日文中各自的意思、用法及语感、文体、表达效果上的异同,强调其"同异并存"的特点。在让学生充分利用既有的汉字和汉语知识的同时,帮助其有效地克服来自母语的干扰。第四,规范教材工具书编写,国内的教材大多是面向所有留学生的分级教材,面向日本学生的优秀国别化教材很少。如能针对日本学生的学习特点,编写出加入词汇对比分析的教材,将使其习得汉语的过程更省力高效。

参考文献

[1] 翟东娜.浅析汉日同形词的褒贬色彩和社会文化因素[J].日语学习与研究,1995,(6)

[2] 潘钧.中日同形词词义差异原因浅析[J].日语学习与研究,1995,(3)

[3] 曲唯.中日同形词的比较研究[J].辽宁师范大学学报,1995,(2)

[4] 大河内康宪.日本語と中国語の対照研究論文集[C].東京:くろしお出版社,1992
[5] 宮島达夫.語彙論研究[M].東京:むぎ書房,1994
[6] 孙满绪,吴德林,王铁桥.日语词义辨析[M].上海:上海外语教育出版社,2000
[7] HSK 动态作文语料库:hsk.blcu.edu.cn

"一带一路"倡议背景下汉语国际教育面临的机遇与挑战①

李淑杰

(北京语言大学 汉语国际教育学部,北京 100083)

(大连理工大学 外国语学院,大连 116024)

摘 要:"一带一路"语言人才培养需要双向思考,此背景下的汉语国际教育具有与以往不同的重要意义。"一带一路"的大力推进不仅为汉语国际教育提供了难得的历史机遇,也对其提出了种种新要求和新挑战,其中最为突出的是国别化要求和专门用途化要求。当前的汉语国际教育一定要抓住机遇、积极应对,为"一带一路"提供适切的语言支撑和服务,二者互相借力发展,定能实现国家综合实力的稳步提高。

关键词:"一带一路";汉语国际教育;学习需求;国别化;专门用途化

一、引言

"一带一路"倡议是中国扩大国际影响力、促进全球发展的关键举措,自2013年习近平主席首次提出,在政治、经济和外交资源的合力推动下,正稳步推进。"一带一路"建设的关键是五大领域的互联互通,而互联互通的基础则是语言互通,因此许多专家学者建言,为顺利推进该战略,必须"语言铺路,语言人才先行"(沈骑,2015)。

为应对我国当前"一带一路"沿线国家非通用语种语言资源严重匮乏,人才极度短缺(聂丹,2015)的现实问题,学者们提出了多个方案,如新"丝绸之路"关键语言国家外语能力行动方案(高健,2014)、丝路外语教学政策与规划研究(张日培,2015)等。国内多所高校(如:北京外国语大学、广东外语外贸大学等)也纷纷采取措施,努力调整专业布局、改善语种结构、增加非通用语种专业,同时扩大已有相关小语种招生规模(赵世举,2015)。

然而值得注意的是,当前"一带一路"语言规划研究中汉语国际教育虽也被提及(如聂丹,2015;张日培,2015;等等),但似乎未受到学界及决策层的同等重视。然而正如文秋芳(2016)所言,"一带一路"语言人才培养需要双向思考,既要培养国内通晓沿线国家语言的中国人才,也要着力培养沿线国家通晓汉语的外国人才。"一带一路"倡议背景下加强汉语国际教育,不仅具有重要的现实意义,同时面临难得的发展机遇。当然,新形势新要求,为更好地服务于"一带一路"建设,汉语国际教育也需迎接诸多现实挑战。本文择要试述如下。

---

① 基金项目:本文是国家语委"十三五"科研规划2016年度一般项目"'一带一路'战略背景下专门用途汉语(CSP)需求分析与对策研究"(项目编号:YB135—7)的阶段性成果。

二、"一带一路"倡议背景下汉语国际教育的重要意义

2.1 培养"一带一路"所需汉语人才,扫清语言障碍,突破文化壁垒,降低人力成本,提高工作效率

语言是最重要的交际工具,语言互通是"一带一路"倡议顺利推进的重要基础。"其基础性不仅表现在语言作为最重要的交流工具上,而且也体现在语言文化融通这一核心层面上。"(赵世举,2015)语言沟通不畅导致的跨文化交际失误,可能影响到中国企业的海外利益,制约企业在海外的生存与发展。研究表明,在对我国海外直接投资风险评估中,在众多风险因素之中,与语言紧密相关的文化风险覆盖率高达71.3%,甚至高于主权风险(46.9%)(沈骑,2016)。

从上述意义上说,语言人才是"一带一路"倡议顺利推进实施的关键之一。这里说的语言人才既包括熟练掌握"一带一路"沿线国家非通用语的外语人才,也包括生源国为"一带一路"沿线国家的通晓汉语汉文化的留学生。然而人才培养的顶层设计不仅要满足国家社会需求,还要充分照顾学生的个人发展,同时遵循语言的学习规律。李宇明(2015)说"一带一路"沿线各国的国语或国家通用语就有50余种,算上区域内的少数民族语言,可能达到200种左右。因此语言相通的重任仅依赖于非通用语人才的大力培养可谓远水解不了近渴。当前条件下,在丝路语言人才极度匮乏,受限于生源、师资、培养周期等的影响,供需矛盾短时间难以调和的现实下,汉语国际教育人才的培养显得更为重要。

"一带一路"沿线国家及辐射地区(如非洲)大都为经济欠发达地区,我国在"一带一路"沿线国家投资企业可为当地汉语人才创造大量就业机会,不仅有助于获得当地人民的支持,促进"民心相通",同时可以通过外方人才规避各种文化禁忌,突破文化壁垒,保证我方各项工作的顺利开展。同时大量雇佣当地人员,也有利于大幅降低人力成本,提高企业的经济效益。

2.2 以语言为载体,向"一带一路"沿线国家传递中华理解和华夏文明

语言推广与文化传播总是相辅相成的。以语言为载体不同国家民族间展开的人文交流是彼此加深理解和信任的重要桥梁。"一带一路"途经多个国家和地区,文化样态千差万别,双边以及多边间基于语言的交流是各方坦诚合作的基石。汉语国际教育在推广汉语的同时,传播中华文化,在与"一带一路"沿线国家语言交流的过程中,自然地进行文化的交流与融通。中华民族的世界观、价值观,中国人民的"中国梦"、中国对世界和平与繁荣的憧憬和努力都将在汉语国际推广中如实传达给各国人民,从而可能获得他们的理解与支持。

胡范铸等(2014)认为,汉语国际教育在本质上是一种基于语言能力训练而展开的"国际理解教育"。我们要通过汉语国际教育,将中华文化"和而不同、合作共赢"的传统文化思想以及"平等友好,互利互惠"等古代丝绸之路理念有机融入"一带一路"沿线国家的汉语国际教育。摆脱"唯政治论"的消极影响,以"润物细无声"的方式,促进相关国家和地区形成"共同体"意识,携手合作,共同发展。

2.3 以"一带一路"沿线国家为根据地,助推汉语成为国际通用语的世界化进程,不断提高中国的国际话语权和综合文化软实力

语言实力是国家软实力的重要标志之一,其通用程度从一个侧面展现了该国在国际社

会的认可程度,是国家综合实力的表现之一,对国家的政治环境和经济发展都有着十分重要的影响。民族语言的通用程度越高,拥有的国际社会话语权也更多,经济竞争上便占据更为有利的地位。这一点从美国英语的通用程度与美国这个世界超级大国的地位上可见一斑。随着中国国际地位的日益提高,国际影响力的不断扩大,"引进来"的国家语言战略正逐渐向"走出去"的方向转型。然而汉语虽然是联合国官方工作语言之一,使用人数众多,但在国际社会的通用程度却并不高。

"一带一路"倡议的顺利推进,需要沿线国家比较认可的一种或多种语言作为主要交际语。我们要抓住机遇,在避免招致"语言帝国主义"嫌疑的前提下,依托"一带一路"大力推进汉语国际教育,让汉语走进"一带一路"沿线国家,走进世界各国各民族的语言生活。如同人民币国际化一样,汉语国际教育也要高瞻远瞩,树立远大的发展目标,同时脚踏实地,循序渐进,以"一带一路"国家为根据地,以孔子学院、孔子学堂为海外先锋,国内外汉语国际教育人士同心协力,助推汉语成为国际通用语的世界化进程,不断提高中国的国际话语权和综合文化软实力。

三、"一带一路"为汉语国际教育带来新机遇,注入新活力

"一带一路"倡议的提出和大力推进,为汉语国际教育提供了难得的发展机遇。古人云:"以史为鉴,可以知兴替、明得失。"古丝绸之路汉语传播这些历史经验如果归结为一句话,那就是:语言传播必须抓住时代机遇,搭上时代的"顺风车"。因此,当今汉语国际传播应以"一带一路"为依托,搭上"一带一路"沿线国家经贸与产业经济合作全球化拓展的"顺风车",从而加快汉语向世界传播的步伐(王建勤,2016)。

3.1 "一带一路"倡议背景下,语言教育包括汉语国际教育将获得国家各层面利好政策的大力支持

国家层面对语言教育的重要性有着十分清醒的认识和定位。习近平主席2014年在柏林会见德国汉学家、孔子学院教师代表和学习汉语的学生代表时指出:在世界多极化、经济全球化、文化多样化、国际关系民主化的时代背景下,人与人沟通很重要,国与国合作很必要。沟通交流的重要工具就是语言。一个国家文化的魅力、一个民族的凝聚力主要通过语言表达和传递。掌握一种语言就是掌握了通往一国文化的钥匙。学会不同语言,才能了解不同文化的差异性,进而客观理性看待世界,包容友善相处(魏晖,2015)。

2015年3月28日,国家发改委等部门发布《推动共建丝绸之路经济带和21世纪海上丝绸之路的愿景与行动》,提出要扩大相互间留学生规模,开展合作办学,促进沿线国家多个领域的深入合作,并承诺每年向沿线国家提供1万个中国政府奖学金名额。

为配合"一带一路"建设的顺利推进,国内各级政府机构、高校、科研单位都出台了多样化的配套政策,服务于"走出去"战略的汉语国际教育也获得了前所未有的重视。在海外,国家对孔子学院的建设与发展从战略上进行定位,资金投入不断加大,国际汉语教师的数量和质量都得到了全方位的保证。

3.2 "一带一路"赋予汉语国际教育更具体、更实在的现实价值

汉语国际教育以语言承载文化,向世界展示中国,在"一带一路"倡议大力实施推进的大背景下,汉语国际教育不再空喊"弘扬中华文化,提升国家软实力"等稍显抽象的口号,而有

了更具体、更实在的现实价值。"一带一路"涉及沿线诸多国家、多个领域、无数企业,需要数量庞大的汉语人才。汉语国际教育依托"一带一路"产业经济合作全球拓展,服务于企业的"走出去"战略,帮助企业在国际化的竞争中顺利前行,致力于提升企业及整个民族经济的语言能力和竞争力,与此同时推动汉语汉文化在"一带一路"沿线的广泛深入传播。

3.3 "一带一路"为汉语国际教育带来数量巨大的学习需求

"一带一路"建设的稳步推进和顺利实施,必将促进各国各地区企事业单位更为密切和深入的经济合作与文化交流,而汉语国际教育无疑可以为其提供重要的人才保障。反过来说,随着"一带一路"倡议的推进,中国高校的国际交流与合作日趋频繁和深入,也为汉语国际教育带来数量巨大的学习需求。教育部统计数据显示,"一带一路"相关国家来华留学人数持续增加,2017年"一带一路"相关国家留学生人数达31.72万人,占来华留学生总人数的64.85%,增幅达11.58%,高于各国平均增速(《人民日报》海外版,2017)。《中国留学发展报告(2017)》中也称,随着"一带一路"沿线项目的持续推进,"一带一路"沿线国家成为来华留学发展的增长点,增幅的平均值超过20%(人民网,2017)。

从经济上看,"一带一路"辐射区域的经济规模大,经济总量多达21万亿美元。目前"一带一路"沿线国家主要包括65个,涉及世界63%的人口及29%的经济总量。2015年8月中国国际贸易研究中心发布了《"一带一路"沿线国家产业合作报告》。该报告的详尽数据展示了我国与"一带一路"沿线国家经贸和产业合作的总格局,在某种程度上也反映了汉语国际教育的潜在需求。2013—2018年,"一带一路"倡议实施六年间,中国对"一带一路"国家贸易和投资总体保持增长态势。中国与沿线国家进出口总额超过6万亿美元,新签对外承包工程合同额超过5千亿美元,为当地创造24.4万个就业岗位(一带一路网,2019)。

"一带一路"沿线国家充沛的劳动力资源、亟待开发的基础设施建设,与我国高端制造业的雄厚实力和汉语国际教育的大力推进,必将促进汉语国际教育的兴旺发展。另据采访调查(邢欣,2015),在很多国家如西亚国家,依托中方企业的汉语人才培育为当地解决了大量人员就业问题,这反过来也会进一步加剧这些国家和地区的汉语学习热情。无论是媒体报道,还是身边各院校留学生的实际反馈,越来越多的年轻人开始学汉语是因为"会增加就业机会"。

3.4 "一带一路"为汉语国际教育带来持续稳定的学习需求

"一带一路"是促进共同发展、实现共同繁荣的合作共赢之路,是战略性、长期性、高层次、全方位的宏大战略,它承载着全面开放、统筹发展、民族复兴的伟大目标和崇高使命。要实现这一目标的空间范围广、时间跨度大、实施周期长。"一带一路"各项基础建设的顺利开展,需要长期稳定的语言人才供给,不是一年两年或十年八年能立见成效的,要把眼光放到2020年、2030年、2050年几个时段,在实现中华民族伟大复兴的历史进程中进行思考和把握,确定近中远期目标和重点,先易后难,分阶段分步骤实施推进。对其长期性、艰巨性、复杂性始终保持清醒认识。无动于衷不行,急躁冒进也不行(瞿振元,2015)。这就为汉语国际教育带来持续稳定的学习需求。

目的语习得成功的前提之一是学习者的动机得到有效激发。"一带一路"倡议背景下沿线国家和地区的汉语学习需求一般有着明确的目的性(如工作期待),因此相较以往的汉语学习,也具有明显的持续性和稳定性。

四、"一带一路"对汉语国际教育提出了新挑战、新要求

在为汉语国际教育注入新活力,带来新的发展机遇的同时,"一带一路"倡议也对汉语国际教育提出了新的挑战和要求。新形势下的汉语国际教育可能呈现国别化和专门用途化的显著特点,即"一带一路"沿线国家汉语需求呈现国别化差异,与此同时,汉语学习的目的性和功用性特征也将空前显著。

4.1 "一带一路"倡议对汉语国际教育提出国别化要求

2015年8月,中国国际贸易研究中心发布的《"一带一路"沿线国家产业合作报告》根据我国对外贸易大数据,描述了我国与"一带一路"国家开展合作的七大区域,即由蒙古国、俄罗斯构成的东北亚区域,东南亚11国区域,独联体6国区域,南亚8国区域,中亚5国区域,西亚北非16国区域,中东欧16国区域。这两个报告提出的"一个格局"和"两条路径"构成了"一带一路"的总体格局和路线图,为汉语国际传播的战略规划提供了可资参考的重要依据。"一带一路"沿线涉及亚非欧三大洲、65个国家,总人口约44亿。这些国家国情不同,政治制度、法律环境、发展模式、发展程度存在巨大差异,官方语言多达近百种,地方方言更是多达千余种,文化宗教信仰千差万别,教派冲突积重难返(蔡清辉,2015)……我们的汉语国际教育政策及具体实施方案都不应该是粗放型的"一刀切",泛国别化/语别化的汉语国际教育已不能很好地满足当前的汉语学习需求。

我们既要注意不同类型、地区国家间的国情差异,又要重视同一类型、地区国家间的国情差异,采取差异化策略,提高教育的针对性和有效性。"一带一路"对国别化汉语国际教育提出了迫切需求。国别化汉语国际教育必须以"一带一路"倡议大国、生源大国等为中心,有的放矢地稳步推进。

4.2 "一带一路"倡议对汉语国际教育提出专门用途化要求

"一带一路"贯穿亚非欧大陆,沿线各国合作领域包括金融、能源、通信、农林牧渔业以及新一代信息技术、生物、海洋、新能源、新材料等新兴产业。

可以预见"一带一路"建设过程中,沿线国家人们汉语学习需求必将升温,同时呈现多元化的特点,学习者们出于各种自身需要学习汉语,往往抱有很强的目的性和功用性,他们希望通过学习获取的不是一般的汉语能力,而是能在某些学科内或职业范围内使用汉语的专业能力,而这正属于专门用途汉语(CSP)范畴。

专门用途汉语(CSP),作为第二语言教学的一个分支,是一种为特定的专业或者职业活动做语言准备的汉语教学,以需求分析为基点,以最终的学习目的为导向是其重要特征。如何更好更高效地满足"一带一路"沿线国家汉语学习的多元化需求,以实现双方的互助共赢,是值得我们认真思考的问题。

调查表明,"一带一路"相关国家最关注的人才主要分布在国际贸易、计算机、金融、语言、工业设计、法律、土木工程、财务管理、新闻、机械制造等专业(王铭玉,2019)。这些专业与汉语国际教育的有机结合促进了专门用途汉语人才需求的增长。为了应对这一需求,一些高校已经采取了应对的积极举措。如广东外语外贸大学于2018年签署了"一带一路"沿线国家专门用途汉语国际人才培养框架协议,旨在推动专门用途汉语在"一带一路"沿线国

家的推广,培养更多服务于"一带一路"沿线国家经济建设的专门用途汉语国际人才。例如国内多所著名的中医药大学都努力服务于来自世界各国包括"一带一路"国家数量激增的汉语学习者,积极为他们提供更具专业性的汉语课程。

五、结语

综上所述,"一带一路"的大力推进为汉语国际教育提供了难能可贵的历史机遇,面临着其提出的种种现实挑战。因此,当前的汉语国际教育一定要抓住机遇、积极应对,为之提供适切的语言支撑和服务。汉语国际教育与"一带一路"互相借力发展,定能实现国家综合实力的稳步提高。

参考文献

[1] 蔡清辉. 对接"一带一路"倡议. 中国外语院校改革发展的机遇与风险探讨[J]. 经济界,2015,(4)

[2] 高健新."丝绸之路"经济带背景下外语政策思考[J]. 东南大学学报(哲学社会科学版),2014,(4)

[3] 胡范铸,刘毓民,胡玉华. 汉语国际教育的根本目标与核心理念——基于"情感地缘政治"和"国际理解教育"的重新分析[J]. 华东师范大学学报(哲学社会科学版),2014,(2)

[4] 李宇明."一带一路"需要语言铺路[N]. 人民日报,2015-09-22

[5] 聂丹."一带一路"亟需语言资源的互联互通[J]. 人民论坛·学术前沿,2015,(22)

[6] 瞿振元."一带一路"建设与国家教育新使命[N]. 光明日报,2015-08-13

[7] 沈骑."一带一路"倡议下国家外语能力建设的战略转型[J]. 云南师范大学学报(哲学社会科学版),2015,(5)

[8] 沈骑."一带一路"建设中的语言安全战略[J]. 语言战略研究,2016,(2)

[9] 王建勤."一带一路"与汉语传播:历史思考、现实机遇与战略规划[J]. 语言战略研究,2016,(2)

[10] 王铭玉. 为"一带一路"提供更坚实的人才支撑[N]. 光明日报,2019-04-26

[11] 魏晖."一带一路"与语言互通[J]. 云南师范大学学报(哲学社会科学版),2015,(4)

[12] 谢孟军. 文化能否引致出口:"一带一路"的经验数据[J]. 国际贸易问题,2016,(1)

[13] 邢欣,李琰,郭安."丝绸之路经济带"核心区汉语国际化人才培养探讨[J]. 国际汉语教学研究,2016,(1)

[14] 张日培. 服务于"一带一路"的语言规划构想[J]. 云南师范大学学报(哲学社会科学版),2015,(4)

[15] 赵世举."一带一路"建设的语言需求及服务对策[J]. 云南师范大学学报(哲学社会科学版),2015,(4)

[16] 2017年"一带一路"相关国家来华留学生突破30万. 人民日报(海外版)-海外网[A/OL]2018-05-01

[17] 国际人才蓝皮书《中国留学发展报告(2017)》发布. 人民网[A/OL](2019-02-18) http://world.people.com.cn/n1/2017/1218/c1002-29714123.html

[18] 数说"一带一路"成绩单. 中国一带一路网[A/OL](2019-02-18) https://www.yidaiyilu.gov.cn/jcsj/dsjkydyl/79860.htm

有关国际汉语教师中华文化诠释能力问题的若干思考

杨蓉蓉

（复旦大学 国际文化交流学院，上海 200433）

摘 要：研究如何提升国际汉语教师的文化诠释能力，从而促进不同文化间的对话、理解是时代的需要，也是国际汉语教育学科发展的需要。本文尝试简要论述国际汉语教师中华文化诠释能力培养所涉及的三个方面：可供借鉴的跨学科、多学科理论视角，国内研究的现状与趋势，研究的主要目标和内容。

关键词：国际汉语教师；中华文化诠释能力；培养

提升汉语教学和中华文化海外传播的有效性，"不断增强中华文化国际影响力"，推进"民心相通"，一直是汉语国际教育事业发展的目标与愿景。伴随孔子学院职能向"文化综合交流平台"的转型，以及"新汉学"项目等的推进，国际汉语教育所承载的中华文化海外传播和促进文化间对话交流的使命与功能日益凸显。而向海外传播中华文化的一项首要条件，就是要求传播者能够在跨文化语境中有能力对中华文化进行诠释，构建中国话语体系，讲好中国故事。

在海外从事汉语教学和中华文化推广活动的过程中，国际汉语教师既是诠释中华文化的主体，也是诠释中华文化的载体，是中国故事的生动讲述者和传播者。2012版《国际汉语教师标准》要求国际汉语教师要"具备文化阐释和传播的基本能力"。随着汉语国际教育事业在全球的迅猛发展，汉语国际教育国际化进程的加速，研究在国际汉语教师职前教育中如何提升国际汉语教师的文化诠释能力，进而促进不同文化间的对话、理解与和谐共存已经成为迫切之需。

从研究范式上来说，作为一个极具理论背景的实践问题，不同文化间的相互诠释不仅有其深厚的哲学渊源，更包含具有规律性的认知机制和传播方式，因此，国际汉语教师跨文化诠释能力的培养将勾连和综合哲学诠释学、文化研究、跨文化诠释学、认知心理学、跨文化教育学和跨文化传播学等理论视角，构建出关于中华文化诠释的跨学科综合研究范式，并以此为理据，析出国际汉语教师中华文化诠释能力培养的模式，以期能指导实践。

从研究对象和研究范围上来说，国际汉语教师跨文化诠释能力的培养虽以中华文化的诠释为研究对象，但是在研究范围上将进行较大拓展，对文化的载体——文本及文化的实践——各种文化活动都将进行考察，将不仅要考察文本间的相互诠释，还要考察文化在实践过程中的诠释，例如在汉语课堂中、在文化推广项目活动中甚至在文化展览中的诠释，由此构建出关于文化诠释的理论模型。将简便、高效的国际汉语教师中华文化诠释能力培养模式应用于教学实践中,可以提升国际汉语教师的中华文化诠释与传播能力,进而促进中华文化的海外传播与中国国家形象的建构,提升中国文化软实力。

一、"中华文化诠释能力培养"的理论视角

针对"中华文化诠释能力培养"问题,国外有一些理论视角可供借鉴:

3.1 哲学诠释学视角

作为哲学本体论的诠释学认为诠释不是一种方法,而是作为"此在本身存在方式"的理解。诠释学是关于理解和解释的学问,它围绕着"意义"而展开其主题。诠释学认为真理不是个别主体对客观对象的正确表象,而是共同体的"共识",或各种信念之间的一致性和协同性。

3.2 文化研究视角

文化研究的泰斗、英国文化理论家斯图亚特·霍尔认为:"文化是一个过程,是一组实践,而不是其他的一组东西(小说和绘画,或电视节目和卡通)。"(斯图加特·霍尔,2013:3)文化研究理论认为,所谓文化是一个流动的过程,是在人们的实践中被表征的。文化通过人们的关系与活动得以表达。

3.3 跨文化沟通学

跨文化沟通学认为不同的文化背景会对交流对象的编码和解码产生深刻的影响,在解码过程中,交流者会自动启动对双方文化系统的对比分析,进而把感知到的异同进行类化,并最终纳入自己的意识系统中,扩大或增加对彼此的认识,并确认自身在跨文化交流中的身份(William Gudykunst & Young Yun Kim,2005)。

3.4 跨文化教育

全球化的迅猛发展使得跨文化教育成为世界教育发展新趋势,它旨在通过教育促进不同社会对世界现存文化和文明多样性的认识,对其他文化的尊重、平等对话与和平共处。跨文化能力的培养已经成为欧美各国人才能力培养的重要方面(联合国教科文组织,2006;欧洲理事会,2007)。

二、国内相关研究现状与趋势

关于文化诠释的专门性研究。田辰山(2014)认为,比较中西文化精神的阐释能力,是儒学乃至中华文化跨文化的根本能力。他认为比较中西哲学阐释论的启示是,儒学及任何中华传统思想、中国古代人文经典,不是靠翻译成西方语言完成的,而是靠对中西哲学基本范畴和结构的比照阐释实现的。刘邦凡(2008)认为,历史分析与文化诠释可以作为比较哲学的重要研究范式,而"文化诠释"就是在具体的文化环境中利用通常可操作的技术防范实现不同话语、不同世界的转换。王志强(2008)从跨文化诠释学视角下提出了文化认知假设,认为跨文化接受很大程度上受到本我和他我辩证互动性的影响,进而阐述了跨文化接受的基本认知形式、跨文化理解的几种假设和由此所致的跨文化冲突形式。

国际汉语教师能力培养的相关研究。自20世纪80年代始,不断有学者探讨对外汉语教师的能力问题,随着研究的深入,能力培养也从原来单一强调汉语教学能力拓展到囊括跨文化交际能力等的培养,能力的构成、如何培养等核心问题也不断被深化、拓展。从国家政

策指导层面看,国家汉办制定的《汉语作为外语教学能力等级标准及考试大纲》(2005)规定:证书获得者应具备相应的普通话水平和汉语言文字能力;具有良好的教师素养和品质,具备职业发展能力;具备良好的外语交际能力,了解必要的中国文化及当代中国国情;具备实施教学的能力,处理教学材料的能力,评价与测试能力,运用适当教学手段的能力。2007年版国家汉办《国际汉语教师标准》分为语言基本知识与技能、文化与交际、第二语言习得与学习策略、教学方法、教师综合素质五个模块,共十项标准,这十项标准中单列了"中国文化"和"中外文化比较与跨文化交际"两项标准。2012年国家汉办又颁布新的《国际汉语教师标准》,重新划分了汉语教学基础、汉语教学方法、教学组织与课堂管理、中华文化与跨文化交际、职业道德与专业发展五个模块,其中特别强调学生应具备"中华文化的基本阐释能力"。另有学者认为,加强国际汉语教师队伍建设是促进和加快汉语走向世界的根本性战略措施,良好的跨文化交际能力是国际汉语教师应具备的基本素养(李泉,2012)。吴方敏(2015)以美国一堂AP汉语与文化课为例,展示了课堂教学中教师如何运用互动交流、理解诠释、表达演示模式进行文化内容的教学。

汉语国际教育与中华文化相关议题。张建民(2015)认为,文化在汉语国际教育专业课程设计中具有主导作用,课程应将汉文化的传授作为重要的内容加以设计,要充分反映出其自身特色,特别要重视体现中华文化、多元文化、共时文化、大众文化。李冰(2015)认为,汉语国际教育的过程,就是传播中国文化的过程,教师应克服狭隘的纯语言教学观念,扭转忽视文化教学的倾向,把文化教学渗透到语言及非语言的教学中进行,才能体现出文化传播的价值。陆俭明(2015)认为,汉语国际教育要承担起传播中华文化的责任,但这不意味着文化教学要成为汉语教学的主流或主要内容。他特别强调,国人形象是中华文化传播的一个关键因素。马晓文、罗家国(2015)则通过对留学生的实证调查表明,文化教学不到位,语言教学的效果也将直接受到影响。张英(2014)认为国际汉语教育取得了前所未有的成就,但是文化(包括文化教学及文化推广)是其发展中的短板。

从上述对国内外相关研究的学术史梳理来看,目前的研究动态与趋势表现为三个方面:第一,随着汉语国际教育事业的纵深发展,中华文化的诠释与传播工作也越来越受到学界和政府相关部门的重视,已有学者针对中华文化的阐释进行了拓荒工作,但未来急需针对此问题的系统、具体而全面的理论与实践研究;第二,尽管国外诠释学理论已经相当成熟,诠释学的普遍化也使得它扩展到了人文学科的各个领域,不仅是哲学,还包括文学、法学、历史学、社会学等学科,但如何使国外理论能贴合中国实际,能适应中国情境,能解决中国问题,还需有进一步的切实的探索和思考,文化理论和跨文化沟通学等理论视角的运用也是如此;第三,目前有学者从理论上对如何阐释如家及中华文化做出了一定的分析,但中华文化的诠释不仅仅停留在文本上,也包括很多实践活动,因此急需建构起切中中华文化诠释的理论与实践框架,来指导今后的实践活动。

三、国际汉语教师中华文化诠释能力培养的目标和内容

文化如何诠释?尽管中华文化的跨文化诠释及国际汉语教师诠释能力的培养问题已进入学界视野,但目前的汉语国际教育专业课程中对此并无细致安排,而从海内外汉语教学实践现状来看,仅凭教师或主观自发或被动应对地阐释中国并不能取得预期的传播效果。

3.1 国际汉语教师中华文化诠释能力培养的目标

文化的诠释有其哲学根源、认知机制和传播规律,因此,研究"国际汉语教师中华文化诠释能力的培养",其目标就在于:从理论层面廓清文化诠释的本质,文化诠释实践的基本特征与规律,析出具有普遍意义的不同文化背景下进行文化诠释的理论模型;将此理论模型运用于教育实践,从专业教育层面凝练出培养国际汉语教师中华文化诠释能力的基本模式,最终帮助国际汉语教师在入职后的教学乃至生活实践(国际汉语教师在海外不仅要从事教学活动,也要投入社区生活,而社区生活中的言行举止也同样诠释和代表中华文化)中,能具备良好的中华文化诠释能力,有效传播中华文化。

3.2 国际汉语教师中华文化诠释能力培养的内容

聚焦于国际汉语教师中华文化诠释能力培养模式问题,其具体的研究对象将从理论与实践两个层面大体分为两分部分:

析出文化诠释的理论模型。融通诠释学、文化理论、跨文化沟通学等诸理论,分析文化诠释的本质;总结出不同文化间相互诠释的基本规律,并凝练出其基本机制;凝练出国际汉语教师中华文化诠释能力培养的模式。以国际汉语教师中华文化诠释能力培养为目标,将理论建构与具体文化实践相结合,架构起相对简便易操作的培养模式。

其研究内容包括以下方面

3.2.1 不同文化间相互诠释的哲学理据、表征差异、认知机制与跨文化传播规律。这是从理论层面进行的研究。

3.2.1.1 文化诠释的哲学理据。包括:作为本体论的诠释如何整合生命体验并得以表达;文本意义的跨文化诠释;意义诠释的有效性及其标准;文化差异如何期待视野和前理解产生影响,以及如何处理这些影响,提升诠释有效性;如何看待跨文化诠释中的"效果历史"问题。

3.2.1.2 不同文化的表征差异。包括:不同文化中非言语行为、社会文化的表征差异;来自不同文化的人在跨文化背景下文化表征进行诠释的理论模式;在来自不同文化背景的人们分享共通意义的过程中,文化表征如何发挥其促进作用;何种诠释方法能更有效地弥合不同文化间符号表征的差异。

3.2.1.3 跨文化诠释的认知机制。包括:文化差异如何影响认知(文化所导致的选择性注意和感知);不同文化所形成的不同认知模式;不同认知机制间如何建立联结;采用何种诠释方法更能促进不同认知机制间的联结。

3.2.1.4 跨文化传播的基本规律。包括:何种诠释方法能更有效地减少跨文化传播中信息编码与解码过程中产生的误解与冲突;何种诠释方法能更有效地保证"交际保真度";文化的诠释过程如何对冲突管理产生影响;文化的诠释过程中如何做到有效而得体。

3.2.2 国际汉语教师中华文化诠释能力培养的模式研究。这是从实践层面进行的研究。

3.2.2.1 微观视角的课程、教学实践与文化项目研究。包括:如何根据第一部分所厘清的哲学理据、文化表征差异、认知机制和传播规律等制定相应课程、报告、讲座,完成关于中华文化诠释相关知识的建构过程;如何根据第一部分的理论模型设计文化实践项目;通过实践完成中华文化诠释能力的培养过程。

3.2.2.2 宏观视角的校园文化与教育管理研究。包括:尊重文化差异、促进文化间理解的校园多元文化氛围将促进中华文化诠释能力的培养;在学生接受在校教育的过程中,教育政策和教学管理制度等的推行也将影响中华文化诠释能力的培养。

3.2.2.3 渗透贯穿的文化诠释。文化诠释渗透于微观和宏观层面,对文化的诠释过程本身也在诠释着文化。其中微观层面包括:教师如何对课程内容进行诠释;教师所使用的素材如何对文化进行诠释;教育主体(包括教师、行政人员等)如何通过自身行为为表征来诠释文化;文化项目组织过程本身如何诠释文化。宏观层面包括:多元文化校园中如何处理文化差异及如何诠释文化,等等。

聚焦于国际汉语教师中华文化诠释能力的培养模式研究,在研究领域方面可以聚焦于两个核心问题,即文化如何诠释和能力如何培养。具体而言,主要侧重于:

(1) 从哲学层面厘清"意义"如何被诠释及诠释的有效性标准是什么?
(2) 从文化研究的视角分析文化表征在跨文化诠释中的影响与作用。
(3) 从认知层面析出跨文化认知的具有普遍性和规律性的结构。
(4) 从跨文化传播层面寻找中华文化海外诠释与传播的基本规律。

国际汉语教师中华文化诠释能力培养研究的难点在于:将理论研究成果运用于实践研究中,通过教学、文化项目等实践来实现理论与实践的融会贯通;将理论与实践相结合,凝练出高效、简便、易操作的国际汉语教师中华文化诠释能力培养模式。

参考文献

[1] 李冰.汉语国际教育中文化传播途径研究[J].对外传播,2015,(12)
[2] 李泉.国际汉语教师培养规格问题探讨[J].华文教学与研究,2012,(3)
[3] 刘邦凡.论历史分析、文化诠释与比较哲学[J].世界哲学,2008,(2)
[4] 陆俭明.汉语国际教育与中华文化国际传播[J].同济大学学报(社会科学版),2015,(5)
[5] 马晓文,罗家国.汉语国际教育文化教学改革初探[J].江西理工大学学报,2015,(4)
[6] 王志强.跨文化诠释学视角下的跨文化接受:文化认知形式和认知假设[J].德国研究,2008,(3)
[7] 吴方敏.汉语国际教育背景下文化教学策略的思考——以美国AP汉语与文化课为例[J].云南师范大学学报(对外汉语教学与研究版),2015,(7)
[8] 张建民.文化在汉语国际教育专业课程设计中的作用[J].云南师范大学学报(对外汉语教学与研究版),2015,(11)
[9] 张英.国际汉语教师教育者的理念及反思.第四届国际汉语教师培养论坛论文集[C].2014
[10] 国家汉办.汉语作为外语教学能力等级标准及考试大纲[S].2005
[11] 国家汉办.国际汉语教师标准[S].2007
[12] 国家汉办.国际汉语教师标准[S].2012
[13] 斯图尔特·霍尔,徐亮、陆兴华译.表征:文化表征与意指实践[M].商务印书馆,2013
[14] William Gudykunst & Young Yun Kim.与陌生人交际[M].上海:外语教育出版社,2007
[15] The Council of Europe. White Paper on Intercultural Dialogue "Living together as Equals in Dignity", 2007
[16] UNESCO. Guidelines on Intercultural Education, 2006

将隐性课程嵌入显性课程教学设计案例分析
——复旦大学"韩国济州道公务员汉语强化研修项目"

王一平

(复旦大学 国际文化交流学院,上海 200433)

摘　要:显性课程、隐性课程是教育学中的一对概念,本文以复旦大学"韩国济州道公务员汉语强化研修项目"为案例,描述了将隐性课程嵌入到显性课程中的教学设计和实施过程,分析了教学设计的理论基础及其作为教学案例的意义。

关键词:隐性课程;显性课程;教学设计;案例

一、背景介绍

随着中国改革开放的深入和中国经济的发展,越来越多的中国人开始走出国门,走向世界。作为中国近邻的韩国也成为中国游客旅游的首选地,每年前往济州岛旅游的中国游客数量急剧增加,最高峰期曾一年达300万。济州的各大旅游景区和餐馆酒店,随处可见中国游客的身影,在济州市区繁华的大街上,中国游客甚至超过了当地居民的数量。

为吸引中国游客,增加游客满意度,也为了更好地了解和服务中国游客,济州道政府为地方公务员开办了"脱产中文研修课程",进一步提升地方公务员在服务旅游事业方面的工作能力。

受济州道政府的委托,复旦大学分别于2014、2015年秋对来自韩国济州道的公务员进行了为期四周的中文强化培训。这些学员在来复旦大学之前已经在当地进行过近半年的脱产中文培训,并且均通过了新HSK3级考试(最低191分,最高297分,均分265)[①]。他们来复旦大学的目的就是希望在目标语环境中通过密集中文课程的强化培训,"活化"他们的中文知识和中文交际能力,切实提高他们的中文运用水平。本文以"韩国济州道公务员汉语强化研修项目"为案例,在借鉴一些先进教育理论的基础上,探讨如何有效开发、利用隐性课程,促进学员对于显性课程的学习,最大化学习效果。

二、理论基础

本案例的教学设计借鉴了显性课程、隐性课程的教育理论、任务教学法(task-based

---

① 从中可以看出学员之间的汉语水平是不一致的,这不但表现在汉语学习的课堂上,在课程结束时的"中文听说"课学习情况和满意度问卷调查中也有体现。

instruction)理论和"做中学"(learning by doing)教育理论。

显性课程、隐性课程是教育学中的一对概念,隐性课程是相对于显性课程而言的。显性课程就是学校里开设的正常课程,隐性课程其实并非一般概念下的课程,"据马云鹏(2002)的阐释,隐性课程也叫隐蔽课程、无形课程、潜在课程等,是指学生在学习环境(包括物质环境、社会环境和文化体系)中所学习到的非预期或非计划性的知识、价值观念、规范和态度,是计划表上看不到的课程"(黄晓颖,2011:81)。对于来华学习汉语的留学生而言,隐性课程并不局限于学校校园内的所有经历和体验,社会上的各种汉语语言环境以及在其中的体验同样也是帮助学生学习的隐性课程。

隐性课程主要是通过学生无意识、非特定心理反应发生作用的,重视和开展隐性汉语课程的教学和利用,可以更加满足学生多样化的学习和心理需求,使学生的主动性和自主性可以得到更好的发挥。隐性课程所具有的间接学习效果对于汉语学习有很好的帮助作用,可以巩固和强化显性课程里的学习内容。因而学校和教师应积极主动地探索开发适用的隐性课程,开发各种与汉语学习有关的文化活动,充分地发挥汉语教学中隐性课程的作用。

任务教学法是指教师通过引导学生在教学活动中用所学语言去完成各种模拟的或真实的生活、学习任务,培养学生综合运用语言能力。任务教学法强调"做中学",注重让学生"用语言做事",在完成任务的过程中,"学"是为了"做",而"做"反过来又可促进"学",学生学习语言和用语言做事相互联系,相辅相成。

三、教学设计和实施

3.1 创新设置显性课程

在研修课程的设置上,我们一切以学员为中心,针对韩国济州道公务员着重提高中文应用能力的需求,着力提高学员的中文实际应用能力。我们打破了通常按听、说、读、写单一技能设立课程的传统教学模式,大胆创新,开设了"中文听说""中文读说"和"中文说写"三门复合式、技能型的中文实践课程,开创了崭新的教学组合——听说、读说和说写三个板块,以"说"为核心、为抓手,听、说、读、写各项能力相互促进,共同提高。四周时间,授课时数多达80学时。

3.2 探索、开发隐性课程

除了这三门"显性"的中文课程之外,我们还为学员安排了每周3次(总共12次)的一对一中文辅导,安排他们学习了太极拳、中国结、中国剪纸、中国书法、中国画,参观上海博物馆和观看杂技等文化体验。在周末组织他们去苏州、杭州的名胜古迹进行文化探访。

以往复旦大学的各类短期汉语强化项目也是既安排汉语课程,也安排各项文化体验和文化探访活动(中文辅导需额外支付费用才安排),但是由于事前没有进行有效规划,汉语课程和课外文化活动各行其是,二者之间并没有什么内在联系。

此次,教师们有意识地把对学员的中文辅导和学员在上海的日常生活、文化体验和文化探访作为隐性课程统统纳入汉语显性课程的教学设计中来。

3.3 隐性课程如何嵌入到显性课程("中文听说"课)的教学设计中

3.3.1 "中文听说"课与中文辅导紧密结合,使中文辅导成为"中文听说"课堂的延伸

我们的"中文听说"课选择了《拾级汉语口语课本》第 5 级中"睡眠""相亲""消费"和"加班"四个单元作为显性课程的教学内容。结合显性课程的教学内容和现实社会语言环境,每次中文辅导都安排了与显性课程相关的采访调查①、练习、复习、纠错等指定的辅导任务。采访次日,学员在课堂上还要汇报对于辅导老师的采访情况。采访调查还结合了社会语言环境,把"相亲""消费"两个单元的内容和"双十一"相关联,不但练习了相关的语言形式,还帮助学员了解了辅导老师的情况,增加了采访的真实性、交际性,达到了做中学、用中学、学以致用的目的。

3.3.2 中文听说课与学员的课外文化活动

我们把学员的文化体验、文化探访等课外文化活动作为学生需要完成的学习任务。在学员每次进行文化体验或文化探访之前,"中文听说"课的课堂学习都要对学员进行聚焦于形式(focus on form)的语言操练,为学员的课外文化活动提供必要的语言服务——教师先在课堂上教给学员一些跟文化体验或文化探访相关的文化知识和汉语表达,进行一些活动前必要的口语练习准备。在活动次日,教师在课堂上又会跟学员谈论做过的文化活动,进行活动后的口语表达练习。

3.3.3 学员的课外活动、日常生活为中文听说课课堂汉语表达提供丰富的内容资源

学员的各项课外文化体验活动以及日常生活作为他们的文化、生活实践,为师生们的中文表达、交际提供了宝贵的内容资源。师生、辅导老师与学生谈论文化活动和日常生活时,汉语既是学习对象,又是交际工具。

四、教学成效

4.1 学员问卷调查

为了了解研修班学员的中文学习成效,在该强化研修班学习即将结束的第 4 周,我们对学员进行了"中文听说"课学习情况和满意度问卷调查,调查结果②如下:

表 1 "中文听说"课教学调查问卷③

1. 你为什么学习中文?
   A. 上司的要求和安排 2　　　　B. 要接待中国来的代表团/访问中国 1
   C. 在工作中需要跟中国人交流 4　　D. 自己喜欢学习中文 8
   E. 其他原因(为退休以后的生活做准备)2

---

① 根据显性课程教学内容中的"睡眠""相亲""消费""加班"四个单元的话题,我们分别设计了"睡眠习惯调查""双十一(对相亲和网上购物的)采访""消费习惯调查"及"对工作、收入和加班的看法"四次对于辅导老师的采访调查。

② 该研修班共有 21 名学员,但在进行问卷调查那天有 3 名学员因故请假,只来了 18 名学员。问卷调查表选项后面的数字代表调查的结果,比如 2 表示 1 人选择该项,16 表示 16 人选择该项。

③ 该问卷调查的调查项目设计主要包括对显性课程(中文听说课)教学难易度和练习的适切性、隐形课程(日常生活、文化体验和文化探访)相关的汉语学习和使用、学生的学习压力和中文进步情况。调查的目的是想了解学生对显性课程和隐性课程的学习情况和满意度。

2. 你觉得复旦大学的"中文听说"课怎么样？

课本的难度		太容易 1	太难 1	合适 16	不清楚
课本的话题/内容		不实用	没意思	合适 18	不清楚
教学的速度		太慢	太快 4	合适 14	不清楚
作业和练习	预习（听课文 3 次）	太容易 1	太难 2	合适 15	不清楚
	复习（读课文+录音）	太容易 2	太难	合适 16	不清楚
	采访辅导老师	太容易	太难	合适 17	不清楚 1
	复述课文	太容易	太难 2	合适 16	不清楚
	介绍自己的故事（睡眠习惯、爱情故事、消费习惯、对工作和加班的看法）	太容易 1	太难	合适 17	不清楚
作业量		太少 1	太多 2	合适 15	不清楚

3. 除了课本的学习，"中文听说"课包括的其他教学内容怎么样？

老师常常介绍日常生活中常用的汉语	没有必要	很有必要 18	不清楚
老师常常介绍文化活动中常用的汉语	没有必要	很有必要 18	不清楚
老师介绍周末文化考察中常用的汉语	没有必要	很有必要 18	不清楚

4. 在复旦大学期间，你觉得上"中文听说"课有学习压力吗？

学习压力	很大 1	有一点 10	完全没有 7

5. 你觉得辅导老师对你的"中文听说"课的学习有帮助吗？为什么？

对中文听力	没有帮助	有一些帮助 4	有较大帮助 14	不清楚
对中文口语能力	没有帮助	有一些帮助 2	有较大帮助 16	不清楚

6. 经过四周的"沉浸式"学习，你觉得你的中文听说能力有进步吗？

中文听力	没有进步	有一些进步 5	有较大进步 12	不清楚 1
中文口语能力	没有进步	有一些进步 5	有较大进步 12	不清楚 1

7. 如果你对"中文听说"课还有其他意见和建议，请写在下面或反面。

从以上的问卷调查结果可以看出，绝大多数学员对显性课程（"中文听说"课）的教学难易度和练习的适切性是满意的[1]，所有学员都认同隐性课程[2]的设置很有必要。由于隐性课程的设置帮助学员们更好地"沉浸"在中文的目标语学习环境中，引导学员充分地利用目标语学习环境，自然而然地多说、多练中文，所以大多数学员认为这些隐性课程对自己的中文听说能力的提高有较大的帮助。同时隐性课程的设置还帮助学员大大消除了对于"中文听

---

[1] 在 21 名学员的新 HSK3 级考试成绩中，3 人低于 250 分，3 人高于 290 分，其余 15 人的分数介于 250—289 分之间。本次问卷调查的结果跟这个新 HSK3 级考试成绩分布基本对应，少数中文水平偏低、偏高的学员对显性课程和隐性课程的满意度不是很高。

[2] 这里的隐性课程主要指"老师常常介绍日常生活中常用的汉语、文化活动中常用的汉语和周末文化考察中常用的汉语"，主要通过问卷调查的第 3 项"'中文听说'课包括的其他教学内容"来了解。

说"课的焦虑①,只有1名学员反映压力很大,10名学员认为有一点压力,7名学员认为毫无压力,这说明隐性课程的设置起到了帮助难度较高的"中文听说"课实现"软着陆"的作用。经过四周显性课程和隐性课程有机结合的强化中文培训,学员们表示自己的中文听说能力有了一些进步(5人)或较大的进步(12人)。

4.2 学员追踪访谈

由于学员们对这次强化中文研修项目有良好的学习体验和满意的学习效果,一年半后(2016年2月),该班有一名学员再度报名来我院进行为期一年的长期中文进修。在他第一学期学习即将结束时,我们对他进行了一次追踪访谈。

表2 再度申请来复旦学员追踪访谈——两次课程汉语教学的方式对比

	短期强化班(2014.11.2—11.28)	长期普通班(2016.3—7)
课型	3门(听说、读说、说写)	5门(精读、口语、听力、泛读、写作)
课时	20	20
课本②	拾级汉语第5级	拾级汉语第4级
课本难度	较易	偏难
中文辅导	有	无
文化课、文化活动/参观	有(多) 活动前老师有简单的中文说明,活动后学生有说中文的练习	有(少) 老师没有中文说明,学生也没有练习说中文的机会
老师跟学生谈论日常生活	几乎每天有,周末前后更多,学会了很多很有用的生活汉语	无
学习压力	小 (上课不明白的内容不多,有问题还可以问辅导老师)	比较大 (上课不明白的内容较多,且找不到人帮助)
进步情况	大	不明显

注:其他建议:希望普通班老师在课本内容之外,也介绍一些生活中常用的汉语,方便学生学到在中国生活常用的汉语,也方便学生在中国的生活。

在追踪访谈中,这位学员简要对比了他的两次复旦学习中文经历,谈了自己的感受。他对"课外文化活动""教师跟学生谈论日常生活"这两项跟隐性课程相关的方面比较关注,他指出,首次短期强化班不但文化活动多,活动前后老师会对活动进行简单的中文说明,学生也会得到相应的中文练习;而长期普通班虽然也有一些文化活动,但老师未做中文说明,学生也未得到相关的练习中文的机会。短期强化班的老师十分关注学生在上海的日常生活,每天都会跟学生谈论他们的日常生活,周末前后还会询问学生周末的安排,跟学生谈论更多的事情,学生学会了很多、很有用的生活汉语;长期普通班的老师只教课本,几乎不跟学生谈

---

① "中文听说"课是一门以中文听说交流和中文输出表达为主的课程,对学生的中文听说能力要求较高,难度较大,以往学习这门课的学生一般比较焦虑,精神压力很大。

② 其实该学员再度来复旦时所在的班级(D班)比首次来复旦时(介于D—E之间)汉语水平等级更低,从其两次学习使用的课本也可以看出,首次学习时使用的是《拾级汉语》第5级课本,第二次学习时使用的是《拾级汉语》第4级课本。

论他们的日常生活。所以该学员在建议中希望长期普通班的老师在课本内容之外,也介绍一些生活中的常用汉语。

此外,该学员也对比了两次学习时他对课本的难易度、学习压力和进步情况等方面的感受。从他所使用的教材来看,虽然他第二次来复旦学习的教材(《拾级汉语》第4级课本)比首次的教材(《拾级汉语》第5级课本)难度等级更低,但他的主观心理感受却是首次的教材更容易,学习压力较小,进步较明显。他自己认为原因在于,老师对于教材的处理降低了学员对教材难度的感受——首次的强化班学员上课时不明白的内容不多,第二次的普通班学员上课时不明白的内容较多,此外,作为隐性课程组成部分的辅导老师也起到了不小的作用——首次的强化班课程实行一对一课外辅导,当学员有问题时可以问辅导老师,而长期普通班没有设立辅导老师,学员上课时不明白的内容较多,又找不到人帮助,所以难免感觉教材难度大,学习压力大,进步不明显。

五、讨论和反思

5.1 隐性课程与显性课程的相关度与学习难度、学习效果

在本案例中,中文辅导中的四次采访调查是由"中文听说"课教师安排的,与显性课程学习内容的关联度较高,辅导时所作的其他各项练习[①]也可以说是显性课程的延伸,学员练习、习得效果较好。

文化体验、探访活动是前期安排好的,学员的日常生活等,跟显性课程的学习内容关联度较低。为了给学员提供可懂输入,教师需要在课堂上拿出一部分时间用中文为学生进行介绍、讲解。由于文化活动常用专门的术语称说,很难做到百分之百的可懂输入,可能加大了学员理解、学习的难度;加之,跟这些文化活动相关联的词语在生活中使用度不是不高,学完之后也较难真正掌握。可以说,这部分内容学员学习效率不高。然而,这部分内容与中国文化有关,趣味性、实用性强,与学员的情感、体验、生活需求紧密相关。只要学员学了这部分内容,就可以边学边用,可以增强其中文学习的自信心和成就感。

5.2 隐性课程对学生学习心理、情感态度的影响

从对学员的问卷调查和追踪访谈可以看出,有了隐性课程的辅助和补充,学员对学习难度、学习的压力的感觉会减轻一些,相应地,满意度会有所提升。

学员们反馈说,这样的学习、练习方式很有必要,经过老师的简单说明,他们不但上了汉语课,体验了各种各样的中国文化活动,进行了文化探访,而且还学会了怎么用汉语说话。这种边学边用、学以致用的教学方式,教学效果特别明显。

如何协调好显性课程与隐性课程的关系,是我们今后应该进一步探讨的问题。

六、结论

本案例的汉语强化研修项目通过有意识地探索、开发隐性课程,并将隐性课程巧妙嵌入

[①] 辅导老师的辅导内容不是随意的,而是跟显性课程学习内容相关的,如接受学员的采访/调查,听学员朗读课文后纠错,听学员复述课文等协助学员练习,复习等指定的辅导任务。

显性课程的教学设计中,对显性课程和隐性课程进行了协调规划和优化设置,建立了显性课程和隐性课程相辅相成的课程体系,优化了对外汉语教学环境,鼓励、引导学生养成边学中文、边说中文、边用中文的习惯,从而最大化了学习效果。

将隐性课程嵌入显性课程的教学设计中之后,使学员们完全沉浸在目标语环境中,显性课程与隐性课程有效地结合起来了。汉语既是学习对象,又是交际工具,真正做到了学用合一。

参考文献

[1] 戴理达.沉浸式双语教育中隐性课程嵌入的动因与路径[J].教育探索,2013,(5)
[2] 黄晓颖.对外汉语教学中隐性课程的开发[J].汉语学习,2011,(1)
[3] 靳玉乐.潜在课程简论[J].课程·教材·教法,1993,(6)
[4] 刘芳芳.来华长期进修留学生隐性课程需求分析[J].现代教育管理,2010,(2)
[5] 刘珣.语言学习理论的研究与对外汉语教学[A].语言学习理论研究[C].北京:北京语言大学出版社,1994
[6] 刘元满.不同语言环境下师生关系比较及隐性课程设计[J].国际汉语教学研究,2016,(2)
[7] 马云鹏.课程与教学论[M].北京:中央广播电视大学出版社,2002
[8] 田旭红.对外汉语教学中隐性课程的建设[J].科教文汇,2012,(8)(中旬刊)
[9] 王丕承.汉语国际教育师资对汉语教学隐性课程作用的发挥和利用[J].现代语文,2017,(6上)
[10] 王丕承.汉语国际教育师资发挥汉语教学隐性课程作用的再探讨[J].科教文汇,2017,(12下)
[11] 张红蕴.隐性课程研究与对外汉语教学[J].语言教学与研究,2009,(2)

专业汉语"内容—语言—技能"整合型教学初探

许国萍

(复旦大学　国际文化交流学院,上海　200433)

摘　要： 本文探讨汉语国际教育专业留学生硕士的专业汉语课程"内容—语言—技能"整合型教学方法,详细讨论了该课程综合性的教学目标、真实的教学材料,教学过程中强调自主学习和基于学习难点调查的针对性教学及个性化指导。课程结束后进行的问卷调查显示学生反馈良好。对间隔13周的学习者学术写作语篇进行的错误率对比显示,该模式下学习者学术写作语篇质量提升显著。

关键词： 专业汉语;整合型;学术写作

一、引言

近年来,随着中国国力的提升和汉语国际教育事业的发展,来华留学生群体的一个明显变化是学历生人数迅速增长。据教育部统计,2018年学历生占来华留学生的52.44%。2018年9月教育部颁布了《来华留学生高等教育质量规范(试行)》,提出"持续提高来华留学生高等教育质量,是高等学校和其他高等教育机构开展来华留学生教育的基本准则",规定"来华留学生在学科专业上的培养目标和毕业要求与所在学校和专业的中国学生一致"。

汉语的学术语言能力是学历留学生顺利完成专业学习必须具备的基本能力,在学历留学生培养方案中,专业外语(汉语)是学位公共课。所谓专业汉语就是为专业学习、研究或工作目的服务的汉语,如商务汉语、医学汉语、科技汉语等。就汉语国际教育专业来说,专业汉语教学就是要培养留学生使用汉语进行汉语国际教育专业的学习与研究。但专业汉语教学与研究开展的时间不长,理论体系和实践教学都不成熟(强璐2018),因此学术英语的发展历程对学术汉语有着重要的参考价值。

作为应用语言学的一个重要研究领域,英语的EAP、ESP研究和教学实践开展了六十多年依然热度未减,研究领域和范式不断拓展。成果最为集中的领域之一是学术英语文本特征研究,另一个则是学术英语教学研究。其中关于教什么,涉及学术语言、知识内容和学习认知技能的关系问题。如在20世纪八九十年代,一个主要的争论的问题是不同专业的学术语言是否存在语言和技巧的共核(common core),这也涉及如何认识EAP、ESP的概念和关系。Coffey(1984)、Blue(1988)提出,EAP包括EGAP和ESAP,前者关注不区分专业的通用学术语言和学习技能,后者关注特定专业的学术语言特征和学习技能(转引自Jordan,1989)。可以说,EGAP和ESAP是一个连续统,专业程度越高,语言的学科特性越显著。关于怎么教,常见的教学模式有任务型、内容型、案例型、合作型、PBL 等。尽管各有特点和侧重点,但其共性是以学习者需求为出发点,以内容为依托,综合内容、技能、语言的训练。就教师而言,通用学术语言教学以语言教师为主,到专业学术语言教学中,语言教师和专业教师的团队教学模式更为有效。

简略地说,不论是学术语言本体还是教学模式的研究,都需要处理内容、技能和语言三者之间的关系。这源于学术语言是个语体概念,不能脱离其使用群体和语境。本文拟针对汉语国际教育专业留学生专业硕士的专业汉语课程,探讨"内容—语言—技能"整合(integration)型模式的实践过程和效果。

二、教学实施

2.1 学习需求与目标

本文探讨的专业汉语课程教学对象为汉语国际教育专业的留学生专硕,汉语水平均达到新 HSK 六级,日常交际中听说读写流利,专业学习中的其他课程和中国学生同班上课。

就专业汉语的学习需求问题,我们对 13 名留学生专硕和部分专业课教师进行了非正式访谈,发现师生双方的认知存在较大的偏差。留学生专硕对自身的语言水平和学习能力较有信心。不论本科阶段是否为汉语国际教育专业的留学生专硕,都对专业知识的学习需求最为强烈,希望通过专业汉语教师指导阅读论文来补充专业知识。而专业课教师则将学术语言表达,尤其是规范的学术语言书面表达置于留学生专硕专业汉语学习需求和能力培养的首位。

师生的这种认知偏差最初给专业汉语课程的教学目标定位带来了一定的困扰。正如前文所说,专业外语的教学实践实际上是对语言、技能与内容三者的动态实现,不同的专业外语教学模式对三者的侧重不同。事实上,在"内容—语言—技能"整合型模式之前,我们实施过内容为主型、内容—语言并重型模式,但从最终用以检验教学效果的学习者学术写作语篇的质量来看,都存在明显的倾向性问题。如内容为主型教学,重点关注对论文内容的理解。学习者在 16 周内阅读了 30~40 篇论文,但是并没有在阅读与讨论中自然习得学术书面语言表达和学术语篇规范。而在内容—语言并重型教学中,由于过于强调个别语类的规范性写作,导致学习者的语篇完全遵从规范,在内容上缺乏主动的思考与探索,学习者很少自主利用其他资源,也未形成可迁移的学术语篇意识。

从师生对专业汉语学习需求的不同认识,以及以往教学实践中的问题可以发现,专业汉语能力的提高是个综合性问题,单纯地依靠专业知识或者单纯依靠学术语言的学习与训练,都难以达到良好效果。本文主张的是将知识、技能、语言有机整合的教学模式,以知识内容为依托,在准确理解知识和语言的基础上,以真实问题为导向,在解决问题的过程中进一步深化知识的理解,提升分析、综合、应用、评价等学习技能以及学术语言的听说读写能力,并最终以学术语篇作为完成的形式和评估依据。

2.2 教学材料

专业汉语课程每周 2 学时,共 16 周。为解决学时少与综合性学习目标之间的矛盾,教学中尤为强调自主学习,采取翻转课堂的方法,部分学习内容和任务由学生在课外以个人或小组学习方式自主完成,课堂用于解决学生自主学习难以解决的问题或训练。

从教学材料来说,专业汉语"内容—语言—技能"整合型模式强调文本、问题、情境的真实性,其中文本的真实性是基础。对必读文本精讲精练,强调内容理解、语言表达和问题分析的准确性。在必读文本的选取上,首先强调材料真实,主要为专业期刊上正式发表的论文。其次,材料难度符合留学生专硕的真实专业水平,需要特别考虑文本涉及的理论、方法的深度、问题的复杂度、语言的难度、文本长度、写作规范性等。再次,材料内容与语篇类型符合专硕的真实学习需求。内容范围尽可能覆盖汉语语音、汉字、词汇、语法、二语习得等主要专业领域,本体与教学研究兼顾,语篇类型包括质性研究和量化研究论文、述评、读书报告、开题报告等专业硕士学习和研究中的常见类型。此外,必读文本之外还提供一些选读文本由学生自主阅读,或在内容,或在学术语篇构造方面加以拓展。

2.3 教学实施过程

大体上,由于目标的综合性和对材料深度加工的需要,该模式以两周为一个学习单元。每个单元围绕一篇必读专业期刊文献,在理解专业知识的基础上,进行学术语言和技能的全面训练。其中第一周重点在于知识内容的理解和学术语言口头表达训练,第二周进行学术写作、个性化反馈、修改以及调动学习技能,对知识加以拓展应用的训练。

2.3.1 课外自主学习

教师提前提供必读期刊论文的发表信息,学生自行查找论文。这有助于学生互相学习查找文献的途径,如电脑端、手机端各种论文阅读软件、常见论文数据库等,熟悉多种数据库特点和检索方法。

由学生自愿或教师指定,形成若干学习小组。每篇论文分成若干部分,分派给各小组。分派小组任务时采取滚动方式,避免一个小组固定报告论文的某个部分。学生课前进行个人学习和小组合作学习。个人学习要求个人阅读全文,并通过邮件提出自己的学习难点。小组学习要求小组合作,重点讨论教师指定的论文章节,制作PPT,课上轮流做口头报告。

第二周课前学生基于精读和讨论过的论文,完成一篇学术语篇写作。前期写作类型以读书报告为主。教师根据原文的难易度和写作的工作量,或布置整篇读书报告的写作,或只写作内容概括部分,或只写作个人思考部分。在学生已能较好地依托材料进行概括和论证之后,则在内容、语言、学习技能上提出更高的要求,拓展到结合所读论文进行微型研究性写作。如阅读关于词汇语境设置的论文后,或自行选择某个词语,或对比不同教材中某个词语的语境设置,结合语料库调查与分析,为选定词语设计基于合适语境的教学例句,并加以分析说明。

2.3.2 课堂教学

第一周课堂教学以论文理解和讨论为主。为了便于教师精准地了解学习者对专业汉语的理解难点,同时也为了促进学习者深度阅读,个人阅读论文时要求记录并提交学习难点,由学生轮流汇总、整理和统计,提前发送给教师。课堂教学首先聚焦处理学习难点。对于大多数学生都不了解的难点,教师结合实例给予讲解和分析。只是少部分学生不了解的难点,则由已掌握的学生加以解释。

在本轮教学周期内,留学生专硕对10篇期刊论文共提出了706个难点,合并相同项后,为400个问题①。具体情况见表1:

---

① 如果不合并同类项,汇总的706项中,专业术语和质疑占33%,各类词语问题占61.2%,句法难点占5.8%。

表 1 基于 10 篇期刊论文的学习难点统计

问题类型	专业术语	文言成分/单音节词	成语	低频词	句法格式	复杂长句	误读	质疑	合计
数量	136	20	28	166	7	27	7	9	400
比例	34%	5%	7%	41.5%	1.75%	6.75%	1.75%	2.25%	100%

从表1可知,与专业知识相关的难点占36.25%,大多是专业术语问题(34%),以及少量的对论文观点、方法的质疑(2.25%)。最引人注意的是,词语问题占比过半(53.5%),主要是文言成分、单音节词、成语、低频词。句法问题占10.25%,主要是复杂长句导致的无法理解(6.75%),少量的句法格式不理解(1.75%),词汇切分错误导致的误读(1.75%)。尽管此次调查的论文数量和学生人数偏少,但仍可在一定程度上揭示专业汉语学习的重难点。

论文的小组口头报告除了要求学生正确理解论文内容并有条理地讲述外,还要求学生进行有意识的批判性阅读,对论文所使用的理论、方法、观点、论证过程、语篇写作等多方面加以支持或提出质疑。小组口头报告结束后,教师进行进一步的梳理,或简要点评论文,或指出报告中的错误,或提出问题启发更为深入的思考与讨论。

第二周课堂教学以学术写作为主。前两次主要是教师集中讲评学生学术写作语篇。讲评包括语言表达、写作规范、内容理解以及学习技能运用等方面,并进行修改示范,使学生熟悉其写作文本中常见的错误类型和修改方法。从第三次学术写作训练开始,教师只对学生的学术语篇进行错误类型标注或批注,而不修改。

留学生专硕学术语篇中的错误是多方面的。语言表达上的常见错误类型有词语和句式的口语化,如"我觉得""如果……的话";复杂长句中常出现句子主要成分缺失问题,如句子主要动词缺失;虚词使用错误,如"对""根据"的混用;自我指称、他指错误,如"本文、该文"的混淆;语义表达不清、不严谨,如表达观点时,态度过于绝对等。写作规范上的常见问题,如例句的编号和指称、参考文献的写法、不同类型的引用处理不恰当等。知识理解方面的问题,如术语使用错误、例句分析错误、对原文观点理解错误或理解不准确等。学习技能上出现的问题常与学习技巧或学习策略不当有关。学生根据教师的错误类型标注,在课堂上自行修改。修改时可以在小组内讨论,也可以和教师当面协商,教师针对学生的问题进行个性化指导。对于问题较为严重的语篇,如语言错误过多、对原文内容理解存在较大偏差、写作的语篇整体不规范等,则要求学生在修改的基础上,进行二稿写作。

在围绕所读论文进行阅读、口头报告、讨论、写作等难度逐渐增加的综合性训练后,学生对材料的理解较为准确和深入。在此基础上,教师结合材料设计一些拓展性问题,尤其是汉语作为二语教学情境中的真实问题,引导学生运用所学知识加以分析,探讨解决思路和方法,进一步将知识内化,提升专业学习和研究所需的认知技能、学术语言能力。

三、教学反馈与效果

16周"内容—技能—语言"整合型的专业汉语课程结束后,我们对学生进行了问卷调查,主要涉及学习困难、阅读写作量、不同学术语篇类型的学习难度、训练方法、能力发展、教学建议等。学生整体反馈良好。从阅读写作量来说,学生认为两周一篇的论文精读和写作量合适。训练方法方面,内容理解、语言表达和学习技能的综合性训练更符合实际专业学习的真实情境和需求,基于自主学习和个性化指导的教学方法切实高效。其中,难点讲解和根据错误类型批注自行修改两种方法的有效性认可度最高。难点讲解使得教师能够在学生自主学习的基础上,精准定位问题,有效解决其专业内容学习中的疑惑。教师对学术写作语篇的及时反馈、错误类型标注使学生准确发现了以前没有意识到的问题,包括专业知识理解上的偏差、学术语言表达中的规律性错误和学习技能上的不足,从而引起注意,有利于开展更有针对性的学习。

写作本身是能力的综合体现,学术写作能够综合反映学生的专业知识、学习认知技能、学术语言能力。我们较为粗略地对比了留学生专硕学期之初和期末的学术写作语篇的错误,以语篇的质量作为教学效果的参照。我们尽可能排除了一些因素的影响,如学生作业缺漏、作业完成形式(个人、小组)不同、语篇类型不同等,选择了完成所有写作作业的 7 名学生,个人完成且语篇类型相同的第一次(3 月上旬)和第六次(6 月中旬)作业进行比较,两次作业间隔 13 周。两篇皆为对期刊论文的概括,第一次作业为对所读论文第一节的概括,第六次作业为对所读论文正文部分的概括。我们根据修改标注大类进行了统计①。具体情况见表 2:

表 2 学习者两次学术写作语篇错误情况

类型 学生	语义		语法		专业知识		语篇规范	
	作业1	作业6	作业1	作业6	作业1	作业6	作业1	作业6
学生 C	2	0	3	0	0	0	0	2
学生 H	3	3	2	0	0	1	0	0
学生 J	2	1	2	1	0	0	0	1
学生 N	4	1	4	0	0	2	0	0
学生 W1	4	2	13	7	0	1	0	0
学生 W2	2	1	3	0	0	0	0	0
学生 Z	7	5	13	3	0	0	1	0
合计	24	13	40	11	0	4	1	4

可以看出,表 2 中的错误集中在语言上。这里所说的专业知识和语篇规范问题与原文特点有关。专业知识方面主要是术语使用不准确,第一次作业的原文短,且涉及术语少,故概括中未出现此类错误。第六次作业的原文长,讨论十分详尽,有的学生在概括中对部分主次观点未作区分,算作语篇写作规范问题。7 人的第一次作业总字数为 2 270 字,四类错误总计 65 个;第六次作业总字数为 13 895 字,四类错误总计 32 个。如果转化为每千字错误率,第一次作业错误为每千字 28.63 个,第二次作业为每千字 2.3 个,语篇质量提升显著。

此外,我们邀请另一位写作教学经验丰富的教师作为评判人(rater),对上述 14 篇语篇原文进行阅读和判断,同样认为语篇质量显著提升。

---

① 由于讨论重点不在于具体的错误小类和分析,因此这里只按照教师修改批注的大类进行统计。

四、结论

专业汉语课不是以系统传授专业知识为目的的课程,也不是单一的学术语言训练课程。为期16周的"内容—语言—技能"整合型教学的探索以专业汉语为工具,以专业内容为依托,在专业知识的学习过程中以真实问题为导向,要求学生运用专业知识和信息搜集、分析、综合、概括、比较等各种学习认知技能以及学习策略解决问题,从而内化知识,提高学术语言能力和学术认知技能。学习者反馈良好,学术写作语篇的质量显著提升,这都反映出整合型教学方法的有效性。

参考文献

[1] 布鲁斯·乔伊斯,玛莎·韦尔,艾米莉·卡尔霍恩著,兰英等译.教学模式(第八版)[M].北京:中国人民大学出版社,2016

[2] 邓静怡.近二十年商务汉语研究述评[J].现代语文,2018,(4)

[3] 加涅,韦杰,戈勒斯,凯勒著,王小明,庞维国,陈保华,汪亚利译.教学设计原理(第五版)[M].上海:华东师范大学出版社,2005

[4] 井茁.从中介语发展分析到高级汉语课程设置——内容依托型教学研究的启示[J].世界汉语教学,2013,(1)

[5] 李泉.论专门用途汉语教学[J].语言文字应用,2011,(3)

[6] 强璐.国内专业汉语教学研究现状综述[J].现代语文,2018,(4)

[7] 沈庶英.商务汉语教学理论研究与方法创新[M].北京:北京语言大学出版社,2013

[8] 万业馨.论对外汉语教学中的知识传授与能力培养[J].世界汉语教学,2009,(1)

[9] 袁平华,俞理明.以内容为依托的大学外语教学模式研究[J].外语教学与研究.2008,(1)

[10] Basturkmen, Helen.. *Ideas and Options in English for Specific Purposes*[M]. Lawrence Erlbaum Associates,2006.

[11] Beckett, G. H. & Slater T.. The Project Framework:A Tool for Language, Content, and Skills Integration[J]. *ELT Journal*, 2005, 59(2):108-116

[12] Dudley-Evans, Tony.. Team-Teaching in EAP:Changes and Adaptations in the Birmingham Approach[A]. in J. Flowerdew & M. Peacock (eds.), *Research Perspectives on English for Academic Purposes*, Cambridge University Press, 2001:225-238

[13] Nunan, David.. *Learner-Centered English Language Education: The Selected Works of David Nunan*[M]. Routledge. 2013

[14] Everwijn, S. E. M., Bomers, G. B. J. & Knubben, J. A.. Ability-or Competence-Based Education:Bridging the Gap between Knowledge Acquisition and Ability to Apply[J]. *Higher Education*, 1993, 25:425-438

[15] Flowerdew, John & Peacock, Matthew.. *Research Perspectives on English for Academic Purposes*[M]. 北京:外语教学与研究出版社,2014

[16] Hyland, Ken.. *English for Academic Purposes: An Advanced Resource Book* [M]. Routledge, 2006

[17] Jones, Alan & Sin, Samantha.. The Integration of Language and Content: Action Research Based on a Theory of Task Design [J]. *Journal of Applied Linguistics*, 2004, Vol. 1. 1: 95–100

[18] Jordan, R. R.. English for Academic Purposes (EAP) [J]. *Language Teaching*, 1989, (22): 150–164

[19] Waters, Mary & Waters, Alan. Study Skills and Study Competence: Getting the Priorities Right [J]. *English Language Teaching Journal*, 1992, 46 (3): 264–273

对分课堂在中高级汉语视听说课程改革中的应用

王小曼

(复旦大学 国际文化交流学院,上海 200433)

摘 要：以对分课堂理念为指导的课程改革涉及教学内容、资源选取、教学方法、课堂管理等课程要素的对分处理,需要在改革过程中逐步实现系统化。本文探讨如何在中高级汉语视听说课程的教学模式改革中提升学生的自主学习与深度学习能力,同时将教学内容与教学方法巧妙融合,教学模式与课堂管理高度配合,教学方法与教学效果相互印证,从而构建出一个具有学科性质和专业化倾向,能培养学习者应用、创造和思辨能力的课程知识体系和教学模式。

关键词：对分课堂;汉语视听说;课程改革;自主学习

改革与创新从来是教育领域的热点话题。无论是课程体系,还是课堂设计,教学法的不断创新,为各层次、各类型的课程改革提供了富有价值的参考与启发。本论文旨在探讨对分课堂对于汉语视听说教学改革的启发与应用。

一、高校留学生汉语视听说课的改革背景

自2015年开始,全国范围内汉语言(对外)本科专业面临着一些新的变数与挑战。以复旦大学国际文化交流学院(以下简称"我院")2016级学生为例,在30名学生中HSK水平考试达到五级和六级的学生有26名之多。由于学生汉语水平的普遍提高,现有课程体系及课程内容已经无法满足学生提高语言技能与专业知识的双重需求。因此,我院于同年修订了本科生培养方案,将汉语言(对外)专业培养方案综合制定为：培养学生具有较强的汉语听、说、读、写能力和汉语交际能力,了解当代中国社会文化,掌握比较系统的商务实用知识,成为能比较熟练地运用汉语从事各类活动的汉语专门人才。

条例修订以来,我院在专业设置与调整、培养方案的制定与执行等方面所面临的最大问题主要是生源结构的不平衡、入学汉语水平的参差不齐等。从生源特点看,来自汉字文化圈的留学生数量占据绝大多数,汉语水平普遍高于其他国家的留学生;有长期在华学习经历的留学生所占比例较大,且汉语水平接近母语,大大高于仅有一到两年汉语学习经历的留学生。这一现象所带来的具体问题是：一方面,汉语水平高的学生无法在专业知识上得到满足;另一方面,汉语水平较低的学生仍然需要进行生词、语法等基础语言知识的学习及听说读写等语言技能的基本训练。因此,如何在课程设置及课堂教学上满足不同层次留学生的学习需求,如何选择合适的教材与教学方法,成为视听说课程改革创新的主要方向。

而从汉语视听说课程本身来看,也存在许多亟待改革的问题。一是教材问题。现已出版投入使用的几种视听说教材主要有《看电影 学电影》《走进中国百姓生活》《中国城市名片》《秦淮人家》《大头儿子和小头爸爸》《快乐中国人》《家有儿女》等,材料均改编自电视台纪录片、电视剧或动画片。以我院使用过的两套教材为例,《欢乐中国人》取材自动画片,以北京胡同居民一家人老东老西及一对儿女小东小西为主角,介绍其家庭、婚姻、求职等日常工作、生活内容。因视频内容来自动画作品,人物角色塑造与语言均有漫画特点,显得夸张又远离真实,且故事情节呈现出低龄化的倾向,学生表示难以激发学习兴趣,也得不到知识提升;由系列电视剧《家有儿女》改编的同名教材一套三册,每册四个独立单元,相当于原剧一集。每个单元分割成了6课,包含6段3~4分钟的视频。教材内容真实性虽强,但包含大量北京方言口语,难度高,课堂上需要花费大量时间处理生词、添加注释;此外,教材还设计了判断正误、辨析台词、选词填空、词语搭配、完成句子、模仿造句、完成对话、成段表达等传统的技能操练形式,一册16开本的课本共有336千字、376页,一个学期大概只能上完一个半单元,教材浪费巨大,收效甚低。

教材问题也带来了教学上的一系列问题,为了完成课本练习,课堂上必然花费大量时间解释语言点、反复观看视频片段,其教学方式必然混同于口语与听力的混合体,重点在于考察学习者是否能从输入与输出的层面上掌握某些生词和语法结构的意义与使用方法,而真正的内容和意义则被碎片化地肢解了。因此,尽管"视听说"课程的名称看似有别于传统的口语课和听力课,但其基本理念并未摆脱传统的以生词、语法为纲,以内容为辅的技能教学框架。在这样一个留学生学历教育的大背景下,仅注重汉语技能培养的教学理念显然已经落后于时代潮流,既无法满足汉语言(对外)专业学历生日益增强的知识性、专业性等方面的学习需求,也难以从整体上实现该专业的培养目标。

二、对分课堂——教学改革的创新理念

对分课堂是复旦大学心理学教授张学新(2014)首创的一种教学模式,其"核心理念是把一半课堂时间分配给教师进行讲授,另一半分配给学生以讨论的形式进行交互式学习"。我们认为,大学学历教育(含外国留学生)的根本目标是培养学生掌握基本的专业知识,并在此基础上发展独立思考与创新的能力。传统的教师主导的课堂模式虽然有助于建立基础的知识体系,但于开拓、创新思维的培养上却存在弱点,教师满堂灌、学生被动学早已为教育界所诟病,但如何变革却未能落到实处。

当今教育界流行的四大学习理论中,行为主义强调教师传授知识这一角色的重要性,安排刺激,给予知识。建构主义强调学习者在一定环境下,借助他人帮助,利用必要的资源,通过意义建构的方式获得知识。因此要以学生为中心,强调学生主动探索知识、主动发现知识、主动建构知识的能力。人本主义更强调以人的发展为本,强调发掘人的创造潜能,强调情感教育,教师需要营造自由、民主、和谐、融洽的学习环境和氛围,使学习者在轻松愉悦的氛围中更容易地获取知识。认知主义则认为,人的知识是外界刺激和认知主体内部心理过程相互作用的结果,学习过程是每个人根据自己的态度、需要和兴趣,在原有知识和经验基础上对外界刺激进行选择性信息加工的过程。因此教师的任务就是激发学生的学习兴趣和学习动机,将所学知识与学生个体经验建立起联系,而非一味灌输知识。对分课堂借鉴了四

大教育理论的优点,重新定义了课堂和师生关系,实现了对传统教学的实质性变革。主要可以概括为以下几点:

第一,对分课堂强调先教后学,教师讲授在先,学生学习在后,同时也强调生生和师生互动,鼓励自主性学习。这一核心理念,带来了民主自由、和谐轻松的课堂环境,符合人本主义教育理论。

第二,对分课堂把讲授和讨论时间错开,学生在课后一周时间里可以自主安排学习,进行个性化的内化吸收。这种促进主动学习,培养思考和创新能力的理念符合建构主义和人本主义的教育理论。

第三,对分课堂在成绩考核方法上强调过程性评价,关注不同学生的学习需求,让学生能够根据个人实际情况确定学习目标。这为我们提供了在教学评估、学生评价、考试模式等方面的新思路。

对分课堂理念强调教、学、做合一,即不仅把课堂教学看作知识的学习过程,更将其看作知识的应用和创造过程。这既是教育的本质,也是教育的目标,更是课堂教学应该遵循的原则和方法。我们采用对分课堂的教学模式,目的就是要充分调动学生的学习动力,挖掘他们的学习潜能,帮助他们观察、体验真实的社会生活,在解决问题的过程中获得实际的行动能力。因此我们的课改旨在体现教学并重、教学互动、以学生为主体进行课程设计的理念和意识。此外,包含语言技能训练的教学自身有着不同于其他专业学科的授课方式,在教与学这两个环节中也较易于进行对分课堂模式的应用。

三、课改实施方法与过程

基于张学新(2014)对分课堂的理念,我们围绕留学生中高级汉语视听说的课程内容及教学方法进行了一系列改革与创新设计。落实在操作层面上,应遵循以下几点原则。

3.1 讲授

从学科、学生和社会中选取课程资源,重组各个课程要素,建立合理的课程结构体系。跟以往不同,我们不选用固定的视听说教材,而是通过师生合作,在网络上搜索下载符合学科专业特点、具备知识性和趣味性的视频资源,进行编辑加工后供课堂使用。

3.2 内化吸收

教师讲授之后有一至两周时间供学生吸收消化课堂精讲视频内容,对课堂上布置的讨论题进行深入思考,准备下周讨论发言。布置的讨论作业应该针对性强,贴近学生生活经验和身心特点。

3.3 讨论

分组讨论及个别发言环节应该关注"知识、技能、情感"的综合能力培养,以学生为中心,师生合作,共建良好的课堂环境。

我院中高级汉语视听说课程改革从2016年秋季开始实施对分课堂模式,迄今已近三年,涵盖6个学期,三个年级,6个班级。以2017级为例,该年级共有两个班级,学生人数分别为语言文化班21人,商务班30人。我们采用自编视听说教材,每学期大约学习四个单元,每个单元跨度为四周8个课时,每周2节课,共90分钟。视频内容来自网络,内容均跟文化和商务方向相关,如2018秋季学期的话题为"时尚的变迁""阿里巴巴的神话""中国式婚恋""自然的馈赠";2019春季学期的话题为"曲阜三孔""零垃圾生活""中国式父母""食物转化的灵感"。

与对分课堂的模式相适应,授课内容即精选视频采用人工编辑,将一段长度约40分钟左右的视频剪辑成10段,其中5段供上课精讲,耗时两周4课时。后5段交由学生自主学习。要求学生认真视听教师精选的视频内容,课后自主学习视频后半段内容,第3周上课时,学生独立或两人一组以PPT形式向全班同学汇报学习内容,包括视频生词、视频内容概括、分享学习体会、解答其他学生疑问等。最后一周课时主要用来进行教师与学生之间的互动讨论,同时对学生存在的疑难进行解答。具体操作流程如图1所示:

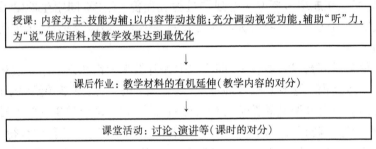

图1　课程流程图

与对分课堂教学模式相适应,我们对学生的评价模式也是过程化的,学生平时的课堂活动参与度、主动性、发言及讨论内容的成效性等,均占有较高的评估分值,占总评成绩的40%。课堂活动模式如图2所示:

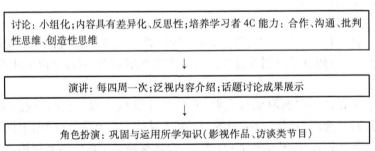

图2　课堂活动模式

四、教学效果

课程改革创新的成功与否,最终还是要建立在教学效果的优劣及其影响力的大小上。为此,我们分别进行了两次教学效果的反馈调查。2017年秋季学期结束前发放的调查问卷,共收集反馈意见17份,从反馈信息可知,对于2017秋季学期所选视频内容,学生从知识性、趣味性、难易度等维度给予了较为中肯的评价,呈现了该专业学习者对于不同话题的需求度。其中,我们发现,内容主题实现知识性、趣味性与难易度的平衡是选取资源的环节中最为重要的任务。一般而言,知识性往往与趣味性呈现反比现象,而与难易度则呈现正比现象。三者平衡最好的是经济类主题的"阿里巴巴的成长史"课程,既包含较高经济知识水平,也不乏趣味性,难易程度适中,是整个学期中最受学生欢迎的一课。而对于内容理解、讨论演讲等师生互动、生生互动形式,学生也多数表现出了较高的需求性,证明内容理解与实践活动很受学生重视。

在春季学期,我们根据上学期的调查反馈信息,对资源库中的视频内容进行了更为审慎的挑选,同时也根据学生对讨论演讲等实践活动的较高需求,在教学方法和学生活动环节进行了相应的调整。学期结束前,共收集反馈信息表24份。

经过调整之后,春季学期的四个单元除"中国人的婚恋故事"外,在知识性、趣味性、难易度三个维度上基本取得了平衡,大都集中在程度较为适中或最为理想的区间内。"中国人的婚恋故事"选取自电视剧《咱们结婚吧》第一集,虽然知识性和难易度处于偏低位置,但学生评价却很高,认为非常有趣,可以很直观地了解中国人的婚恋文化。这一信息透露出学生人群的某些趣味特点。尽管我们一再强调专业化和知识性,但趣味是进入到知识和专业层面的敲门砖。考虑到学生的年龄特点,这仍然应该是我们选取教学资源的一个重要出发点。这也符合人本主义的教育理论。

总体来看,我院中高级汉语视听说的课程改革实现了以下几个方面的成果。

4.1 自主学习

根据 Broady & Kenning(1996)自主学习理论,学习者应该具备责任心、不依赖教师而学习及自由选择,才可以称得上是自主学习。我们的对分课堂教学方法及课程考核方式均促使学习者提高学习上的责任意识,同时鼓励他们自由选择自己感兴趣的视频内容,进行不依赖教师的自主学习。虽然不少学生问题多多,常常对发言内容颇多疑虑,但往往经过一个学期的实践,便逐渐可以从视频资源中准确抽离出值得跟其他学生分享的知识点与语言点。

4.2 深度学习

据赵婉莉、张学新(2018)介绍,深度学习(Deep Learning)由美国学者马顿(Ference Marton)和萨廖(Roger Saljo)首次提出。该理论"强调学习者主动学习及运用知识解决实际问题的能力,关注批判性思维和创新能力的培养"。具有深度学习能力的学习者能够批判性地学习新知识,将其融入原有的认知结构和经验中,同时可以将新知识迁移到新的情境中,提升解决问题的能力。例如,2018春季学期的学习单元之一"中国式父母",介绍了一个在日本长期打工兼职、与妻女分居13年之久的父亲,最终实现了让女儿去美国留学的梦想,并返回祖国的真实故事。视频内容催人泪下,许多留学生视听甚至发言时都流下了眼泪。但是在讨论过程中,也有学生提出了反向思考:为什么这个中国父亲在没有签证的情况下打黑工,电视台却还报道他的故事?这个父亲13年不跟妻子女儿见面,逃避了很多责任,并不是一个好丈夫好父亲等等。这便是我们常说的批判性思维。通过对视频内容的审慎选择,及讲授—内化—讨论的过程,学生获得了内化知识与深刻反思的机会,创新性思维得到了提升。

4.3 资源库更新

在持续充实、更新资源库的过程中,我们可以自如地应对视频资源的时效性、学习者汉语水平参差、兴趣点差异等问题,随时调整课堂内容和学习主题,更换教学方法和活动形式。反之,教学中的这些问题又可以促使我们不断补充新的资源,替代内容过时的旧资源,并将新的教学经验与成果体现在新一轮的师生合作中,不断改进教学模式与教学策略,实现课程目标和实施手段的融合,教学内容与教学方法的统一。

在将近三个学年里,我们的资源库建设顺利完成,共收集到不同主题、不同类型的总量为 40G 的视频资源(含网上资源链接),见附录二。此外,学生在自主学习的过程中,也间接丰富了我们的视频来源,比如,在 2019 春季学期的仅仅两个单元的学习时间里,学生已经为我们贡献了许多新鲜有趣的视频资料,按照话题性质分类如表 1 所示:

表 1

科技类	中关村——中国的硅谷;悬浮颗粒(PM2.5)是什么?
娱乐类	世界上最懒的城市;什么是高级脸?
生活类	健康生活方式;人生整理方式;什么是极简主义?
环保类	北京女孩环保生活方式;如何做到不浪费?
思想类	孔子与《弟子规》

总之,我院的中高级汉语视听说课程在将近三学年的课堂改革实践过程中,基于对分课堂理念实现了教学模式及方法的创新,达到了教学互动与教学做的合一。与此同时,我们也实现了网络材料分类的系统化,充分体现了学科的专业化、知识化倾向。

参考文献

[1] 张学新.对分课堂:大学课堂教学改革的新探索[J].复旦教育论坛,2014,12,(5)

[2] 赵婉莉,张学新.对分课堂:促进深度学习的本土新型教学模式[J].教育理论与实践,2018,38,(20)

[3] Broady, E. and Kenning, M-M.. *Promoting Learner Autonomy in University Language Teaching*[M]. London: The Association for Information on Language Teaching and Research, 1996

附录一:

课程练习设计样稿

秋季学期(2017.9—2018.1)
第五课 源远流长的中国各民族文化

一、难点生词
1. 傣族节俗
无垠、茂密、西南边陲、毗邻、闻名于世、历法、赛龙舟、泼水节、孔明灯、驱邪避鬼
2. 嵩山少林寺
战乱、隐蔽、发源地、慕名而来、绝技、三节棍
3. 乐山大佛
雕琢、漩涡、庇护、无心插柳
4. 张家界天门洞
急弯、耸入云霄、令人屏息、惊心动魄、绝世奇境
5. 万里长城
绵延、祥和、举……之力、防御工事、堡垒

6. 恒山悬空寺

悬崖峭壁、遮风挡雨、延年益寿、络绎不绝、坚持不懈

7. 吐鲁番坎儿井

谙熟、俯瞰、水利工程、枯萎、俯瞰、晾制

二、描述性问答

1. 请描述一下傣族、维吾尔族的传统服饰在色彩、款式上的特点，并和常见的汉族服饰比较一下。

2. 你是否注意到傣族和维吾尔族的房屋、日用品和环境等方面的特点？

3. 请描述一下视频中的乐山大佛是什么样的。

4. 你去过视频中提到的长城吗？请给大家描述一下长城。

5. 请描述一下张家界的景物特点，并说明它与美国影片《阿凡达》之间的关系。

6. 你是否注意到视频中提到的孔明灯？你可以判断一下孔明灯是用什么材料制作的吗？

三、理解性问答

1. 傣族的节俗跟汉族有哪些异同？

2. 少林功夫跟其他功夫有什么不同？它的宗旨是什么？它对世界文化的意义是什么？

3. 乐山大佛为什么会建造在山壁上？

4. 天门洞的奇幻表现在哪里？

5. 秦始皇为什么要修建长城？长城的伟大表现在哪里？

6. 人们为什么要在恒山的悬崖峭壁上建造寺庙？

7. 坎儿井是一处什么样的工程？

8. 放孔明灯的寓意是什么？请介绍一下你们国家或民族是通过什么方式表达这种寓意的？

四、视听扩展——活动与讨论

1. 活动设计：

（1）分组：以小组为单位，在网上查询孔明灯的制作方法，购买工具和材料，做一个孔明灯，带来教室。看哪个小组的孔明灯做得精致、漂亮、有特点、能真正升入夜空。

（2）分组：查资料，看看有无关于孔明灯的传说，中国有哪些民族或者哪些地区有放孔明灯的习俗，然后以小组为单位，在课堂上进行汇报。

2. 你们国家或民族有哪些独特的水利工程？请向同学们介绍一下。

3. 为什么说中国各民族的文化源远流长？请根据视频内容总结一下。

春季学期（2018.3—2018.7）

第四课　中国人的婚恋故事：相亲

一、难点生词

序幕：1. 名不虚传　2. 靠谱　3. 人品　4. 剩女　5. 单亲　6. 死无葬身之地　7. 皇上不急太监急

杨桃港男相亲记：1. 三天两头　2. 过劳死　3. 可观　4. 姿色　5. 牛气

杨桃果然相亲记：1. 抵触　2. 草木皆兵　3. 正儿八经　4. 纠结　5. 知根知底

6. 光天化日之下　7. 违章　8. 走眼

相亲后续：1. 般配　2. 撮合　3. 横行霸道　4. 通情达理　5. 翻江倒海　6. 此起彼伏　7. 连绵不绝　8. 大度

二、描述性问答

1. 请概括一下杨桃、果然的基本信息。
2. 请描述一下杨桃、港男小范和果然的外表。
3. 请谈谈你对三个年轻人和两个妈妈的基本印象。
4. 请描述一下杨桃和港男初次见面的场景。
5. 请描述一下杨桃和果然初次见面的场景。
6. 请描述一下杨桃和果然在交通执法站的时候发生了什么事？

三、理解性问答

1. 谈谈杨桃和果然对相亲的看法、对结婚的想法，以及两位母亲的要求。
2. 港男小范来找杨桃干什么？他的真正目的是什么？他是如何介绍自己的？这次"相亲"的结果如何？
3. 家人要安排杨桃果然见面相亲，他们分别是怎么劝说对方的？
4. 姐夫西风如何分别对杨桃果然描述他们互相之间的看法？杨桃妈妈对果然的看法发生了什么变化？西风为什么要安排杨桃果然再次见面？
5. 请分析一下杨桃果然的性格。

四、扩展讨论

1. 你如何看待中国人相亲这一文化现象？如果你到了一定年纪还没有对象，你会接受相亲吗？
2. 你们国家男女在相亲时最看重对方的什么条件？最近二十年来，这些条件有没有发生变化？人们的爱情婚姻观有哪些值得注意的变化？

五、活动设计——角色扮演

1. 分小组进行角色扮演，模拟一下杨桃和小范的相亲场面、杨桃和果然的相亲场面、杨桃和果然在交通执法站的场面。
2. 分小组设计一个比较有创意的相亲活动，安排同学扮演不同角色，在全班同学面前表演。

附录二：

资源库的建设与使用说明：

从目前网络综艺节目、纪实节目、新闻节目、优秀影视作品以及自媒体视频中选材，材料内容上可划分为地理、民俗、经济、家庭、科技、教育、美食、传统文化等与文化、商务、医学方向相关的知识板块，形式上可划分为纪录片类、访谈类、影视类、综艺类、课后小视频类等，既注重材料的国际化、趣味性、知识性，并尽量涵盖叙述、旁白、对话、讨论、辩论等不同交际策略。

在进行视频材料选取与分类、剪辑的同时，按内容板块建立数字资源库，同一板块的内容可以由多帧难度不一、长度为3—5分钟的视频短片组成，教师备课时，可凭借关键词搜索出适合班级汉语水平与学习难度的视频内容，进行筛选，随取随用。

目前收集到的视频资源按主题分类如表2所示：

表 2

视频内容分类	中 国 式 话 题
地理	《世界遗产在中国》《鸟瞰中国·源远流长》
历史	《中国古代名将》
民俗	《中国风水文化》《中国民俗大观》《我的中国梦：中华绝技》
美食	《源味中国》《舌尖上的中国》《寻味春节 2017》
文物	《如果国宝会说话》《国家宝藏》
	现 代 性 话 题
科技	《人工智能改变生活》《伟大工程·上海地铁》《走遍中国》之"人工智能改变生活"
生活	《时尚中国》(上、下);《含泪活着》(上、下)
教育	《中国老师来了》《盗火者：中国教育改革调查》
医学	《姚贝娜角膜捐献全纪录》《生门》《生命缘》
经济	《马云和他永远的"少年阿里"》《国货的前世今生》
当代中国人	《四大名助》(女白领欠贷买十套房;老婆爱我不如爱一条狗);《咱们结婚吧》(第一集);《我的前半生》之"卖鞋";《欢乐颂》之"片头人物出场";各类访谈录
	国 际 性 话 题
	《世界青年说》之"各国的足球文化";"未来科技是否将主宰人类?""你是不是有手机依赖症了?""各国有趣的电影文化各国有哪些代表性的美食""追求梦想有没有年龄的限制?""酒是不是交际的利器?""如何看待网络谣言和网络暴力""为长相而自卑,应不应该?"

上表中的视频资源部分已经下载,部分受版权保护,未能下载,现将 2017 年 9 月至 2018 年 6 月汉语言专业(对外)二年级本科生汉语视听说课程的部分资源链接举例如下:

《世界青年说》选用:

1. 20150604　主题:酒是不是交际的利器?

http://v.youku.com/v_show/id_XMTI1NTA2OTA0OA==.html? spm=a2h1n.8261147.reload_201506.1~3~DL~DT~A&s=368552b8d38911e4b522

2. 20150611　主题:如何看待网络谣言和网络暴力

http://v.youku.com/v_show/id_XMTI2MDQxMjk4OA==.html? spm=a2h0j.11185381.listitem_page1.5!9~A&s=368552b8d38911e4b522

3. 20150702　主题:为长相而自卑,应不应该?

http://v.youku.com/v_show/id_XMTI3NTg1NDQwOA==.html? spm=a2h1n.8261147.reload_201507.1~3~DL~DT~A&s=368552b8d38911e4b522

4. 20150709　主题:追求梦想有没有年龄的限制?

http://v.youku.com/v_show/id_XMTI4MTEzNjkxNg==.html? spm=a2h0j.11185381.listitem_page1.5!13~A&s=368552b8d38911e4b522

5. 20150716　主题:你是不是有手机依赖症了?

http://v.youku.com/v_show/id_XMTI4NjQ1MjgxNg==.html? spm=a2h0j.11185381.listitem_page1.5!14~A&s=368552b8d38911e4b522

6. 20150730　主题:结婚是不是一定要买房?

http://v.youku.com/v_show/id_XMTI5NzQ4ODI0OA==.html? spm=a2h0j.11185381.

listitem_page1.5！16～A&s=368552b8d38911e4b522

7. 20150813　主题：各国有哪些代表性的美食？

http://v.youku.com/v_show/id_XMTMwODk5NTU4MA==.html？spm=a2h0j.11185381.listitem_page1.5！18～A&s=368552b8d38911e4b522

8. 20150924　主题：各国有趣的电影文化

http://v.youku.com/v_show/id_XMTM0NDE5MjEyNA==.html？spm=a2h0j.11185381.listitem_page1.5！23～A&s=368552b8d38911e4b522

9. 201501112　主题：未来科技是否将主宰人类？各国有哪些对人类有重大影响的科技发明？

http://v.youku.com/v_show/id_XMTM4NDcwNDYzNg==.html？spm=a2h0j.11185381.listitem_page1.5！30～A&s=368552b8d38911e4b522

10. 20160303　主题：为人处世应该 be nice 还是应该"爱撕"？

http://v.youku.com/v_show/id_XMTQ4OTExMzIwMA==.html？spm=a2h1n.8261147.reload_201603.1～3～DL～DT～A&s=dd8890c08da111e5a080

11. 20160114　主题：各国的足球文化

http://v.youku.com/v_show/id_XMTQ0NTYwMDc2OA==.html？spm=a2h1n.8261147.reload_201601.1～3！2～DL～DT～A&s=dd8890c08da111e5a080

12. 20160310　主题：不会网络购物是不是就 OUT 了？

http://v.youku.com/v_show/id_XMTQ4OTExMzIwMA==.html？spm=a2h1n.8261147.point_reload_201603.5～5～5！2～5～A&s=dd8890c08da111e5a080

《四大名助》内容：生活中形形色色的烦恼。选用：

1. 161006 期　女白领欠贷买十套房

http://www.iqiyi.com/v_19rr9ns4e8.html？vfm=2008_aldbd

2. 161117 期　仗义老公治友妻不孕

http://www.iqiyi.com/v_19rr9asibs.html？vfm=2008_aldbd#curid=570011300_500753387aa2fc770bac79b1af208c2d

3. 161208 期　老婆爱我不如爱一条狗

http://www.iqiyi.com/v_19rra7y7fk.html？vfm=2008_aldbd#curid=581697100_df0a7cef00d58071dd87663068e4211d

《如果国宝会说话》选用：

1.《后母戊鼎：国之重器》

http://tv.cctv.com/2018/01/02/VIDEhYltmSRm3iD0iPnbvIBV180102.shtml

2.《鸮尊：一只猫头鹰的待遇》

http://tv.cctv.com/2018/01/03/VIDE3TeavJK4A5EUogdZjbKz180103.shtml

3.《太阳神鸟金箔：照耀古今的光芒》

http://tv.cctv.com/2018/01/04/VIDEAwYr4ENpFP6qdrR6tb0c180104.shtml

4.《大克鼎：一本打开的青铜之书》

http://tv.cctv.com/2018/01/04/VIDEdeKBO0a2cuI5YSzjp2MB180104.shtml

5.《越王勾践剑：胜者为王》

http://tv.cctv.com/2018/01/05/VIDEafytsUAhGEFDRvcyMMq8180105.shtml

6.《虎符:执于掌心间的千军万马》
http://tv.cctv.com/2018/01/08/VIDECmi8lYmSEddlsoKgmAae180108.shtml
央视网《走遍中国》
1.《人工智能改变生活(1)会思考的机器》
http://tv.cctv.com/2018/03/19/VIDEsil2xI6hdzsfeL4MvNfZ180319.shtml
2.《人工智能改变生活(2)智能支付》
http://tv.cctv.com/2018/03/20/VIDEHBZFRIFdYRJByTasud7j180320.shtml
3.《特色小镇(3)陆家:"智"造童趣》
http://tv.cctv.com/2018/04/05/VIDEYtciva56jEfZ6hN0q3Zn180405.shtml
微视频"蛮布讲理"系列
特点:动画形式,3分钟时长,内容贴近生活,形式轻松活泼,语言比较简单。
比如:
1. 愚人节
http://v.youku.com/v_show/id_XMzUwMTU1MTA2MA.html?spm=a2h0j.11185381.listitem_page1.5!3~A
2. 古人的休假
http://v.youku.com/v_show/id_XMzU2MTc1NTQ2MA.html?spm=a2h0j.11185381.listitem_page1.5~A
3. 手势与含义
http://v.youku.com/v_show/id_XMzQ2ODE3Mjg3Mg==.html?spm=a2h0j.11185381.listitem_page1.5!4~A
微视频:日食记
内容:美食制作教程。
特点:几乎没有有声台词,没有对话。只有背景音乐和非常简单的文字字幕。画面唯美,步骤清晰。适合让学生看了以后练习口头描述。也可以就其中的小情节设置问题让学生回答。例如:
1. 沸腾虾
http://v.youku.com/v_show/id_XMzU1MDY3MDUzNg==.html?spm=a2h0k.8191407.0.0
2. 意式肉酱面
http://v.youku.com/v_show/id_XMzQ5ODE2MTAyNA.html?spm=a2h0j.11185381.listitem_page2.5!92~A
3. 千层风琴土豆
http://v.youku.com/v_show/id_XMzQ3Mzk3NzY4NA.html?spm=a2h0j.11185381.listitem_page2.5!89~A
中文歌曲:央视·经典咏流传
1.《行香子》(凤凰传奇)
http://v.youku.com/v_show/id_XMzQ4OTEyMjA4MA==.html?spm=a2h0k.8191407.0.0&from=s1.8-1-1.2
2.《行香子》童声合唱
http://v.youku.com/v_show/id_XMTQxMTQzMzI2NA==.html?spm=a2h0k.8191407.0.0&from=s1.8-1-1.2

支架式理论在初级汉字教学中的应用

纪晓静

（复旦大学　国际文化交流学院，上海　200433）

摘　要：本文以支架式理论为基础，探讨支架式教学理念在初级汉字教学中的应用实践。该教学模式以建构主义的核心思想为依据，探索以学生为认知主体、以培养学生汉字自主学习能力为目标的汉字教学，通过在教学过程中基于学生"最邻近发展区"为学生系统搭建各种有助其习得汉字的辅助性支架，鼓励学生发挥主观能动性以独立探索及合作学习等方式逐步实现汉字能力的提升。

关键词：支架式理论；建构主义；汉字教学；应用

一、引言

本人自 2015 年 9 月起被公派至一所海外英语国家的孔子学院担任汉语教师。这里的汉语教学发展已成规模，每年开设包括初、中、高级在内的十余个班级的综合汉语课程。笔者在不同班级的汉语教学中发现一个较为普遍的问题，不论是初级还是中级班的学生认读汉字的能力整体相对薄弱，只有极少数学生能够独立使用汉字书写或打字。针对这一现象，我对所教授的学员进行了一对一个别访谈，并与其他任课教师进行了沟通和交流，从而对学生的汉字学习情况及之前汉字教学的方法和模式有了基本的了解。学生汉字能力薄弱的现象可以基本归结为三个主要原因：第一，学生普遍在心理上对汉字有畏难情绪，先入为主觉得汉字是无法逾越的大山，因此尽可能回避对汉字的学习；第二，教师对汉字读写教学缺乏足够的重视，重读轻写，书写比重偏低，只停留于机械的模仿书写和认读练习，缺乏对汉字系统特点和规律的讲解以及对学生汉字意识的培养；第三，虽多数学生认同汉字学习的重要性，但对汉字的兴趣和学习动机不足，因而课下缺乏后续的跟进和巩固。

根据访谈及调查，目前海外成人汉语教学中较为典型的汉字教学方式为语文并进的模式，即在教授教材内容的过程中进行随文识字的教学，即将汉字教学融入词汇教学板块中，普遍的教学方式表现为将词语标注拼音，逐词教授发音并通过示范带领学生反复认读的方式使其熟悉汉字的字形，并将词语置于句子中进行认读练习，只读不写，汉字教学多停留在认读的层面，以留出更多的时间进行其他技能的训练，教师只针对个别重点汉字或笔画复杂的汉字进行简要讲解，缺少对目标汉字进行详细分析解释以及示范带领学生书写汉字的训练。大多数教师只在汉语入门阶段简单介绍汉字的构型特点及基本笔画顺序，在之后的教学中就忽视了汉字书写的教学，以为学生已掌握了汉字的笔画顺序即可以自行课后练习并通过课堂上的朗读训练即可使学生识认汉字。可教师普遍反映实际教学效果并不理想,学生的认读和书写能力并未得到提高。究其原因,汉字的独特性在汉语教学中并没有被突显,汉字教学未受到充分的重视,"汉字有自己的特点,不同于拼音教学,汉字与汉语的关系也有自己的特点,不同于拼音文字与其所属语言的关系,因此,汉语教学的路子应当有别于使用拼音语言的教学路子"(吕必松,1999:13)。

基于以上汉字教学中存在的普遍问题,如何在教学任务重、课时有限的综合课堂教学中有机融入汉字板块,探索出汉字教学的新路子,以使汉字习得效果最大化并从根本上培养学生的汉字能力,提高学生的汉字学习兴趣,成为我长期以来教学实践和探索的目标之一。

我在三年多的教学中不断尝试将支架式理论引入初级班的汉字教学环节,经过几个学期的尝试和改进,该教学模式收到了学员们良好的反馈,学生普遍反映非常喜欢汉字,不再觉得汉字那么陌生而无从下手,很多学生课后主动练习书写汉字或者在电子设备上打字,汉字认读能力也显著提高,多数学员可以无纸化输入汉字,有少数可独立书写。

二、支架式教学理论

2.1 支架式教学理论内涵

支架式理论是由美国教育心理学家布鲁纳等人在20世纪70年代末提出的一种教学理论,其观点受到苏联心理学家维果斯基著名的"最近发展区"理论的影响。"最近发展区"指学习者目前具有的实际能力与将在教师指导下达到的下一个潜在能力之间的距离。支架式教学理论的核心思想为,有效的教学应围绕学生的邻近发展区,即从学习者现有的实际水平入手,着眼于其潜在的发展能力,按照学生的理解力和已有经验为学生搭建帮助其理解知识和发展能力的支架,通过支架作用调动学生的积极性,发挥其潜能,使其超越最邻近发展区而达到更高一级次的水平,然后在此基础上进行下一个发展区的发展。在这一过程中随着学生能力的不断攀升,支架随之相应减少及至最后全部撤走,使学生成长为一个独立的学习者并进而从事更高水平的认知活动。支架的本意是建筑领域中使用的脚手架,这里用以借指教师为学习者搭建的引导并支持其能力稳步发展的辅助平台。

2.2 支架式教学理论基础

支架式教学理论基于建构主义学习观,视学生为学习的主体和意义的主动建构者,以培养学生自主学习和实践应用的能力为最终目标。强调教师在教学中首先要激发学生的学习兴趣,帮助学生形成学习动机,并在整个教学过程中以意义建构为中心,通过创设符合教学内容要求的情境和提示新旧知识之间联系的线索,帮助学生完成和深化对所学知识的意义建构。建构主义学习观同时还强调各种信息资源对于学生学习过程的重要性,以全方位帮助学生通过主动探索和协作式学习获得能力。

2.3 支架式理论应用于汉字教学的意义

汉字教学向来是汉语教学中的难点和重点,特别是西方学生中文学习中的拦路虎。汉字数目繁多,构词能力强大,汉字的学习是一项长期而艰巨的任务,并非一蹴而就。课堂有限的教学时间只能以有效的方法引领学生入门,提高其汉字学习的动机和兴趣,授之以渔。汉字学习的成功需要学生长期持续的独立探索和学习,学生汉字自主能力的培养至关重要。"汉字教学的任务不仅仅是帮助学生识字,更重要的是培养他们的汉字自学能力……学生的

自学能力才是核心能力。"(周健,2009:46)

支架式教学理论强调学习者作为认知主体的主动性,通过在教学过程中为学生搭建各种有利于激发其主观能动性并促进其能力发展的支架,使学生经历必要的思维过程,加深对所学知识的感悟和理解,并在支架的帮助下使其能力一步一步阶段性攀升,逐步认识到自身潜在的发展空间,对日后的独立学习起到潜移默化的引导作用。支架式教学理念与汉字教学的目标完全契合,因此将该教学理论应用于初级阶段的汉字教学具有重要的实践意义。

三、支架式理论在汉字教学中的应用

汉字教学是一项长期的持续的过程,我们将汉字教学的宏观目标设定为以下四方面:1) 汉字认读能力;2) 辨识形声字及其形旁、声旁的能力;3) 词语切分能力;4) 正确输出汉字的能力(通过电子设备输出汉字或书写汉字的能力)。初级汉语教学对于汉字能力的培养也应基于这一长远目标。我所在的孔院开设的汉语课型为综合课,汉字教学的任务只能包含在综合课教学板块中,在初级阶段的每堂课上基本上都安排汉字教学的环节,在教学中采用的是随文识字,语文并进的原则。初级班分为四个学期,共八十课时,在汉字方面的微观教学目标设定为,着重培养学生的汉字意识,结合汉字系统知识的讲解以训练学生对汉字部件的敏感性以及各部件之间的组合规律的理解,使学生能独立正确认读至少 300 个汉字,独立书写汉字虽然并未被设定为教学目标之一,但教授汉字的书写是教学中的重要内容之一,因为手写汉字是帮助学生记忆、识认汉字的有效途径。初级汉语教学的内容从最基本的汉字知识开始。教师在每一堂课前紧密围绕教学目标将复杂的学习任务加以分解,设计有利于学生主动学习的情境,通过系统有序地搭建,协助其建构并内化汉字知识和经验的多种形式的支架,使学生多方位多层次地感知和理解教学内容,在主动探索及实践过程中实现意义建构,再逐渐过渡到自主学习及合作学习,及至最后撤掉支架独立学习,实现汉字自主学习能力的逐步发展。以下从汉字教学的各个层面介绍在教学中的具体应用。

3.1 汉字教学导入

支架式教学理论强调学生为学习的主体,在教学中激发学生的主观能动性。对于刚刚开始汉语学习的零起点学生来说,了解汉字学习的必要性是帮助其树立学习动机的关键,是帮助学生进入学习情境的必不可少的前奏。教师可从以下几个方面简要有序地说明。汉字是记录汉语的基本符号,是汉语言和文化的载体,拼音只是汉语学习者的工具,从不出现在除了语言学习资料外的日常书面文本中,因此汉字学习是汉语学习者不可回避的必要环节。如果不学习认读汉字,会加重词语学习记忆负担,也会在日常交际中受到困扰或误解,造成交际受阻。汉语是语素文字,汉语语音构成的音节有 400 多个,配上声调共有 1 600 多个音节组合,但实际使用的只有 1 300 多个,而现今通用汉字有 7 000 多个,因此同音不同形的汉字很多,同音词比率也很高。可通过常用的同音字举例说明,如:zuò——做 do/作 work/坐 sit/座 seat/等,也可通过有趣的句子说明,如:他坐在座位上做今天的工作(用拼音写出,教师具体解释)。或以同音词举例,如:rénshì 人事 HR/人世 world/人士 personage,等等,类似具体的例子有助于学生直观感受学习汉字的重要性。

对于视汉字为天书的西方学生,还需采取有效方法帮助其排除对汉字的畏难情绪,发挥其主观能动性和积极性主动投入汉字学习。可以通过以下三点入手:第一,使学生了解汉字是有限的,并非像英文单词那样难以计数,减轻学生的心理负担。当今通用汉字 7 000 多,但只要掌握 1 000 汉字,即可阅读 92%的书面资料,2 000 个常用汉字可覆盖 98%的书面资料。第二,可在课上播放一些经典汉字视频资源,例如经典汉字动画片《三十六个字》,该片以生动有趣的方式通过讲解 36 个主要的象形文字来说明中国文字的起源故事。汉字是以象形符号为基础而产生的表意文字,从象形字入手,学生可以从中直观地了解汉字的主要特点,感受汉字的趣味性,从而唤起对汉字学习的兴趣。第三,教师也可以在网上或其他渠道查找类似的资源或软件展示给学生,使学生感受汉字的形态美、构造美,从心理上愿意主动学习汉字。

3.2 汉字基本知识教学

在正式开始随文识字的教学之前,应根据第一堂课的汉字教学目标设定学生的最近发展区,对于未接触过汉字的零起点学生来说,其"最近发展区"应该是关于书写汉字的基本笔画、汉字的构形理据以及汉字的结构层次,围绕这些内容搭建一系列教学支架使学生一点一点建立对汉字的基本认识,形成对汉字构形的基本概念。

3.2.1 汉字基本笔画教学

汉字笔画书写的训练可以结合数字 1—10 的汉字来进行,因为最基本的汉字笔画如横、竖、撇、捺、点、横折、竖弯钩等都包含在这些字中,在指导学生掌握读音之后,可以通过展示 PPT 中的多媒体汉字动画演示来示范如何书写,带领学生一笔一画地模仿练习,使其在学会书写这些简单常用字的同时掌握汉字基本笔顺,这样既可以拉近学生与汉字的距离,改变对汉字复杂如天书的认识,又使机械枯燥的笔顺练习变得有意义,而且节省了宝贵的课堂时间。在学生书写的同时,教师可以强调笔顺先上后下、先左后右、先横后竖、先撇后捺、先外后内再封口这些基本笔顺规则,并提醒学生仔细观察模仿具体笔画的长度、结构比例等。在结束书写后可适当补充其他一些基本笔画,但无须穷尽,可以在日后涉及相关汉字的教学时具体地讲授。

3.2.2 汉字构形理据教学

在掌握基本笔画之后,可进行汉字构形理据的简单讲解,搭建学生对汉字的造字概念形成的支架,为学生后续正式的汉字书写学习做好铺垫。这样有利于改变学生认为汉字杂乱无章神秘无序的偏见,了解汉字的构形其实有章可循、有理可据。教师应按造字法产生及演变的顺序简要介绍汉字四种基本造字法:象形字、指事字、会意字及形声字,由于其产生顺序反映了人类思维由简单到复杂、由具象到抽象的发展过程,有助于学生对汉字发展的逻辑脉络大致有所了解。可简单讲解其造字的原理和方法,并选取笔画相对简单的典型汉字作为示例,使学生直观地了解汉字构造的理据性及规律性,并通过书写加深印象。

例如,象形字是以简单的线条勾画事物的外形轮廓的造字法,可选取:人、日、月、田等例。通过展示字形及相关事物图片或图画,使学生直观感受象形字与其意义之间的联系,帮助其理解象形造字法原理,同时可借助图片展示汉字自古以来的几种主要书写变体,使学生清楚地了解汉字字形几千年来的演变过程,对汉字的发展有感性的认识。

然后可再展示几个常见字如:女、木、女、马等,通过搭设问题支架,以及原始甲骨文或篆书字体的图片支架,启发学生发挥想象建立字形与字义之间的联系,为其理解后续逐渐复杂和抽象化的造字法做好铺垫。由于象形字为汉字造字法的起源,是其他造字法产生的基础,成为绝大多数汉字的构形部件,因此可在讲解时提供汉字动态笔顺带领学生模仿书写,加深对这象形字的理解和认识。之后可适当通过游戏活动,鼓励学生进一步独立探索,巩固思维认知的发展。

第二类造字法为指事字,是用象征性符号或在象形字上加提示符号来表示的造字法,可选取:一、二、三、上、下等。讲解其符号构形理据,并请学生动手书写,进一步巩固汉字笔顺规则。

会意字是在前两种汉字基础上产生的代表更复杂、抽象概念的造字法,由两个或两个以上的象形字或指事字构成,表示其合成后的意义,可选取与前面列举过的象形字相关的汉字举例,使学生的思维有序地基于现有水平沿着最近发展区继续攀升,可选取:好、男、休、明、卡等,可以"好"为例,通过展示图片左边代表女子的形体和右边的孩子的形象,使学生充分了解"女"及"子"字的含义,并且了解"好"字在中国文化中的本义来源。在解释例字的造字理据后,逐一展示其他几个会意字,可通过提示方式引导学生联系各部件的意义来猜测完整的字义,很多学生会猜对,感受到汉字造字的趣味性和理据性,并产生汉字学习的初步成就感。

形声字是在前三种造字法基础上,由表示意义范畴的形旁(意符)和表示声音类别的声旁(声符)组合而成。可选取:妈、骂、认等,在教授发音以前可鼓励学生思考汉字的读音,开始可忽略声调,然后告知正确声调,使学生直观了解形声字的特点。教学中应当指出形声字是最能产的造字形式,占汉字的百分之八十以上,并在日后的教学中着重培养学生对形声字的识别。

汉字的结构并非单一,包含多种层次,对于习惯了以字母编码形式来识别文字的学生来说,在汉字学习中要适应以字形编码的思维过程。由于汉字的构形绝大多数为合体字,且字形的结构层次多样,汉字的识别体现出从整体到局部的特点,因此有必要在学生正式开启汉字学习之前,对汉字的结构层次特点有所了解,使学生对汉字的结构产生敏感性,有助于加快对汉字信息的储存和提取。在学生对汉字的构形理据有所了解并在书写以上汉字后,可将列举过的汉字归类,请学生观察并概括各组汉字的结构特点,以鼓励学生独立探索,在现有汉字知识的基础上进一步了解汉字的特点。教师进行概括总结,并强调书写的结构及笔顺规则。

(1)人　上　下　木——独体字,单一结构
(2)日　田——独体字,单一结构,先框架,再进入,最后封口。
(3)好　休　明　妈——左右结构,先左后右
(4)男　骂——上下结构,先上后下

为了方便学生课后的自主汉字学习,教师可向学生提供多种有关汉字的信息资源包括汉字网站、手机软件、电子词典、汉字视频、工具书等以供学生随时查阅。

3.3　课堂随文识字教学

在综合汉语课上,随文识字的汉字教学属于词语教学部分中的初始环节。汉字教学的目标设定为教授学生认读词语,培养学生在书面文本中识认所学词语的能力。教师遵循最近发展区理论,基于学生目前已有的汉字知识结构着眼于学生的最近发展区,层层搭设汉字意义理解及汉字书写的支架,使学生的汉字能力逐渐攀升。在教学过程中,教师首先示范领读词语并释义,然后以自下而上的字本位方式入手讲解汉字,着重于象形字、指事字、形声字、会意字的教学。在结合字形讲解字义的同时,教师可选取一些高频且笔画不过于复杂的

汉字带领学生按正确笔顺进行书写。对于象形字的教学，可通过展示古代字形或借助图片、图画等帮助学生建立意义联想通道，加深学生对象形字的理解和记忆；对于指事字的教学，可通过对指事符号的讲解以及画图并解释的方式展示符号与字义之间的概念联系，有意培养学生建立对汉字构形理据的认知，例如汉字"上"，可将底部的一横画成地平线的画面，帮助学生理解地平线以上的事物即为"上"初始代表的空间概念；对于形声字及会意字的教学，着重于引导学生从整体到局部的顺序感知汉字，并根据字形结构拆分，分析汉字的表意偏旁、声符及构形理据，启发学生主动探索汉字的形音义之间的关系。为了使学生加深对字形的识认，可使学生主动模仿动态笔顺书写或者教师亲自示范书写笔顺，学生边书写边读出字音。汉字的偏旁部首最能反映汉字的理据性，应被视为汉字学习的抓手，在教学中着重培养学生的辨识能力。

例如教授"名字"一词时，教师带领学生多次朗读纠音之后，将词语拆分讲授，先展示"名"，解释其基本意义为人的称谓，请学生边朗读其发音，边观察其汉字构形，引导学生判断其结构为上下两部分组成，提示上边的偏旁为汉字"夕"，其义为"傍晚月亮半现，天色近黑"，再引导学生识别下面偏旁"口"为嘴之意，"名"之所以意为"人的名称"来源于古时的传统，可结合两个部件之间的意义联系来展现，即古时日落以后天色昏暗看不清人脸，需要主动开口报出名字，通过这一讲解加深学生对会意字的构形规律的认识，帮助学生强化入门阶段所了解的关于会意字这一构字法的认知。接着在PPT上展示"名"的动态笔顺，请学生模仿书写，边写边重复发音，通过刺激多感官共同作用使学生加深对汉字的认知记忆。讲解"字"时，引导学生注意其上下结构的构形，通过画图或图片提示上面的表意部首为房子或屋顶，下面的"子"通过展示幼童的简笔画提示字义，然后通过解释中国古时有为房子里刚初生的婴儿在身上做记号以便于识认的传统，帮助学生理解"字"所代表的意义，请学生模仿动态笔顺进行正确书写之后，再结合前面所学的"名"强化学生对"名字"一词所蕴含的集口头之名与书面之名的完整意义的理解。同时可讲解该字既属于会意字，又属于形声字的构形特点，使学生对"子"的形旁功能有所了解。在学生书写汉字之后，可将词语结合学生已学的汉字扩展成句，在PPT呈现，训练学生在句中识别汉字的能力。例如：你叫什么名字？他叫什么名字？并使学生两两一组互相问答，进行认读对话练习，以巩固对词语形式及意义的理解和认知，同时进行口头表达的训练。

为了训练学生无纸化输入汉字的打字能力以及同时提高认读能力，教师可在课上示范并鼓励学生尝试在电子设备上以拼音方式或者手写输入的方式打字。也可布置无纸化输入汉字的课后作业帮助学生巩固课上所学的内容，通过练习提高汉字认读能力。

3.4 教学支架的设立

支架式教学重视在教师的引导和启发下使学生主动探索知识的内涵和外延，以实现对所学知识的意义建构和生成，并通过完成一系列教学支架辅助下的学习任务而逐步实现自身能力的提升。在教学中围绕着学生的最近发展区而进行的多角度、层级化的教学活动可以帮助学生通过独立探索、小组协作学习及课后跟进等多层次的学习形式不断巩固并内化所学知识，在现有水平的基础上实现汉字能力的螺旋式上升。

3.4.1 汉字教学环节

（1）在教授具体汉字时，教师秉持授之以渔的原则，通过启发的方式逐步引领学生对汉字的特点进行主动探索。教师可通过提问、提示线索、提供图片或图画等方式，引导帮助学生逐渐建立对汉字结构规律的认知，形成对汉字内部各部件的声旁、形旁的功能认知，以培养学生对汉字结构、各部件形式及功用的敏感性，并通过课件以慢速动态展示书写笔顺动画，带领学生亲自手写汉字，以加深学生对汉字的记忆。

（2）当学生书写汉字之后，可请学生拿出手机或 Ipad 等电子设备（或使用教室里的电脑），在上面通过拼音或手动输入的方式进行无纸化汉字输入，以训练学生识认汉字的能力。在课前教师需指导学生在其手机或电子设备上设置简体汉字的输入键盘。

（3）当教授的新汉字包含学生已学过的表意偏旁或声旁时，教师可以提问的方式引导学生回忆其含义并列举出所学过的包含同部件其他汉字，以帮助学生巩固汉字与内部构件之间的意义或声音联系，不断加深对汉字各部件功能的认识，培养对表意偏旁和声旁的敏感性。接着通过提示性线索启发学生大胆猜测新汉字的意义或形声字的发音，训练学生对汉字的分析能力。

（4）当教授的词语中包含以前学过的汉字时，教师可通过同样的方式引导学生利用旧知学习新知，启发学生说出汉字的意义和发音，并提示所搭配的新语素的含义，鼓励学生主动思考猜测新词语的意义，通过将新旧知识的贯通帮助学生逐步建立起汉语字与字之间语义联系的桥梁。

3.4.2 汉字复习环节

（1）在学完新课之后的复习环节中应设计汉字练习以巩固所学。教师可创建新的汉字学习情境，通过搭建任务支架使学生将所学知识进行整理归纳，促进新知识在头脑中吸入和整合。可将学生分为小组，请大家合作总结出本课所学的表意偏旁，并一起回忆相关汉字，说出发音及字义；再接着延伸任务，请大家头脑风暴本课以前学过的这些汉字部首所包含的其他汉字，合作列举出来并说出其发音、字义及相关词语。以此方式每课滚动复现所学的汉字，既能帮助学生有效克服对汉字的遗忘，同时可逐步深化学生对汉字表意偏旁的功能认知。

（2）当所教授的汉字达到一定数量时，带领学生一起总结常见的表意部首，并将之与其演变成部首前的象形字字形进行比较，使学生熟悉表意部首与象形字之间的关系，树立对部首的敏感性意识，并通过不断复习加深对其含义的理解和记忆。

（3）定期帮助学生总结形声字的特点，并引导学生列举出已学过的形声字，并按上下结构、左右结构、包围结构等进行归类和分析，通过提问启发学生自主识别声旁和形旁，培养学生对形声字的辨识能力。

（4）随着学生汉字数量的增加，教师示范学生将所学过的部首归类制作成表格，标注拼音及含义，并给出字例，请学生照此制作自己的汉字部首小字典，在每一课的学习之后逐步在表格上添加新的部首及相关汉字，教师及时督促并检查。

3.4.3 课后跟进环节

（1）有效的课堂时间对于汉字学习作用非常有限，应采取有效手段保证学生在课后进一步巩固所学。除传统的机械重复书写练习之外，教师可补充布置不同形式的挑战认知的练习帮助学生带着热情自主投入学习，例如列出所学的合体字，请学生独立找出部首相同的汉字加以归类，并写出拼音、字义及相关词语，以此训练学生独立地利用已有的知识总结规律，或者给出汉字的谜面，请学生猜出汉字等，并请学生自己设计汉字谜语，下节课带到课堂与同学互相练习。

（2）教师可利用媒体时代的多种网络资源,帮助学生有效地巩固并延伸其汉字学习。例如可通过社交网络平台——微信建立班级微信群,在群里进行听写练习或比赛,课后布置在微信里打字输入的翻译句子,写句子等形式的作业,鼓励学生在微信里互相学习讨论。

（3）教师应及时掌握数字化时代的多种电子资源信息,及时为学生提供有效的课后自主进行汉字学习或复习的资源,如手机软件、电脑网站等等。值得推荐的手机软件如：Noodle Chinese,Scritter：Write Chinese,Pleco,等等,汉字学习的网站如：https://www.hanzi5.com, https://www.yellowbridge.com/chinese/dictionary.php 等等。

四、结语

将支架式理论引入海外成人汉语综合课的汉字教学板块在实践中取得了显著的成果。支架式教学理论影响下的汉字教学课堂并非呈现出固定的教学模式,其教学的手段和方法应该根据学生的自身特点、学习需求及起点和水平而灵活多样,但其核心理念应围绕以下几点。

4.1 激发学生内在动机,唤起学生对汉字学习的兴趣

教师在入门教学阶段应以学生为本,从学生的心理特点和其母语背景出发,结合汉字有别于拼音文字的特点对汉字的特性进行深入浅出的解释,通过有趣的例子说明汉字学习的必要性,并通过生动活泼的图画、视频等方式来展现汉字的趣味和魅力,帮助学生揭开汉字的神秘面纱,消除其汉字学习心理上的障碍,由浅入深地带领学生进入汉字世界的探索之旅。

4.2 着眼最近发展区设计教学支架

教师在设计教学的过程中应该着眼于学生的最近发展区,并以学生的实际知识水平和能力层次为重要参考点设置合理的教学支架。支架的作用就是有效地帮助学生加深对汉字部件知识的理解以及汉字构造规律的认知、掌握汉字书写的笔顺、解决汉字学习过程中的难点、示范自主学习的过程以实现其汉字自主学习能力的发展。

4.3 支架的形式丰富多样

教学支架的形式并非千篇一律,而是多样化并且与学生自身的实际情况和学习需求相匹配的。支架并不限于问题、图片、图画、笔顺动画、视频、游戏等形式,也可以是课上一个线索的提示,引导式的提问,或是提供给学生的另一种选择,比如对于不喜欢动笔书写汉字的学生,可以允许其在手机上或电子设备上通过拼音或手写输入汉字。除了课上的教学活动外,课后为学生提供多种适合学生独立学习的电子资源、汉字描红本、汉字卡片以及为学生示范制作汉字卡片等等。

4.4 支架的设立处于动态变化中

在教学过程中教学支架处于动态的变化中,应根据学生汉字知识和能力的发展逐渐改变并减少,直至最后完全撤除支架,使学生独立完成任务,实现从知识到能力的转换。例如在经过初级汉字入门阶段后的教学中,如所教授的汉字笔画简单且无特殊笔画,或者词语中包含已学过的汉字,书写教学时则无须展示笔顺动画,可请学生独立书写以检验学生的书写情况,教师只需巡视检查,对于出现的笔顺问题及时给予纠正。另外,根据本人的教学应验,学生在动笔书写100个汉字之后,大多数学生对于新汉字都可以独立快速地以正确笔顺书

写出来。

4.5 通过评估及时检测学习效果

教师应在教学过程中适时地调研学生对所学汉字的掌握情况,通过检查作业及小测验等形式及时评估学生各阶段汉字学习的效果及能力发展的水平,根据评估的结果及时合理地调整教学支架,从而使学生对汉字学习每天都保持兴趣和动机,通过课上及课后的自主学习逐步提升汉字能力。

参考文献

[1] 程可拉. 论外语学习的基本特征:建构与生成[J]. 四川外语学院学报,2006,(4)
[2] 刘珣. 对外汉语教育学引论[M]. 北京:北京语言大学出版社,2000
[3] 吕必松. 汉字与汉字教学研究论文选[C]. 北京:北京大学出版社,1999.
[4] 莫雷. 教育心理学[M]. 北京:教育科学出版社,2007
[5] 邱政政,史中琦. 中文可以这样教[M]. 北京:群言出版社,2009
[6] 徐子亮. 汉语作为外语的学习研究:认知模式与策略[M]. 北京:北京大学出版社,2010
[7] 张和生. 汉语可以这样教——语言要素篇[M]. 北京:商务印书馆,2009
[8] 周健. 汉语课堂教学技巧 325 例[M]. 北京:商务印书馆,2009
[9] Richards, Jack C. & Rodgers, Theodore S.. *Approaches and Methods in Language Teaching*[M]. 北京:外语教育与研究出版社,2008
[10] Orton, Jane & Scrimgeour, Andrew. *Teaching Chinese as a Second Language*[M]. New York: Taylor & Francis, 2019
[11] Hammond, Jennifer. *Scaffolding Teaching and Learning in Language and Literacy Education*[M]. Primary English Teaching Association, 2001
[12] Gibbons, Pauline. *Scaffolding Language, Scaffolding Learning*[M]. Heinemann, 2002

汉字文化教学的内容和途径

胡文华

(复旦大学 国际文化交流学院,上海 200433)

摘 要:汉字教学与汉字文化教学密不可分。汉字文化因素可以根据汉字形音义关系的显示度高低,分为浅层汉字文化因素和深层汉字文化因素。浅层文化因素的显示度高于深层文化因素。从教学来说,浅层的文化因素在汉字教学初中级阶段更突出,而深层文化因素主要体现在汉字教学的高级阶段,但浅层和深层文化要素的某些内容,可能贯穿于汉字教学的所有阶段。浅层汉字文化因素包括汉字结构与造字法、汉字常用部件的职能、汉字字形与音义之间的关系、形声字特点、汉字书法。深层汉字文化因素包括汉字与汉语言的关系、汉字字体的演变以及汉字体现的思维与文化。本文进一步讨论了如何在课程设置、教材编写和教学策略三个方面加强汉字文化因素的教学。

关键词:汉字教学;汉字文化;文化要素教学

国际汉语教育中,毋庸置疑,汉字教学是十分重要的教学内容,而汉字教学必然会涉及汉字文化。但是汉字教学中究竟涉及哪些汉字文化因素,应该如何处理,学界尚未达成共识。有的学者强调,汉字教学中尽管必然会涉及汉字文化,但汉字教学不是文化教学,汉字教学就应该是汉字教学(如卞觉非,1999)。更多的学者在其论著中对汉字文化教学给予了程度不同的关注,如刘志基(1996)、李玲璞等(1997)、张田若(2000)、王立军(2002)、李香平(2006)、孙德金(2006)、周健(2007)、石定果等(2009)、王骏(2011)。深入分析对外汉字文化因素教学的内容和途径,对提升汉字教学效果具有重要意义,本文试就这一问题进行一些讨论。

一、汉字文化教学是汉字教学的重要内容

对外汉字教学的内容是现代常用汉字,目的是教会学生常用汉字的形音义用,让学生能够认读、书写汉字,从而学好汉语(卞觉非,1999)。施正宇(1999)认为,培养学生的汉字能力,就是要培养学生"用汉字进行记录、表达和交际的能力,包括写、念、认、说、查等五个要素"。还有不少学者,如胡文华(2008),强调了培养"字感"的重要性。

汉字教学的过程中,离不开汉字文化因素的教学。汉字文化教学是汉字教学的重要组成部分。汉字教学和汉字文化教学,二者密不可分。

1.1 汉字文化教学贯穿汉字教学的全过程

汉字作为记录汉语言的主要符号系统,从甲骨文到楷书,一直保持方块形外观,字形与汉语中词和语素的音义之间的联系,成为汉字独有的特色。汉字教学的开始,意味着汉字文

化教学的起步。比如,我们教外国学生"一、二、三、四、五、六、七、八、九、十"等数字,除了教学生掌握这些数字的读音和意义,当然要让学生理解和掌握字形,而讲字形,必然会谈到这些汉字的造字法,讲到造字法,也就触及汉字文化了。

汉字文化教学是贯穿汉字教学初中高所有阶段的。田艳(2009)认为,在高级阶段有汉字文化蕴涵的教学任务,但讨论具体教学法时,又认为字理识字法贯穿入门、初级和中级阶段。这意味着,学生初级阶段的汉字教学,汉字文化的内容实际上并不少,如汉字常用部件的表义和标音规律,汉字的结构特点,汉字的象形字、会意字、形声字的特点,汉字的超时空特点,汉字与汉语的关系等,都会在具体的汉字教学中涉及。比如"删"字,教师可以从字形表意的角度去解释。这个字是左右结构,"册"表示古代的汉字书写在竹简或者木简上,对于不恰当的字则用"刂(刀)"来删除。这个字是记载中国古代的生活习惯的,有文化活化石的作用。"册"是初级阶段教学的汉字,"删"是中级阶段教学的汉字,如果在教学中联系上述文化知识,那么不仅有助于学习者加深对"删"这个汉字的结构的理解,而且还有助于对中国文化的了解。

1.2 要把握好汉字文化教学的"度"

在汉字教学中,把握好汉字文化教学的度,十分重要。

我们这里所说的汉字文化教学,不是宽泛意义上无所不包的文化教学,而是与汉字形音义息息相关的文化内容的教学。比如,教学生"风"和"水"这两个汉字,我们可以就"风"和"水"这两个汉字的字形展开,介绍形音义的知识,用"水"的古字形 、 ,让学生了解这个字从象形表意到隶书结构定型的规律,这是应有的汉字文化教学。但是,如果教师在此基础上进一步引申到中国的风水学内容,恐怕就没有必要了。

1.3 汉字文化教学具有丰富的内容

已有研究成果已经为汉字文化教学提供了丰富的资源,奠定了扎实的基础。

从事汉字教学与研究的学者大多重视汉字教学与汉字文化教学的关系。李香平(2006)指出文字学研究对汉字教学的促进作用,特别提出构形规律有助于汉字内容和顺序的安排。张黎黎(2010)主张充分地利用汉字的理据性。孙德金(2006:353—357)归纳的"汉字教学十八法"中,"六书释义法"也旨在从汉字的形义关系入手。周健(2007)提到字词关系、构形构意具有理据性,凝聚历史文化形成书法艺术,重视古今演变、六书理论。在教学技巧中,汉字溯源、形声字的认知和归类、形旁的提示作用、声旁示音规律都跟汉字文化要素有关。张田若(2000)讲汉字的形音义时,落实到六书理论,汉字与汉语的关系,字体演变多字形的影响等。这些都为汉字文化教学内容选择提供了丰富的资源和依据。

二、汉字文化教学的基本内容

如何确定汉字文化教学的范围?王立军(2002)主张从宏观和微观两个角度谈汉字文化。"宏观的汉字文化,是指汉字的起源、演变、构形等基本规律所体现的文化内涵;微观的汉字文化,是指汉字自身所携带的、通过构意体现出来的各种文化信息。"

结合对外汉字教学相关文献的诸多观点,笔者认为,具体来说,汉字教学中的汉字文化因素,是指蕴含于常用汉字形音义背后的汉字相关规律,如构形规律、标音规律以及表意规律,形声字特点,汉字字体演变的历史与常用汉字字形之间的关系,汉字书法,汉字构字理据折射出的汉字思维。

汉字教学中汉字文化因素,根据与汉字形音义关系的显示度高低,可以分为浅层文化因素和深层文化因素。浅层文化因素的显示度高于深层文化因素的显示度。从教学阶段来说,浅层的文化因素在汉字教学初中级阶段更突出,而深层文化因素主要体现在汉字教学的高级阶段。当然,浅层和深层文化因素的某些内容,可能贯穿于汉字教学的所有阶段。

2.1 浅层汉字文化因素

浅层汉字文化因素,是指涉及汉字本身发展规律的一些内容,在教学中伴随汉字形音义用的教学而展开。这些内容,就特定汉字的形音义用的教学而言,似乎不是教学内容的必有因素,但是,事实上,一旦离开这些内容,汉字教学就会变成浮于表面的让学生"依样画葫芦"。

浅层汉字文化因素包括以下几个方面。

2.1.1 汉字结构与造字法方面的文化因素

汉字的结构与造字法,涉及汉字文化因素的内容,指独体字字形和合体字结构的字形理据,合体字的构形规律等。例如,"木"字的笔画、笔顺,意义和用法,这是汉字教学的内容,但是"木"的古字形及其意义,则属于汉字文化的教学内容。

2.1.2 汉字常用部件职能方面的文化因素

汉字常用部件的形、义教学,包括一些形、音教学,应该是汉字教学的内容,但是常用部件的表意、标音或记号功能,可以归为汉字文化的内容。如"戋"这个部件,出现在"载""栽""裁""戴"等字中,这个部件的标音职能的教学,以及其造字之初表示的战争灾难之义,都可以归入汉字文化的教学内容。

2.1.3 汉字字形与音义关系方面的文化因素

关于汉字的性质,黄伯荣、廖序东(1988)和夏锡骏(1992)认为汉字是表意文字,裘锡圭(1984)认为汉字是语素—音节文字。汉字的字形与音义之间的关系,主要是通过形义联系为主,通过记录语义,然后间接记录语音。这其中的规律,对于一个个具体汉字的教学而言,属于汉字文化教学的内容。如"羡"字,字形从羊,从次。"次"的古字形像人张开嘴,两点表示流出的口水。整个字形表意非常形象:一个人看见羊,流出口水。由此表达"羡慕"之意。字形与字义之间的联系具体而形象,字音则是约定俗成的。当我们教学生"羡"字,提以上内容,就是通过汉字文化教学强化学生对这个字的形音义的理解。

2.1.4 形声字特点方面的文化因素

从许慎《说文解字》中的小篆开始,汉字中大部分都是形声字,形声字形旁与声旁的位置关系,形旁与声旁的辨别,是汉字教学的内容。形声字形旁的表意规律、声旁的标音规律和表义信息,形声字的由来,形声字形旁的类化等,属于汉字文化的教学内容。当学生学习一定数量的汉字以后,与形声字相关的文化教学,在初中高级都可以有策略地呈现。

2.1.5 汉字书法方面的文化因素

汉字的形体经过不少字体的演变,从甲骨文开始,方块外观没有改变过,历代以来,形成独特的汉字书法艺术。对于汉字教学而言,汉字书法属于浅层汉字文化教学的内容,可以根据教学实际进行教学和引导。

2.2 深层汉字文化因素

深层汉字文化因素,是指汉字形音义关系的显示度较低的,与汉字发展相关的文化。对于高水平的学生来说,汉字教学中加入深层汉字文化因素的教学,意味着让学生更系统、深入地理解和分析汉字与汉语言的关系,了解汉字如何发展为今天的样子,透过一个个已经认识的汉字,进一步了解汉字体现的思维与文化。

2.2.1 汉字与汉语言的关系

汉字是适应汉语发展特点的文字,汉语言音节不够丰富,使得同音语素现象突出,汉字的字形通过表意为主而创设,则可以做到同音不同形。一个汉字是形音义的统一体,符合古代汉语以单音节词为主的特点,现代汉语中,双音节词为主,一个汉字则基本上对应一个语素。

2.2.2 汉字字体演变

汉字字体的演变,展现汉字从古文字阶段走向今文字阶段的轨迹,从甲骨文、金文到小篆,汉字的结构没有太大的变化,字形更多重表意,而隶变让汉字的结构发生质的变化,直到楷书出现和定型,汉字走上符号化的道路。行书、草书,展现了汉字书法的美,同时,行书又有极大的实用价值,草书中的一些字的写法,也成为我们今天的常用汉字的规范写法,如"乐、专、为、车、龙、马"等。

2.2.3 汉字体现的思维与文化

不少学者都强调,汉字教学要重视引导学生对汉字的认知发展,王骏(2011)归纳了不少学者对汉字认知在学生汉字习得中的作用。而对汉字的认知成果,许慎可谓集大成者,建立部首概念,540部首系统收纳9 353个小篆字体,从此,我们对汉字的认知,利用"六书",学会追根溯源。其实,汉字的造字法充分体现了中国人的思维特点。胡文华(2015)通过对一批汉字的分析,展示汉字的思维之美。石定果、罗卫东(2009)从十个角度选取一定量的汉字,展示汉字中的智慧。

三、科学处理汉字教学中的汉字文化因素

汉字教学中既然少不了汉字文化因素的教学,那么该如何处理呢?下面我们分别从课程、教材和教学策略三方面来讨论。

3.1 课程的角度

首先是可以设立相对独立的汉字课,在汉字课中合理结合浅层汉字文化因素的教学。形义关系的分析、部件意义(表音、表意职能)的讲解、汉字结构的展示等,背后皆有汉字文化内容,这些内容的教学,可由汉字课来承担。

其次是突破现有课程设置模式,将实体教学课堂与网络课堂相结合,实体课堂重点教授汉字的形音义用,适当辅以汉字文化知识教学;网络课堂提供适合学生水平的关于汉字文化知识的阅读材料,加深学生对所学汉字的理解。

另外,可以开设专门的汉字文化或汉字研究选修课程,补充深层汉字文化的教学。

还可以组织课外汉字与汉字文化沙龙,由教师引导学生拓展汉字与汉字文化的学习。

3.2 教材编写的角度

在教材编写方面,白乐桑(1997)《汉语语言文字启蒙》教材提供了一个很好的范例。这套教材在汉字教学与汉字文化教学的结合上颇有创新。

首先,这套教材非常重视汉字教学。《汉语语言文字启蒙》课文后不仅有传统的生词,而

且还增加了一块内容：sinograms memory technique,这一项是汉字教学的内容,每个字展示手写的笔顺,分析字的结构,给出古字形,用英文解释古字形。如"分",结构拆解为"八"+"刀",解释为 eight+knife,古字形后给出的解释是 separate by using a knife。此外,每课后面 civilization 也包含了一些汉字文化方面的内容,如汉字书法、汉字印章等。

其次,除了正式教材以外,我们还应该编写一些适合汉语二语者阅读的汉字文化读物,既有利于帮助学生拓展汉字文化知识,提高学习汉字的兴趣,加深对汉字的认知,也有利于提高学习者的汉字认读和书面阅读能力。

3.3 教学策略的角度

3.3.1 从字形入手,兼顾音义教学,涵盖汉字文化教学

首先,要从字形入手,让学生逐渐明白：汉字的字形体现了固化的字音字义。表意字重形义关系,音乃约定俗成,随之固化成形音义的统一体。如"羊、次、羨、盥、降"等字。

其次,要让学生明白,汉字的字形可以充当意符、音符或者记号。如"又"和"隹"在下面两组字中的职能。

(1) 又：取 友 难

"又"在"取"这个字中表意,代表右手。在"友"中既表意又表音。在"难"字则是纯粹的记号。

(2) 隹：集 焦 谁

"隹"最初指所有小的鸟类的总称,在"集"和"焦"中是表意符号,而在"谁"字中充当表音符号。

再次,教会学生解析学过汉字的字形结构,加强汉字认知。如对"修、辨、裹"三个字的结构分析,可以帮助学习者理解这三个字的构字理据。

3.3.2 重视汉字形音义用的教学,辅以汉字文化的传播

在汉字文化的传播教学中,要明确汉字文化的内涵,关注汉字构形时积淀下来的思维、风俗文化。汉字文化并非涵盖所有的用汉字记录的文化,需要立足于汉字中体现的造字、表词思维的特点,展现凝固于常用汉字形音义中的文化信息——揭示汉字作为中华文化活化石的价值。理解汉字外观成因,理解汉字的结构特点与汉语思维特点之间的关系,展示汉字书写的意义。

总之,汉字教学离不开汉字文化因素的教学,汉字文化因素教学可以保证汉字教学的有效性和科学性。

参考文献

[1] 陈宝国,彭聃龄.汉字识别中形音义激活时间进程的研究[J].心理学报,2001,(1)
[2] 黄伯荣,廖序东.现代汉语修订本[M].兰州：甘肃人民出版社,1988
[3] 马莹,李光杰,蒋晶.汉字文化的构成及其在对外汉字教学中的意义[J].佳木斯大学社会科学学报,2016,(1)
[4] 毛瑞,刘雪莹.关于器物类的"字串"式对外汉字教学[J].高教研究,2012,(12)
[5] 施正宇.论汉字能力[J].世界汉语教学,1999,(2)
[6] 田艳.关于对外汉字教学层次性原则的思考[J].汉字文化,2009,(1)

[7] 王立军.有关汉字文化研究的几个基本理论问题[J].陕西师范大学学报(哲学社会科学版),2002,(5)

[8] 王骏.外国人汉字习得研究述评[J].华文教学与研究,2011,(1)

[9] 夏锡骏.《常用汉字形音义字典》前言[A].常用汉字形音义字典[M].南京:江苏文艺出版社,1992

[10] 张黎黎.字的本质和对外汉字教学[J].湖北师范学院学报(哲学社会科学版).2010,(4)

[11] 胡文华.汉字与对外汉字教学[M].上海:学林出版社,2008

[12] 胡文华.汉字中的思维之美[M].上海:文汇出版社,2015

[13] 李玲璞,臧克,刘志基.古汉字与中国文化源[M].贵州:贵州人民出版社,1997

[14] 李香平.汉字教学中的文字学[M].北京:语文出版社,2006

[15] 刘志基.汉字文化综论[M].南宁:广西教育出版社,1996

[16] 石定果,罗卫东.汉字的智慧[M].北京:北京语言大学出版社,2009

[17] 孙德金.对外汉字教学研究[M].北京:商务印书馆,2006

[18] 张田若.中国当代汉字认读与书写[M].成都:四川教育出版社,2000

[19] 周健.汉字教学的理论与方法[M].北京:北京大学出版社,2007

论初级汉语泛读教学中教师的主导作用

吴 云

（复旦大学 国际文化交流学院，上海 200433）

摘 要：本文认为初级汉语泛读教学的首要目标是巩固、学习和运用各类语言知识，而不是进行阅读技能或阅读策略的训练。教师要对阅读文本中所出现的重点词语和重要句型能作透彻的讲解和有效的操练，以帮助学生不断丰富汉语知识储备，进而提高汉语阅读能力，另外教师也应注重引导学生在课堂上进行适当的口语表达，从而调动学生学习的积极性。本文简要介绍了阅读课的基本教学过程，着重论述教师在泛读课教学中的主导作用，认为教师在充分发挥好主导作用的同时，又能注重突出学生的主体地位，是取得理想教学效果的根本保障。

关键词：汉语泛读教学；语言知识；阅读能力；阅读策略

一、汉语泛读教学的现状与反思

对外汉语教学界对泛读课（阅读课）所形成的基本共识是：泛读教学可以通过阅读大量不同题材的文本来培养学生的阅读技能，提高学生的阅读理解能力。泛读这一课型，于教师而言，一般都认为是比较容易教的，上起来会比较轻松。因为泛读课堂上最重要的教学活动就是让学生读完课文后做练习，而阅读本身则是学生的个体行为，需要由学生自己独立完成，教师只需在学生阅读课文之前进行话题导入，简单讲解一下生词，最后再评讲一下练习即可。然而泛读课实际的教学效果却普遍不如人意，通常是课堂气氛沉闷，学生感觉乏味，因而出勤率也相对较低。泛读课"容易教，但很难教出效果来"，是任课教师们的共同感受。如何在泛读课堂上取得比较理想的教学效果，很多教师对此深感困惑。

我们认为泛读课教学的这种现状，跟任课教师对该课型教学目标的认识密切相关。受分技能教学理念的影响，泛读课重在培养阅读技能，那么其教学目标理所当然应该是：对学生进行阅读技能训练，让学生熟练掌握阅读技巧，养成良好的阅读习惯，在理解的基础上提高阅读速度等。任课教师通常都会把阅读技能或阅读策略训练①当作课堂教学的重点。除了简略的讲解之外，泛读课主要目标就是让学生学会寻找主题句、捕捉细节、预测下文、猜测词义、跳读、略读等阅读技巧，鼓励学生加快阅读速度，同时还注意纠正学生不良的阅读习惯，如指读、查字典等，而学生则在教师的指引下，被动地接受各种指令，在规定时间内尽快

---

① 刘颂浩等（2016）、刘颂浩（2018）引用国外学者的观点，对"策略"（strategies）和"技能"（skills）做了明确区分，认为，一种策略，经过多次重复、多次练习之后，就有可能会成为技能；所以需要训练的是策略，而不是技能；对外汉语学界一般所谓的阅读技能训练，其实是策略训练。

完成阅读任务,做完课后的练习。任课教师一般也都认为泛读课上的生词会辨认、能理解即可,重点句型大概明白意思即可,不予深究,因为要刻意避免上得跟精读课一样。至于表达性练习,课堂上也要尽量少安排,因为泛读课训练的是阅读能力,而不是表达能力。这样的一种教学思路,势必会造成学生所学的语言知识比较粗略,印象不深,而由于学生在课堂上缺少自我表达的机会,也会导致师生之间、生生之间互动交流少。另一方面,目前的泛读教材整体水平尚有待提高,文本的可读性、趣味性不够,课后的练习设计也过于简单,很多题目的答案回到原文中来看,一目了然,根本不用思考。有的教材虽然专门设置了一系列的阅读技能训练,但在实际教学中往往很难进行有效的操练。

学生在泛读课上的学习积极性不高,跟任课教师对泛读教学缺乏准确定位有很大关系,我们要根据学生的实际需求来重新设定教学目标,破除思维定势,走出认识误区,充分发挥教师的主导作用,从根本上解决问题。刘颂浩(2001)曾提出:"对外汉语教学是一种语言教学,语言知识和要素的学习是全部教学活动的核心,在初、中级阶段的教学中更应如此。我们不应把技能训练、策略培训等作为阅读教学的重点,阅读教学最主要的目的是:在理解阅读内容的基础上积累语言知识,进而提高阅读能力。"需要明确的是,汉语泛读教学最根本的目标是提高学生的汉语阅读理解能力,而所谓汉语阅读理解能力也就是指读懂汉语文本的能力,具体来说,包括对字、词、句、段落以及篇章的理解能力。对于外国留学生来说汉语阅读障碍主要来自语言本身,很显然,通过大量阅读来积累以词汇、句式为主的各类语言知识是切实提高阅读理解能力的最重要的途径和手段。所以我们要明确把巩固、学习和运用各类语言知识设定为阅读课教学的首要目标[1],在教学的过程中要针对重点词语和句型进行讲解和操练,另外还要经常组织学生开展口头交际活动,这样才能做到有效的积累,同时也可活跃课堂气氛。学生在充分理解各种题材阅读文本的内容、有效积累各类语言知识之后,汉语字词解码能力自然得到加强,汉语阅读能力也随之提高。至于阅读技能或阅读策略,只需结合课后练习稍加训练即可,而随着汉语能力的提高,学生们在母语学习过程中所掌握的各种阅读技能或阅读策略也会逐渐应用到汉语阅读当中来[2]。

下面笔者将结合自己的教学实践,先简述泛读课的教学过程,然后着重探讨泛读教学中教师的主导作用,以期为如何改进汉语泛读教学提供一点想法和一些具体的实例。我们所采用的阅读教材是张世涛、刘若云编著的《新编初级汉语阅读教程Ⅰ》和《新编初级汉语阅读教程Ⅱ》(北京大学出版社 2018 年 8 月第 1 版),分别简称为《教程1》和《教程2》。跟这两本泛读教材搭配使用的精读教材分别是《拾级汉语》综合课本第 3 和第 4 级。

二、初级汉语泛读课的教学过程

课堂教学中的教学过程是指由不同的教学环节所组成的教学程序。教学过程的设计体现了教师的教学理念,展示了具体的教学环节和课堂活动的组织方式。就阅读教学而言,无

---

[1] 关于对外汉语阅读教学的目标,刘颂浩等(2016)沿用 Grabe(2004)根据当时的研究成果所总结出的观点,Grabe 为阅读教学确立了四个教学目标:1) 学习及运用语言知识;2) 学习及运用阅读策略知识;3) 提高阅读速度和流利性;4) 培养阅读兴趣。我们认为巩固、学习和运用各种语言知识是阅读教学最根本的目标。

[2] 尽管有研究表明不同语言的阅读加工策略略有所不同[参见张辉(1999)的介绍],但实际上不同语言教学中有关阅读理解策略训练的内容和手段都基本相同。

论选择何种教学模式或是采取何种教学方法,一个阅读文本的教学过程都可以分为阅读前准备、阅读训练和阅读后活动这三个阶段。我们主张把"巩固、学习和运用各类语言知识"作为阅读课教学的主要目标,下面简要介绍一下阅读课的教学过程,有些基本教学环节留待下一节中再具体讨论。

2.1 阅读前准备

2.1.1 话题导入,激活学生的知识图式。文章标题通常都能直接反映文章的主要内容,教师以标题作为切入点进行课文导入,激活学生对课文话题已有的相关知识与经验。《教程2》"阅读训练"部分的几篇短文均无标题,但一般都跟主课文的话题相关,教师可结合短文的实际内容用一两句话来进行过渡。阅读文本如果是小笑话或幽默故事,教师应提前告知,让学生带着预期去阅读。

有的文章标题包含重要的虚词或结构,学生虽然学过,但教师也应特别指出其语义及使用条件,提醒学生对汉语在表达上的特点加以留意,甚至可以进行适当的操练,比如《教程1》中的《没有儿子了》和《土豆是什么时候传到云南的》中表事态变化的"了"以及"是……的"结构。

2.1.2 讲解生词,初步扫除阅读障碍。泛读课生词的讲解,由于时间有限,不能充分展开,但要力求做到准确到位、简洁生动,重点围绕课文的主题来释义、举例。生词的学习不应仅局限于辨认和理解,教师讲解时要特别注意跟学生互动,适当提供一些简单明了的例句,有时可带学生一起复述,在学生听懂的同时也能领会如何正确、自然地使用所学的生词,重点词语需要专门操练。阅读前的词汇教学,可以帮助学生初步扫除阅读障碍,为学生的阅读提供语言准备。不过,《教程2》"阅读训练"中的短文没有列生词表,此环节可省略。

2.2 阅读训练

2.2.1 默读并完成练习。要求学生默读课文,读完后,做课后的阅读理解题。如有不认识的词语要划出来,教师对学生默读及做练习的时间有个大概的限定,具体时间依文本长短及题量多少而定,但实际上并不需要严格执行,等绝大多数同学都做完练习后便进入下一环节。

2.2.2 讲解课文中的难词。学生默读时,教师把课文中可能构成阅读障碍的词语写在黑板上,加注拼音,然后巡视学生阅读进展情况,再把学生不认识的个别难词补充到黑板上。在处理练习之前,快速解释一下。

2.2.3 处理阅读理解练习。这个环节主要是检查学生对课文内容的理解情况。教师让学生轮流来读阅读理解练习的题目,说出自己的答案,还要求说明理由。教师要对学生突出、典型的错误发音加以纠正。在处理练习的过程中,教师要注重培养学生从文本中提取信息的能力,适当进行相关阅读技能或策略的训练,帮助学生准确理解练习中出现的重点词句,有时还需要针对某个语言知识点作必要的操练。

2.2.4 总结课文内容。有些文本可带学生做个总结。有的只需复述文中的观点即可,比如《教程2》第9课《找个好工作》,教师可让学生集体说出课文中关于什么是好工作的两种不同观点,这也为接下来的话题讨论作了语言储备。有的则需要教师引导学生用自己的话来进行总结,教师需适当补充新词语,比如《教程1》第1课《公的还是母的》这则小笑话中,教师可以追问:为什么丈夫要说"在酒杯上打死的(苍蝇)是公的,在镜子上打死的是母的"? 然后引导学生说出原因:因为人们一般都认为"男人爱喝酒,女人爱照镜子",从而让学生更好地理解文本内容,同时也学会一些实用的口语表达。

2.2.5 补充社会文化背景知识。有时教师可结合文本实际内容适当补充一些中国社会文化背景知识,以增进学生对中国社会现实的了解。比如文本内容涉及中国的多个城市,教师应针对学生不熟悉的几个城市作简要介绍。如阅读文本是列车时刻表,教师应解释为何中国火车"特快"不快,简要说明快车、特快、动车和高铁的发展历史。

2.3 阅读后活动

2.3.1 重要句型的操练。如果阅读文本中有包含某个重要格式的句子,教师还应专门指出并加以解说,让学生能够充分地理解,并引导学生自己说出一个正确的句子。如果有的句型不便模仿造句,就请学生复述或提醒注意其用法即可。

2.3.2 课堂小组活动。主要以小组对话、讨论为主。一般是教师根据课文主题设置一个合适的开放性话题组织学生进行小组讨论,让课堂学习从控制转向自由,让学生在轻松、愉悦的氛围中表述自己的感受和观点,尽可能地发挥学习的主动性。学生分组讨论时,教师要了解各组的大概情况和实际的表达需求,给予适当指导。由于课堂时间有限,已经针对某一重点词语或句型作了操练的阅读文本可不再组织小组活动。

我们把语言知识的学习和运用当作泛读课的教学重点,对文本中出现的重要语言点分阶段精细化处理,有时还创设语境让学生在课堂上操练。文中有些重点词语,特别是虚词,虽然在精读课上已经学过,但也需要适时提醒学生注意这些词在句子中的意义与功能,从而起到复习、巩固的作用。

另外,我们把"说"当作泛读课堂教学的重要组成部分,鼓励学生在各个教学环节中开口说话。让学生通过"说"来加深对词语的理解和记忆,切身体验汉语的结构形式与表达功能之间的对应关系,从而真正掌握词语及句式的用法。作为学习主体,学生总是具有一种自我表达和相互交流的内在需求,引导学生运用课文中所学词汇和语法结构来表述、谈论跟自身相关的话题以及生活的方方面面,可以很好地调动学生学习的积极性,让课堂变得生动有趣,欢快热烈。"即学即用",是打破僵化、刻板的语言教学模式最有效的方法。

三、初级汉语泛读教学中教师的主导作用

当今教育界几乎每个学科都倡导在课堂教学中应该将学生视为主体,而非被动的接受者。这种教学理念注重培养学生自主学习的能力,完全颠覆以注入式为主的传统教学模式,实现以教师为中心的被动接受式教学向以学生为主体的主动参与式教学的转变。但贯彻"以学生为主体"教学模式的前提是必须要充分发挥好教师的主导作用。教师应合理安排教学内容、精心设计教学活动,在课堂上实行启发式、交互式的教学,鼓励学生发现问题、提出问题并发表各自的看法,引导学生自主学习、自由讨论,让师生之间、生生之间能够有良好的互动。

结合当前的实际情况,我们认为泛读课教学中教师的主导作用可以体现在以下几个方面:1) 安排教学内容;2) 甄别阅读文本;3) 讲解课文生词;4) 处理课后练习;5) 操练重点词句;6) 组织课堂活动;7) 解答学生问题。下面分别来论述。

3.1 安排教学内容

泛读课被视作精读课的补充课型,课时一周通常只有两节。由于课时有限,教材的内容

不可能全部上完，具体的教学内容需要教师根据所设定的教学目标来进行选择与安排。以《教程2》为例，全书共十八课，每课包括一篇主题课文和四篇短文（即"阅读训练"部分），此外，每课还附有技能训练、补充阅读及"看中国"三个部分。按课程规划需在八周内学完该课本，就必须对其内容进行取舍。我们的做法是从十八课中选择十四课，剔除掉主题重复的四篇，然后再从每课阅读训练的四篇短文中选出两篇，教学内容总共包括十四篇主题课文和二十八篇短文。短文遴选的原则是话题合适、内容实用、语言风趣，不选用读起来感觉别扭的文本。每周处理两篇主题课文和四篇短文，我们经过两轮的教学实践证明，这样的教学内容安排再加上复习课正好可以上八周。

至于每课所包含的技能训练、补充阅读及"看中国"这三个部分则完全忽略。对学生进行专门的阅读技能训练这种设想有一定的合理性，但该课本所编排的内容和练习，却很难用于有效的操练。有的过于简单，比如"根据上下文猜词"等，其技能说明及练习题目不言自明，无须刻意训练。最大的问题是练习设计远远超出学生的实际水平，比如"偏正式的词""联合式的词""汉字的声符""汉字的义符"等技能训练中的很多练习学生均无法顺利完成，因为初级阶段的学生掌握的字词实在是很有限，而练习中却出现不少甚至中高级阶段也不一定能学到的词语。我们认为泛读课上的阅读技能训练不宜跟课文脱节，其实该教材技能训练中的相关知识点，学生在精读课上大部分也都学过，泛读教师可以先做到心中有数，然后在阅读训练中适时、适当地引导学生运用即可。"补充阅读"所选文章有不少存在内容陈旧等问题，不建议作为课外阅读。"看中国"部分是用照片的形式来展示中国常见的一些汉语标牌等，附有小练习，比较有创意，可作为课后小作业。

3.2 甄别阅读文本

教师要对阅读文本仔细加以甄别，给学生提供符合逻辑、语句通顺的汉语文本。教材中的语言要文从字顺、符合逻辑，这原本是一个最基本的要求。但由于对外汉语教材中的文本大多数都是改编而来的，有的可能是因删改幅度较大，由于编者的疏忽，文本的语言表述上会存在着一些问题，不规范甚至是不合逻辑，任课教师对此需要保持警惕。

以2003年版《初级阅读教程1》为例，《猜鸡》一课中的"如果你能猜对了，我两只都给你！"、《别数了》一课中的"别人都会很注意我们这个大家庭"这两句，2018年新版的《教程1》都做了修正，将前句的"能"删去，将后句改为"别人常常会注意我们"。跟旧版相比，新版教材的文本质量整体上有了一定提高，但还有待进一步改善。比如旧版第97页的《垃圾》一文中的一段话：

"我家旁边有一条小河，现在很脏。以前这条小河是很干净的，还可以游泳。……后来，这条很脏的河被改为下水道，上面变成了路。"

新版第114页将该文题目改为《垃圾问题》，以上这段话中仅删去一"了"字，其余仍旧。时间词"现在"和"以前"配合使用，当然没有问题。但是，紧接着又加了一个时间词"后来"，叙述时间就完全错乱了，让读者不知所云。遗憾的是这个不算是很隐蔽的错误在新版教材中并没有加以改正。相反，此文有的语句修改之后反而不如旧版的通顺。仔细核对梁实秋散文《垃圾》的原文，方知改动幅度非常之大，"现在""以前"和"后来"这几个时间词都是编者自己加上去的。根据原文语意，可以考虑修改为：

"我家旁边以前有一条小河，很脏。这条小河曾经是很干净的，还可以游泳……后来，这条很脏的河被改为下水道，上面变成（了）路。"

《教程 2》中则出现"公务员有稳定的收入、社会地位高、事业有发展"(第 89 页)以及"我父母收入普通,工资都花在了我的学费上"(第 33 页)等值得商榷的句子,教师可告知学生更为自然、通顺的表达方式。此外,这两本教材中有些练习题的设计还需要加以完善,也有个别参考答案需要更正,不再细述。

现在有些泛读教材中的课文有不少是翻译过来的文章,编者往往只是在文字上稍加调整。由于真正经得起推敲的汉语译文少之又少,任课教师对此类课文一定要慎之又慎,如发现有明显不通顺的地方,务必向学生指明。

3.3 讲解课文生词

尽管泛读课生词表上的词语一般不需要精讲,但为了帮助学生有效积累词汇知识,教师需要抓住每个词语的本质,特别是那些在英文中没有对应表达形式的词语,要尽可能给出准确的释义,不能笼统带过,只给学生留下一个模糊的印象。至于生词的英文注释或中文解释如有明显不恰当的地方,需要指出来,以免误导学生。如果条件允许,最后再用一段话来进行总结,把所学的几个生词给串起来。这样可以让学生在即时运用中掌握词语的用法,同时也有效训练了学生的口语与听力。

以《教程 2》第 1 课《朋友》的 8 个生词为例:"诚实、性格、爱好、外向、开朗、幽默、脾气、内向"。生词表中对"幽默"的中文解释是"喜欢说笑话的",教师需要指出:喜欢说笑话的人并不一定幽默,要使学生明白"幽默"的内涵并不能用"喜欢说笑话"来概括。"开朗"的英文解释是"sanguine",这个英文词其实一般是用来表示对未来事态的一种乐观态度,而且很多母语是英语的学生表示几乎从来不用这个词,所以教师可以提醒学生忽略这个英文词,然后通过讲解"开"和"朗"这两个汉字的意思来让学生明白"性格开朗"就是 sunny disposition。至于"外向"和"内向",教师可以请学生跟同桌互相询问"你是一个外向的人还是一个内向的人?"。然后教师针对一些有意思的回答进行总结,比如"我有的时候外向,有的时候内向",还可根据情况再加以扩展,例如:"每个人既有外向的一面,也有内向的一面。"最后再用一段话来把这几个生词串起来,例如:"每个人的性格都不一样,有的比较外向、幽默、开朗,有的比较内向,不太喜欢说话,但很诚实,脾气也很好。一般来说,有相同爱好的人,性格也差不多。"

一些重要的虚词一般都是作为语法点出现在精读或口语课本里,这些虚词需要细致讲解、反复操练,需要精耕细作,而泛读课中的生词通常是实词,可以进行快速处理,但也有个别意义虚灵的词语或短语,不容易一下子讲透,这就需要作为重点来讲,否则学生就会云里雾里。比如《教程 1》第 10 课阅读训练(二)《九江》一文中出现了"恨不得"这个词,英文注解"be anxious to"固然无法传达"恨不得"一词的神韵,但要想三言两语就揭示该词的含义,让学生能够真切体会这个词所蕴含的心理和情绪,也是不可能的事情。这时我们只能老老实实地举两个接地气的例句来逐步引导学生理解"恨不得做某事"的几层意思,让学生明白该词所适用的语境,比如"今天的菜太好吃了,我恨不得把所有的菜通通都吃光""她很爱他,恨不得明天就跟他结婚"等,时间允许的话也不妨让每位学生试着造一个句子,再集中评讲一下。最后再引导学生体会课文中"我向人问路,他恨不得把你送到目的地"主要是想说明九江人热情友好的程度之高,如果不对"恨不得"一词做精细化处理,学生就无法准确理解课文中这句话的含义。

3.4 处理课后练习

通过课后阅读理解练习来检查学生对课文内容的理解情况,包括课文大意、主要观点、重要细节、重点词句等。阅读理解的练习形式主要有：选择题、判断题、填空题和问答题。不管哪个题型，教师都可以请学生读题并作答。关键还要经常请学生说明作答的理由，要求学生回到文本中找出哪句话可以作为依据，或者是用自己的话来概述。这样既可以检查学生辨识字形和切分词语的能力，也可以顺便训练学生的口语表达能力。有意思的是，学生在说明理由时，有时会自行纠正自己之前的错误作答，这样的训练无疑会有助于学生在以后的阅读过程学会自我提问，从而提升策略意识。如果练习题的语句较难，教师可以领读，而如果时间有限的话，也可以是由教师来问问题，让学生集体回答，以加快进度。总之，应根据实际的情况来灵活处理。

词汇题是选择题中的一种常见类型，编写者从文中选取个别重点词语，要求学生从几个备选项中选出意思相近的词语或最贴切的释义。在阅读后进行词汇强化训练，对学生的词汇习得来说十分有益，但需要注意的是，用来考学生的词语跟被设定为正确选项的词语或释义在意思上往往差别很大，比如《教程2》的练习中将"知己"等同于"朋友"（第1课），将"操心""单调"的近义词选项分别设定为"担心""简单"（第4课、第7课），将"打发时间"释义的正确选项设定为"让时间过去"，教师在这种情况下务必设法解释清楚两者之间的区别。有时可提供一个合适的语境让学生来操练，以更好地帮助学生充分理解词语或词组的含义，比如针对"打发时间"，教师可以让学生问搭档"你无聊的时候，一般是怎么打发时间的？"在活跃课堂气氛的同时，学生们也完全领会该词组的确切含义了。

有的填空题是同一个句型重复很多遍，教师可以请不同的学生来朗读并作答，最后再引导学生集体操练一下这个句型，比如《教程2》第2课阅读训练（三）的练习，"某某城市排在最受中国大学欢迎城市的第几位"这个句型一共重复了8次，做完这个填空练习之后，教师可以请学生互相询问"在你们国家，哪个城市最受年轻人欢迎？为什么？"。这样既消解了之前做填空练习时的单调枯燥，又让学生掌握了一个实用的句型。

3.5 操练重点句型

除了要把重点词语讲透之外，教师还要具有发掘文中重要句型的敏锐意识。比如《教程1》第4课《别数了》中有"我们的车越开越快"这个句子，学生们在精读课上已经学了"越来越A"的用法，教师再把"越V越A"格式列出来，进行适当的扩展，引导学生理解并会说"他越说越生气""汉语越学越简单"等。又比如《教程2》第7课《业余生活》中"又会工作，又会休息，又会享受的人，才是幸福的人"，教师先说明此格式的意义和使用条件，然后列出"又……，又……，又……，才是理想的丈夫（妻子）"，让学生自己按照这一格式来试着说一个句子，进行小组交流，课堂气氛马上就热烈起来。

有时一个词就标示着一个句型，比如《教程2》第4课阅读训练（一）中"一天下来脑子空空的"，教师可让学生结合上下文语境先体会趋向动词"下来"的这种引申义，然后予以分析，并告知学生"持续性或重复性的动作行为，特定时段+下来+结果"这一句型结构，最后再引导学生说出贴近他们学习生活的语句，比如："我每天坚持学三个小时汉语，一个学期下来，我的汉语有了很大的进步。"学生们在认真复述这个比较长但词汇却很简单的句子时，对"下来"的这个引申用法也就心领神会并牢记在心了。

由于课堂时间有限，有的格式不容易引导学生模仿造句，则可要求学生复述、记诵或提醒学生注意体会其用法即可。比如《教程1》第7课阅读训练（四）中"有了网络，世界变得很小，朋友变得很近，生活变得很方便"，此句对当下的社会现实做了很好的概括，可以要求学生复述、记诵。又比如《教程1》第13课《回娘家》中的"每次我回娘家，都要<u>先</u>坐公共汽车，<u>再</u>坐出租车，下了车以后还要走一段长长的土路<u>才</u>能到家。"此篇短文的内容本身乏善可陈，没有什么值得记诵的句子，但这句话中所包含的格式却可以让学生标记下来，便于以后在适当的语境中试着运用。

3.6　组织课堂小组活动

课堂小组活动的形式根据文本的内容来决定，主要分为表演和讨论两种。小组的形式最好是双人小组（个别是三人小组），教师要注意尽量匹配不同国家或地区的学生在一组，并提倡助人为乐的精神，让其成对活动，合作学习。

用表演的形式来再现课文内容的，只限于笑话或幽默故事，比如《教程1》中的《公的还是母的》《喝醉了》以及《教程2》第9课阅读训练（一）等，教师请学生们扮演不同的角色，复述故事中的对话部分，最好能做到兼顾语气与神情——当然这需要教师先加以示范，让学生沉浸在故事的场景中，享受表演的乐趣。有的句型也可以此时再让学生来操练，比如《教程2》第9课阅读训练（一）中刚从医学院毕业的儿子跟他爸爸之间的对话：

儿子："……她的病你治了三十年<u>都</u>没治好，可我两天<u>就</u>治好了，怎么样？厉害吧？"

爸爸叹了口气说："孩子啊，就是她的病让我有了房子、汽车，还让你上了医学院。"

跟学生确认都明白"都"（强调时段长）和"就"（强调时段短）在句中的语法功能之后，请学生试着用此格式造句，先说给同伴听，再挑选一两位同学来说给大家听。

绝大多数的小组活动都是自由对话、讨论的形式，教师可根据课文的内容来设定话题让学生交谈，一般都跟课文的主题直接相关，比如《教程2》第9课《找个好工作》，教师可以让学生互相询问"你觉得什么样的工作是最好的工作？为什么？"，教师可先给出一个句子供学生参考，例如："<u>对我来说</u>，当老师<u>是</u>最好的<u>工作</u>，<u>因为</u>每年都有两个假期。"自由讨论主要是给学生在课堂上以即兴畅谈的机会，学生在自由表达的时候，也会主动从刚刚学过的文本中找一些合适的词句来"为我所用"。教师应在小组讨论的时候巡视，了解各个小组的情况，及时给予帮助。有的时候，阅读文本的主题不适合作为话题来讨论，那么教师也可针对课文中出现的一个重点词语来组织讨论，比如《教程2》第4课阅读训练（二）出现"举手表决"这一词组，教师可以请学生问搭档"你们以前做什么事情需要举手表决？"，目的是让学生把生活中特定的具体场景跟词语的表达形式紧密联系起来。

人们在现实的语言交际过程中，总是会面临各种各样的变化，任何静态的语言知识都是靠不住的，必须要通过动态的技能操练将所学的语言知识跟实际的事物、场景联系起来，并逐步转为内化的规则。

3.7　解答学生问题

阅读课以积累各类语言知识为要务，教师平时也应适时引导学生注意同义词或近义词在用法上的不同，比如"治"与"治疗"、"信"与"相信"等，教师可指出它们在语体、固定搭配或句法功能等方面的差别。针对一些同义词或近义词作必要的辨析，有助于培养学生在课堂上积极思考，主动提问的习惯。

汉语有很多词在英语中很难找到意义和用法上完全对应的词语，而英文中一词多义的现象又极为普遍，所以学生会经常就课文生词的英文注释提出疑问，比如《教程1》第6课《放羊娃和足球》一文中"获得"的英文注释为"win, obtain"，由于学生之前学过"赢"，所以很自然地就会问"获得"跟"赢"有何不同？教师可告知"获得"的意思主要在于"得到某物"，所以,"We won two gold medals"汉语中要说"我们获得了两块金牌",然后再说明"我们赢了"和"我们获得胜利了"这两个意思相同的句子在语体上的显著差别。课后练习中出现的重点词语也是学生喜欢追问的对象,比如在知道《教程2》第11课练习中"出风头"的正确释义是"喜欢表现自己"之后,有学生会问"出风头"是不是"show off"?此时教师需指出"show off"的宾语可以是人所拥有的东西,比如豪车、钻戒等,而"出风头"则是指"在众人面前表现自己,以引起大家的注意"这样一种行为。善于细心观察的学生也会针对阅读文本中的一些词句发问,比如《教程2》第10课《做买卖》一文,有学生会问"价钱"和"价格"有何不同?而"中国生产的很多产品都是世界最多的,出口也是最多的,如玩具、服装、鞋帽、箱包等等"这句中为何要用"鞋帽"和"箱包"这样的联合结构词组却不直接说"鞋子"、"帽子"等?这样的问题很容易被忽略但却很有意义,教师释疑后,要给予肯定和表扬。另外,小组讨论时,学生们喜欢尝试使用新学的词语,这时就会经常向老师求证"这样说可不可以?",比如话题是谈论各自的性格,某学生想用"忍耐"一词来描述自己的性格特点,但所说的几个句子都不合格,教师此时可顺便告知全班同学"我忍耐力很强"这样的说法。教师在课堂上要鼓励学生积极探究词语的意义与用法,要能够做到随时解答疑惑,及时补充新知。

教师在泛读课教学中所扮演的角色是设计者、讲解者、评判者、组织者、观察者、指导者、答疑者。教师需要精心设计每个教学环节,灵活地掌控节奏,驾驭课堂,营造轻松活泼的学习氛围,充分发挥主导作用。而另一方面,学生在课堂上专注阅读文本、积极参与活动、努力表达自我、主动提出疑问,也体现出学习主体的地位。既充分发挥教师的主导作用,又注重凸显学生的主体地位,是取得理想教学效果的有力保障。

四、结语

泛读课,并非泛泛而读、知其大意即可。初级汉语泛读教学最重要的意义在于:指导学生阅读不同题材的文本,帮助学生更好地巩固、学习和运用各类语言知识,从而切实提高学生辨识字词、整合词义和理解句意的能力。对外汉语教学的各门课程都应该以培养学习者的汉语交际能力为总目标,阅读课也不例外,在课堂上引导学生进行适当的口语表达是切实可行的。

笔者按照以上的思路去组织教学,学生们总的反馈是:1)泛读课是一门很重要的课型,在泛读课上学到了很多有用的词语和句式,不仅可以明白它们的意义和用法,还可以把它们即时运用到日常会话当中;2)这样的学习方式快速而高效,在提高汉语阅读理解能力的同时,也增强了学好汉语的信心;3)课堂上讨论的话题很有趣,课堂本身充满趣味性;4)阅读文本内容丰富,也比较有意义,不过,也有学生表示,如果教学中老师不是经常性地跳脱开来针对一些重点词语和句法结构做专门的讲解和操练,而只是按课本上所编排的内容来学的话,会比较枯燥。

泛读课尽管课时少,但却可以成为学生心目中富有成效的重要课程,让学生有满满的获得感。泛读课"不容易教,但是可以教出好的效果",我们需要树立信心,不懈努力。教师要对学生在精读课上所学的词汇和语法知识有一个全面的了解,更重要的是要对阅读文本中所出现的重点词语和重要句型能作透彻的讲解和有效的操练,帮助学生不断丰富、充实汉语语言知识储备,让学生对汉语构造及表达上的特点有更多的感性认识,从而逐渐建立起汉语语感。

最后需要强调的是：随着第二语言教学的发展，情感因素在语言学习中的积极作用越来越受到重视。由于泛读课自身的特点，师生之间的交流相对较少，所以特别需要教师设法增加一些互动环节，着力培养、建构一种融洽的师生关系。合理的安排，清晰的讲解，有效的组织，适时的指导，适当的鼓励，适度的称赞，让学生不时发出会心的笑、开心的笑，自然能激发学生的阅读兴趣和学习热情。"亲其师"方能"信其道"，诚哉斯言。

参考文献

[1] 刘颂浩.对阅读教学研究的若干思考[A].中国对外汉语教学学会北京分会第二届学术年会论文集[C].北京：北京语言大学出版社,2001
[2] 刘颂浩等.汉语阅读教学研究[M].北京：北京语言大学出版社,2016
[3] 刘颂浩.对外汉语阅读教学研究四十年[J].国际汉语教育,2018,(4)
[4] 王笃勤.英语阅读教学[M].北京：外语教学与研究出版社,2012
[5] 张辉.对外汉语阅读教学中阅读理解的策略训练[A].语言文化教学研究集刊(第三辑)[C]北京：华语教学出版社,1999
[6] 周小兵等.汉语阅读教学理论与方法[M].北京：北京大学出版社,2008
[7] Anderson, N.J.. *Exploring Second Language Reading: Issues and Strategies*[M]. Heinle & Heinle Publishers, 1999

新 HSK 三级听力对话理解项目"图片式"和"汉字式"的对比实验研究

李 杰[1] 谈碧君[2]

(1. 复旦大学 国际文化交流学院,上海 200433;2. 朗阁外语培训中心,南京 210000)

摘 要:本文以复旦大学国际文化交流学院语言进修班 B、C 段学习者(其汉语水平大体上分别相当于新 HSK 二级、三级水平)为被试,通过对新 HSK 三级听力对话理解项目"图片式"(以图片呈现选项)和相应的"汉字式"(以汉字呈现选项)的对比实验发现,"图片式"在 B 段的效度和难度都比较理想,而汉字式在 C 段的效度好于 B 段。这说明"图片式"更适合用在新 HSK 二级听力测试,建议将现行新 HSK 三级听力测试中用图片呈现的对话理解项目改成汉字式。

关键词:新 HSK 三级听力测试;对话理解;对比研究;汉字式;图片式;效度

一、引言

从学习外语来看,先大量听而后才会说;从使用外语来看,要先听懂对方的话,才能进行有效的交流。听、说、读、写四项技能中,"听"在日常交际活动中的重要性和使用率远大于其他三项技能。高彦德等(1993:35)曾指出,在华留学生把听力作为第一言语技能的比例高达 56.7%。但在汉语作为第二语言的听力测试领域,"听什么"和"怎么听",对外汉语学术界却研究得很少,"怎么听"研究得就更少。

考察各种不同的汉语作为第二语言的水平考试,听力测试使用了不同的形式,如表 1 所示[引自杨万兵、张金桥(2016),有少许改动]:

表 1 不同汉语水平测试系统听力测试方式比较

名称	HSK	HSK 改进版	新 HSK	华语文能力测验 TOCFL(新版)	AP 中文	中国语检定
研发地	北京	北京	北京	台湾	美国	日本
方式	汉字式	图片式+汉字式	图片式+汉字注音+汉字式	图片式+汉字式	全听力 + 英文选项	拼音+半听力+全听力+听写
说明	用汉字呈现选项。	初级有 15 题为听后看图回答问题,其余部分和中、高级均为汉字式	1—2 级全部和 3 级部分用图片式和汉字注音式,3 级其余部分和 4 级以上为汉字式	入门、基础级全为图片,进阶、流利、精通级均为汉字式	第一部分试卷上仅呈现 ABCD 选项代号(全听力),第二部分以英文呈现选项	准 4 级有听录音选择汉字或词语的拼音、选择与卷面拼音或日语对应的词、短语或句子等半听力形式;4 级开始有全听力,准 1 级和 1 级还有听写

从表 1 可知,同是汉语作为第二语言的听力测试,不同的测试体系在不同的水平阶段采用了不同的测试方式,其中,新 HSK 一、二级听力测试中大量使用了图片来呈现选项。杨万兵、张金桥(2016)通过对初级上汉语水平留学生(大体相当于新 HSK 二级水平)汉字式与"图片—注音式"听力测试对比实验发现,虽然从理论上说,"图片式"更能反映被试真实的听力水平,但实验结果显示,汉字式比图片式具有更高的效度。所以杨万兵、张金桥指出,对于初级上阶段(大体相当于新 HSK 二级)而言,"图片式"虽在测试理念上更为科学、合理,但操作上尚存改进空间。

我们考察了新 HSK 三级听力测试的四个部分,发现其第二、三、四部分都采用的是以汉字呈现选项的方式(本文简称为"汉字式"),但是第一部分对话理解项目仍然使用图片呈现选项(本文简称为"图片式")。三级听力测试针对的是已经掌握三级词汇并初步具有汉字识别能力的被试,那么在该阶段仍使用图片式来测试是否合适?在新 HSK 三级听力对话理解项目中,汉字式和图片式相比,在效度、难度和区分度方面有无不同?

为了回答这些问题,我们设计并实施了一定规模的听力测试实验。

二、实验设计

2.1 实验对象

复旦大学国际文化交流学院的语言进修生根据汉语水平分成从 A 到 I 各种不同的段位,A 段为零起点。到本次实验进行时,B 段学生在复旦学了大约 3 个月汉语,C 段学生在复旦学了大约 5 个月汉语。本实验以 B、C 段学习者为被试,参加测试人数共 95 人。剔除无效答卷(如仅有一次测试或由于迟到未完成答卷),符合条件的被试共 89 人。其中 46 位 C 段学生有 8 位已通过 HSK 三级水平测试,其平均水平应刚好处在三级上下。43 位 B 段学生仅有一位参加并通过了 HSK 三级,其平均水平应低于 HSK 三级。这两种被试可以大致代表参加 HSK 三级测试的考生。

2.2 实验材料

本文以 2012 年和 2014 年 HSK 三级听力测试第一部分对话理解项目的真题为材料,随机抽取 20 道组成图片式试卷。目前真题中对话理解项目是以五题为一组,组内互有干扰性,但组间相互独立,此次随机抽取以组为单位,保证了真题的信度不受影响。对话理解项目每组共 5 题,每组在卷面上呈现 5 张图片,每听一题(即一个对话,对话之后没有提问),被试需要根据听到的对话内容在所给的 5 张图片中选择一张与之匹配的图片。例如,被试听到如下对话:

男:喂,请问张经理在吗?
女:他正在开会,您半个小时以后再打,好吗?
被试应该选择"一位女士在打电话"的那张图片。

图片式试卷组好之后,我们根据每张图片编写出表述合适的汉字式选项(如"她正在做饭","她喜欢照相"),改造出一份相应的汉字式试卷,保证所用的词汇基本不超出三级水平词汇大纲(超纲词少于 15%)。

2.3 实验方法与程序

本文的第一作者长期担任C段的听力课教学,汉字式试卷改造好之后,随机挑选了一些C段学生参加了前测。根据前测的结果,对汉字式试卷进行了修改。然后在上听力课(B段是听说课)时随堂进行正式测试。先进行了汉字式的测试,测试结束后立即收走试卷,不对试卷的任何问题进行解释说明。一周以后进行了图片式的测试。

在正式测试之前,用汉语(必要时用英语)告诉学生,今天的测试与他们的学习成绩没有关系,不用担心,以平常心对待测试,防止因为焦虑、紧张而导致测试结果的不准确。

2.4 成绩评估和数据处理

测试成绩由本文两位作者共同统计。每题只有一个正确选项,答对得分,答错、多选或者漏选都不算分,每题一分。数据使用SPSS24进行处理。

三、实验结果与相关讨论

3.1 效度

本次听力测试实验结束一周之后就是期中考试,我们以被试期中考试的听力测试成绩(B段学习者没有独立的听力课,只有听说课,听力成绩是我们请听说课的任课老师给出的)作为效标。

选取期中听力考试成绩作为效标准是合理的。首先,此次成绩是一个全面、真实、稳定的评分(卷面成绩60%+平时作业30%+课堂表现10%);其次,期中考试和本次实验在时间上只相隔一周,根据Henning(2001:81)的研究,两次施测间隔不超过两周,即可保证实际信度系数的可靠性。

根据本实验从C段和B段被试获得的有效数据,经过SPSS24的皮格尔森系数分析,得到HSK三级听力对话理解项目的图片式和汉字式分别在C段和B段的相关性数据图,具体数值如表2所示。

表2 图片式和汉字式在C段的效度

相关性

		C段图片式	C段期中听力成绩
C段图片式	皮尔逊相关性 显著性(双尾) 个案数	1 37	.299 .072 37
C段期中听力成绩	皮尔逊相关性 显著性(双尾) 个案数	.299 .072 37	1 37

相关性

		C段期中听力成绩	C段汉字式
C段期中听力成绩	皮尔逊相关性 显著性(双尾) 个案数	1 37	.119 .497 35
C段汉字式	皮尔逊相关性 显著性(双尾) 个案数	.119 .497 35	1 35

从表2可以看出,在C段汉字式的效度(0.497)明显高于图片式(0.299)。图片式在C段的效度属于较低水平。

表 3 图片式和汉字式在 B 段的效度

相关性		B 段图片式	B 段期中听力成绩
B 段图片式	皮尔逊相关性 显著性（双尾） 个案数	1 42	.522* .000 42
B 段期中听力成绩	皮尔逊相关性 显著性（双尾） 个案数	.522* .000 42	1 42

* 在 0.01 级别（双尾），相关性显著。

相关性		B 段期中听力成绩	B 段汉字式
B 段期中听力成绩	皮尔逊相关性 显著性（双尾） 个案数	1 42	.370* .022 38
B 段汉字式	皮尔逊相关性 显著性（双尾） 个案数	.370* .022 38	1 38

* 在 0.05 级别（双尾），相关性显著。

对比可知，在 B 段图片式的效度（0.522）明显高于汉字式（0.370）。

表 4 图片式与汉字式在 C 段和 B 段的效度

被试阶段	图片式效度	汉字式效度
B 段	0.522	0.370
C 段	0.299	0.479

从表 4 可以看出，图片式在 B 段的效度远高于 C 段，而汉字式在 C 段的效度好于 B 段。效度的高低是指对试卷的特定使用，而不是指试卷本身，所以实验结果可以说明在 HSK 三级听力测试第一部分的对话理解项目中使用图片式是不合适的，图片式不能有效地反映出三级水平被试的真实情况；相反的，汉字式在 HSK 该项目中的效度处于中等水平，因此在 HSK 三级测试中，汉字式比图片式更能反映出三级水平被试的真实情况。但汉字式在本次实验中，由于受制于对应的图片式真题极低的难度，其效度的优势受到影响，仅处于中等水平。

在答题时，被试可以从图片中推测出的有用的信息是非常有限的。我们采访了 C 段和 B 段的留学生各 20 人，请他们说出自己可以从图片中推测出的信息，经过统计后计算平均数，平均每幅图片只能传达出 2~3 个信息，具体如表 5 所示：

表 5 被试从图片中推测出的信息数量

	1~5		6~10		11~15		16~20
A	水 饮料	A	帽子	A	打扫 男	A	关、开
B	楼梯、走 上	B	照相机 女	B	牙 疼	B	钱 女
C	画 女	C	电脑	C	找 包	C	爸爸、女儿、书
D	伞 男	D	妈妈、儿子 车	D	搬	D	照相机 女
E	书 说话	E	伞 冷	E	说话 电脑	E	坐 买东西

在这 36 个词中（不包括重复的词），三级生词的比例仅为 31%，被试仅需反映出对应的

语音形式即可解答成功,这降低了 HSK 三级听力对话理解项目的难度。而且目前该项目采取"五对五"(五段对话对应五个选项)的形式,即五张图片之间互相有排斥的作用,比如 A 和 B 两个选项不会同时成为某一题的答案,对于不确定的答案,被试也可以采取排除法进行答题,这更降低了这一部分的难度。

另外,目前 HSK 三级听力对话理解项目的音频分为男女二人播音,图片选项上男女性别的差异也会给被试一定的提示,例如:

男:不会吧?你又换相机了?
女:没换,还是以前的那个。

从音频中女声的回答可以判定,图片中应该是以女生的样貌呈现,那么仅有男生出现的图片被选的可能性就低了很多。

以上这几点在很大程度上降低了目前 HSK 三级听力对话理解项目(图片式)的难度,被试间的水平差距很难被反映出来,所以图片式在 C 段的效度较差。同时,由于在图片式中三级内容仅占 31%,而经过统计,汉字式中三级词汇占 72%,所以 B 段被试(水平未达到 HSK 三级)汉字式的成绩很明显受到了三级"超纲"词汇的影响,其效度不如图片式。因此,在二级阶段,图片式在操作理念上更合理,降低了二级水平被试在汉字识别方面的压力,图片式在 B 段比汉字式更能反映出被试的水平。

在改造汉字式试卷的过程中,我们有意提高三级词汇的比重,最终三级词汇占 72%,二级词汇占 28%。另外,汉字式听力测试前仅有 30 秒阅读汉字选项的时间,这对于 B 段被试压力很大,调查发现,52.5% 的 B 段被试无法在 30 秒内读完全部选项,而相同情况在 C 段中仅占 31%;同时,45% 的 B 段被试表示有一两个选项没有做出来,而仅有 29% 的 C 段被试出现相同的情况,所以汉字式对于区分被试的水平(即是否能达到三级)发挥着明显的作用。

3.2 难度

表 6 图片式与汉字式在 B 段和 C 段的难度

题 目	图片式在 C 段	汉字式在 C 段	图片式在 B 段	汉字式在 B 段
1~5	0.81	0.81	0.83	0.87
6~10	0.73	0.68	0.62	0.66
11~15	0.73	0.83	0.67	0.74
16~20	0.66	0.76	0.69	0.39
平均值	0.73	0.77	0.7	0.67

将表 6 结合理想的难度范围(0.3~0.7)可以看出,HSK 三级的听力对话理解项目在 B 段的难度比较理想,图片式的平均难度在 0.7,汉字式的平均难度在 0.67。也就是说,目前 HSK 三级听力测试中用图片呈现的对话理解项目,其难度更适合二级而不是三级阶段的被试。另一方面,图片式在 C 段的平均难度(0.73)非常低。更值得关注的是,汉字式在 C 段的平均难度(0.77)甚至略低于图片式(0.73)。这是为什么呢?

这首先是因为 C 段被试比 B 段掌握了更多的汉字,以汉字呈现选项不再给其带来心理压力。根据我们的调查,较之图片式,大多数 C 段被试更喜欢汉字式。

其次,是由于图片本身在表达复杂意思方面的劣势,被试对图片的理解与命题者的预设可能不一致,例如:

图1　　　　　　　　　　　　　　图2

图1对应的听力原文如下:
女:我马上就下班了,你们在哪儿呢?
男:我们就在火车站附近的那个茶馆,你上次来过。

本题的答案是图1,命题者预设被试注意到图1中桌子上的茶壶而做出选择。但有一些被试注意的重点在女方的"我马上就下班了"的时间问题上,所以倾向于选择图2。而图2对应的听力原文如下:
女:你看看只有半个小时了,快要迟到了。
男:你别着急,不会迟到的,走路15分钟就到了。

如果被试在上述音频中没有注意到时间问题,而是注意到两个人闲谈的氛围,很可能会选择图1。

通过以上例子可以发现,虽然被试听懂了对话内容,但如果对内容重点的把握与命题者的预设不一致,就很可能选错答案。而图1和图2对应的汉字式选项分别是"他们准备见面"和"她很着急",这两个选项就不太可能会混淆。而且,较之图片,用汉字表述的选项更能全面地概括整个对话的内容,听懂对话的被试就更容易选出正确的选项。

再次,本次实验中使用的汉字式试卷由于受到图片式内容的制约,在编写方面不得不降低难度。例如在上面提到的例子中,"她很着急"的中心词"着急"是三级词汇,和听力音频中"你别着急"使用的词重复了,这导致了该题难度的降低。之所以没有替换成其他的词,是因为在HSK三级词汇大纲中,很难找到合适的替换词,例如:"她觉得时间很紧"或"她觉得来不及了"里面,"紧"和"及"都是超纲,同时,出现"时间"一词也会降低难度。这个问题在目前HSK三级听力对话理解项目中普遍存在,这是由于该项目是使用图片作为选项的,然而图片本身很难表现复杂、抽象的信息,所以对话内容偏向使用具体词汇,但这类词在答案中的指向性非常高,同时该类词汇很难在三级词汇中找到合适的替换词,所以对于不理解对话内容的被试而言,在汉字选项中出现和音频中相同的词,对他们选择的导向性很强,这会大幅度提高正确率,同时降低试题的难度。

3.3 区分度

表7 图片式与汉字式在 C 段和 B 段的区分度(以极端分组法来计算)

题 目	C 段图片式	C 段汉字式	B 段图片式	B 段汉字式
1~5	0.27	0.33	0.24	0.36
6~10	0.44	0.38	0.44	0.50
11~15	0.36	0.31	0.53	0.38
16~20	0.38	0.25	0.33	0.64
平均值	0.36	0.32	0.38	0.47

以极端分组法来计算的最理想的区分度值为0.5,从表7可以看出,只有汉字式在 B 段的区分度是0.47,接近最理想的数值0.5。图片式在 C 段和 B 段、汉字式在 C 段的区分度都一般,并没有达到理想的水平。这主要是因为现行新 HSK 三级听力测试对话理解项目采用的是图片式,但由于图片式的种种局限性,听力测试只能围绕简单、具体的词汇内容进行编制,所以对三级水平的被试来说难度太低,直接导致了区分度不佳。根据图片改造的相对应的汉字式不仅受制于真题内容,还因为三级水平被试词汇量的制约,在编写时受到种种阻碍,其优势并没有在实验数据中完全展现出来。

图片式1~5题在 C 段和 B 段的区分度都很差,首先是因为1~5题的图片中体现出的信息太简单了,这点也可以从3.2的难度值中发现,1~5题的图片式在 C 段和 B 段的平均难度值达到0.82,是非常容易的一类题。

表8 图片式1~5题的信息、对应图片和听力音频

题 目	信 息	对 应 图 片	听 力 音 频
1	饮料 水 喝		男:这果汁真好喝,你在哪儿买的? 女:这不是买的,是我用新鲜水果做的。
2	楼梯 走 向上		男:你今天怎么走楼梯? 女:没办法,电梯坏了,只能走上去了。
3	画画 女生		女:你把头低一点,身体再向右一点儿,这样画出来更好看。 男:好的,这样可以吗?

续 表

题 目	信 息	对应图片	听力音频
4	伞 男生		女：刚才还是晴天，这会儿天就阴了，不知道会不会下雨？ 男：没关系，我带伞了。
5	男女 说话 黑板		男：你的作业写完了吗？我有一个选择题不会，想问问你。 女：好的，哪一个题？

从表 8 可以看出，第 1 题的三级词汇为"新鲜"，然而一级词汇"喝"完全可以将这一题的答案区别于其他的图片。同样，第 2 题的考察词汇为"楼梯"，但可以从"走上去"这个短语中判断出答案，第 4 题，"阴""晴"可以代替"伞"作为指向性词汇。在第 5 题中"作业"虽然是在三级阶段才要求掌握的词汇，但在平时课堂的使用非常广泛，图片正好弥补了 B 段被试对汉字识别的困难，所以难度也不高。

其次，难度最高的第 3 题，因为是五对五的题型，所以被试可以通过排除的方法选定答案。综上，这 5 道图片式题目在 C 段和 B 段的区分度都不在理想的范围内。

3.4 汉字式重组分析

根据以上分析可以发现，根据图片内容改造的汉字式在 HSK 三级听力对话理解项目中难度很低，这是受图片本身在表达复杂意思上的劣势和听力音频所用词汇制约的结果。首先因为图片本身无法表达抽象、复杂的信息，所以据此改造的汉字式的内容也比较简单；其次，汉字式中的很多词重复了听力音频中的词，因为在新 HSK 三级词汇范围之内，找不到合适的词来替换音频中的词。由于这些原因，汉字式的优势在上述实验中没有全部展现出来。我们对先前研究的 20 题中的汉字式进行筛选，从中选出受到前述影响较小的 5 题，组成新的试卷，具体如下：

（1）男：您有五角五分钱吗？我找您七十。
　　　女：应该有，等一下，我找找。
正确选项：他可能在超市工作。

（2）女：雪下得越来越大了，我们回去吧。
　　　男：再玩儿一会儿吧。
正确选项：他不同意她的想法。

（3）男：您好！能帮我们拍张照片吗？
　　　女：好的，看我这儿，准备好了吗？
正确选项：有人请她帮忙。

（4）女：我马上就下班了，你们在哪儿呢？
　　　男：我们就在火车站附近的那个茶馆，你上次来过。
正确选项：他们准备见面。

(5) 男：你们这是要搬家吗？
　　女：是的，还住在附近，就在七号楼，欢迎你来我们新家玩。
正确选项：他们是邻居。

以上五题的汉字式选项均采用三级词汇作为中心词，基本没有重复听力音频中的词汇。分别计算以上五题的汉字式和图片式在 C 段的难度和区分度，具体如表 9 所示：

表 9　受图片和音频制约较小的汉字式在 C 段的难度和区分度与图片式比较

	1	2	3	4	5	平均值
汉字式难度	0.47	0.78	0.52	0.69	0.61	0.61
图片式难度	0.84	0.89	0.92	0.92	0.81	0.88
汉字式区分度	0.7	0.4	0.4	0.5	0.5	0.5
图片式区分度	0.5	0.4	0.2	0.3	0.5	0.38

结合理想的难度范围（0.3~0.7）以及区分度值表（0.4 以上为优秀），可以看出，排除前述各种因素对汉字式编写的影响，汉字式在 C 段上的难度处于理想的范围，而相应的图片式的难度就太低了；同时汉字式在 C 段上的区分度也好于图片式。

四、结论

通过上述实验数据分析与讨论，有以下几个发现：

1. 在效度方面，图片式在 B 段的效度远高于 C 段，而汉字式在 C 段的效度好于 B 段。这说明图片式更适合测试新 HSK 二级水平的被试，而汉字式更适合三级水平的被试。

2. 在难度方面，图片式和汉字式在 C 段的难度都偏低，汉字式的难度甚至略低于图片式；但两者在 B 段的难度都在理想范围内。这说明现行新 HSK 三级的听力对话项目的难度更适合二级水平的被试。

3. 在区分度方面，只有汉字式在 B 段的区分度比较理想，图片式在 C 段和 B 段、汉字式在 C 段的区分度都未达到理想的水平。

4. 导致上述现象的原因主要有以下几点：（1）听力对话理解项目应该考察被试对对话的整体理解，而不是对于其中某一个词汇信息的掌握。图片由于本身在表达复杂意思上的劣势，只能简单地反映对话中的个别内容，而且被试对图片的理解与命题者的预设可能不一致。反之，汉字式可以较为全面地概括对话的大意，而且汉字式中用了很多三级词汇。所以汉字式在 C 段的效度好于图片式。（2）受制于图片的静态性和片段性，与此相应的听力理解对话项目考察的中心词主要以名词性词汇为主，此类词汇在新 HSK 三级词汇大纲中难以找到合适的替换词，所以在汉字式中难免会重复音频中的词，这就使汉字式在 C 段的难度偏低。（3）在此次测试中，图片式和汉字式都采用的是真题的"五对五"的形式（五段听力对话对应五个选项），被试可以通过排除的方式进行答题。（4）目前对话理解项目是以一轮对话为考查内容，听两遍，语句长度较短，语速较慢，间隔时间长，这都导致了两种测试的效度、难度和区分度的降低。

5. "图片式"更适合用在新 HSK 二级听力测试，建议将现行新 HSK 三级听力测试中用图片呈现的对话理解项目改成汉字式。

参考文献

[1] 高彦德,李国强,郭旭.外国人学习与使用汉语情况调查研究报告[M].北京:北京语言学院出版社,1993
[2] 国家汉办/孔子学院总部.HSK 真题集(三级)2014 版.[Z].北京:高等教育出版社.2014
[3] 国家汉办/孔子学院总部.HSK 真题集(三级)2012 版.[Z].北京:商务印书馆.2012
[4] 贺雪霏,宋春阳.初级汉语听力测试信度研究[J].现代语文(语言研究版),2015,(4)
[5] 李宝贵.HSK 听力理解"对话"题型分析及应试技巧[J].汉语学习,1999,(4)
[6] 吴一安.题型与听力测试的有效性[J].外语教学与研究(外国语文双月刊),2001,(3)
[7] 杨万兵,张金桥.初级上水平汉字式与"图片-注音式"听力测试对比实验研究[J].语言文字应用,2016,(2)
[8] 张晋军,李桂梅.汉语作为第二语言测试的听力理解题型设计新思考[J].国际汉语教学动态与研究,2007,(4)
[9] 邹申.语言测试[M].上海:上海外语教育出版社,2005
[10] C. M. Goh, Christine. A Cognitive Perspective on Language Learner's Listening Comprehensive Problem[J]. *System*, 2000, 28: 55-75
[11] Henning, G.. (ed.) *Guide to Language Testing: Development, Evaluation and Research* [M]. Beijing: Beijing Foreign Language Teaching and Research Press, 2001

汉语儿童阅读能力发展影响因素分析及其对汉语作为二语教学的启示[①]

李晓娟

(复旦大学 国际文化交流学院,上海 200433)

摘 要:阅读能力的发展在本族语者和二语学习者间具有很大的共性。汉语儿童阅读能力的发展研究对汉语作为二语阅读教学具有不可忽视的启示意义。本文较全面地梳理了影响汉语儿童阅读能力发展的要素,具体包括:汉语语音意识、汉语语素意识、汉语正字法意识和汉语句法意识等四方面的内容。在此基础上,本文结合汉语二语学习者的特点,讨论了相关研究成果对汉语作为第二语言阅读教学研究的启示。

关键词:汉语儿童;汉语学习者;阅读能力发展;阅读教学

阅读是人们通过解码文字通达意义的过程。阅读能力的获得不管对母语者还是二语学习者而言都需要一个逐步发展的过程,对这一过程的了解有利于相关阅读教育活动的展开。汉语作为二语的阅读研究起步较晚,许多问题仍处于探索阶段,而针对汉语儿童阅读能力的发展研究则已取得较丰富的成果。母语阅读和二语阅读固然具有各自的特点,但两者的共性不容忽视。二语阅读研究常常借鉴母语者阅读习得研究成果,如英语就以母语者英语阅读能力的发展研究为起点而展开(Koda,2007)。基于英语儿童阅读能力发展取得的大量研究成功被广泛应用于英语作为二语的教学研究中,例如对语音意识的重视、词汇能力的培养、阅读难度分级体系的建立等。汉语的母语阅读和第二语言阅读研究目前处于相对割裂的状态,尤其是汉语儿童阅读能力发展的研究很少引起二语研究者的重视。鉴于此,本文的研究旨在加强这两个领域研究的融通,促进汉语作为第二语言阅读教学。

本文论述了影响汉语儿童阅读能力的发展的主要因素,从汉语语音意识、汉语语素意识、汉语正字法意识、句法意识等四方面阐释了这些因素对汉语儿童阅读能力发展的重要作用。在此基础上,本文结合汉语二语阅读的特点,进一步讨论这些研究对汉语作为第二语言阅读教学的启示。

一、影响汉语儿童阅读能力发展的因素

1.1 汉语语音意识

语音意识指儿童对口语中语音单元的分辨和操纵能力。在拼音文字中,语音意识一般

[①] 本文为上海市教育委员会教学研究室"学龄前儿童绘本分级与阅读方法研究——读什么与怎么读"项目阶段性研究成果,项目批准号 XWH4070301,特此表示感谢!

包括音节意识（syllable awareness）、首音—韵脚意识（onset-rime awareness）和音位意识（phoneme awareness），汉语中的语音意识还包括声调意识（tone awareness）。在拼音文字的阅读过程中，把字母或者字母组合转化为语音形式的语音编码技能是儿童学习阅读的先决条件。

在英语等拼音文字中，语音意识在儿童阅读能力发展过程中所发挥的重要作用得到了一致的认同。但在汉语中，语音意识的发展与儿童的阅读能力的发展之间关系问题还没有达成一致，总的来说有三种观点（白学军，闫国利，2017）：第一种观点认为语音意识能够预测儿童的阅读能力；第二种观点认为两者不存在相关性；第三种观点则认为语音意识仅仅对儿童早期阅读能力有很好的预测力，但是随着年龄的增长，这种预测力会逐渐减退。笔者认为，汉语语音意识的作用可以结合阅读理解中语义通达的通道问题进行考量。双重通道模型使得人们认识到视觉信息通道和语音信息通道在词义通达方面的共同作用。英语的文字体系记录的是语言中的音位，因此阅读者由语音通达词义的能力非常重要。但是即使在像英语这样的拼音文字中，研究者也越来越认识到视觉通道所起的作用，强调视觉词（sight words），即那些通过视觉信息可以直接通达词义的词语的重要性。

语音意识在汉英两种语言中的不同作用使我们注意到不同书写系统对阅读的认知过程会产生一定的作用。Koda（1997）曾指出书写系统的不同属性对阅读时的词语加工过程和认知过程都会产生影响。汉字属于表意文字，义旁可以提示一定的意义。汉字形声字虽然具有一定的表音功能，但它没有如拼音文字一样的形与音之间的对应规则。因此较拼音文字，汉字的形义联系更加紧密，见形知音的能力较弱。而形义连接的强度受到汉字使用频率的影响，具体而言，汉字的使用频率越高，其形—意连接的强度越高于形—音的连接强度；使用频率低，其形—意的连接强度则低于或者等于形—音的连接强度。可见，虽然汉语阅读中语音信息所发挥的作用不容忽视，但并不是关键因素，而是下文中我们要谈到的语素意识。

1.2　汉语语素意识

研究者越来越多地认识到了语素意识在汉语阅读能力发展中的重要作用。汉语的书写形式是汉字，一个汉字对应一个音节，通常也是一个语素。虽然汉字中的形声字的声旁在一定程度上可以起到语音线索的作用，但这种作用非常有限，相比之下，汉字与意义之间的关系更为紧密。据苑春法和黄昌宁（1998）统计，汉语基本语素只有7 753个，但是由这些语素构成的复合词达到10万个。

在汉语识读能力发展的研究中，大多数一致性指向语素能力的重要性。汉语的语素意识指人们对语言中最小的音义结合单元的感知和操作能力，具体细化为复合词意识（lexical compounding）和同音词意识（homophone）（详见McBride-Chang et al., 2003; Shu et al., 2006）。前者指的是阅读者把单个语素组合成词以及理解词义和语素义之间关系的能力，如"货架"由两个语素"货"和"架"组成，它们都有相应的语素义，在这个复合词中"货"和"架"之间的语义关系是偏正，"架"是中心词，"货"起到修饰和限定作用。因此当阅读者知道"货"和"架"的语素义和"货架"这个词内部的语素义关系后，他们就有能力推测类似新词"鞋架""衣架"的意思。汉语的另一大特点是大量同音字的存在，不同的汉字所表达的意思不同，但是却具有同样的发音。据统计，汉语中常见汉字有4 500个，但是音节数只有1 700个左右，可见同音字的数量相当庞大，如"蹬、灯、登"这几个字的读音一样，但是语义则大不相同，相应的词语为"蹬自行车、电灯、登山"等。研究表明，知道相同读音对应着不同的汉字和不同的词义对阅读能力的发展很重要。总之,汉语的语素意识可以分为复合词意识和同音词意识,两者共同影响着儿童阅读能力的发展。

大量研究表明,汉语母语者的语素意识萌发较早,据 McBride-Chang 等人(2003)的研究,5 岁的汉语儿童可以对语素进行自由组合,已经具备了语素意识。此外,他们还测查了语音意识、语素意识、词汇知识及快速命名对幼儿园和 2 年级儿童的汉字识别能力的预测力,发现语素意识独特地预测了儿童的汉字阅读能力。吴思娜、舒华等(2005)以小学五、六年级学生为被试,测查了语音意识、语素意识、命名速度和汉字识别能力之间的关系,回归分析同样表明语素意识显著预测了儿童的汉字识别能力。可见,和语音意识相比,语素意识在汉语阅读能力发展中发挥着更重要的作用。

1.3 正字法意识

正字法是使文字的拼写合乎标准的方法,人们对于这种规则的认知即为"正字法意识"。现代语言学和心理学研究表明,汉字具有一定的内在结构,按照层级结构可拆分为部件或笔画等更小的单元。其中,笔画是构成汉字楷书字形的最小书写单位,部件是由笔画组成的具有组配汉字功能的构字单位(教育部国家语言文字工作委员会,2009)。成千上万的汉字由 560 个左右的部件组成,而部件必须按照正字法规则结合起来才能成为真正的汉字。正字法意识包含多个水平,位置意识和部件意识与儿童的汉字识别成绩显著相关(李虹等,2006)。位置意识指部件位置是否合理的意识、部件意识是指部件是否存在的具体知识。部件位置意识比部件意识容易获得。

汉语阅读研究发现视觉组块也是影响汉语加工的重要因素(So & Siegel,1997)。汉语低年级儿童所犯的错误主要有随机笔画、部件有误和部件替换三种,而且三者比例基本相同,但是发展到中高年级时,儿童的错误以部件替换为主,笔画乱写的错误最少(Pak,Lai,Tso,Shu,Li,Anderson,2005)。研究认为,为了迅速而准确地完成对汉字的视觉编码,必然要求人们将汉字复杂的笔画信息进行合并及组块,而随着读写经验的增加,儿童视觉组块单位逐渐变大。

大量研究表明,正字法意识能够预测儿童未来阅读能力的发展水平,为其今后的阅读学习奠定基础。而且,儿童的正字法意识的形成是以识字为基础的逐步发展的过程。小学一年儿童已经萌发了正字法意识,但是到五年级时才基本达到成人水平(白学军、闫国利,2017)。正字法的类推能力在汉语儿童的字形学习中也有重要作用,尤其是当他们遇到字形相似的单词时,会借助于以前的字形知识帮助自己解码遇到的生词。由此可见,字形的学习并不仅仅是逐个学习的过程,类推是字形学习的重要机制。

1.4 句法意识

句法意识是指个体反思句子结构形式的能力,是元语言意识的一个重要组成部分。具体而言,句法意识是指个体反思句子内在语法结构的能力,即个体将注意从句子内容转向句子形式的能力(白学军,闫国利,2017)。阅读是一种高水平的信息加工过程,不仅需要语音知识、词汇知识,还需要有能力把句子中的词语按照一定的句法规则整合起来。大多数研究者认为句法意识是独立影响阅读能力发展的重要因素之一。

Muter(2004)等人对 90 名儿童进行了为期两年的研究,结果发现,不同的元语言意识可能影响阅读理解的不同方面,词的认知、语音意识对低水平的阅读理解起着重要作用,但是对于高水平的阅读理解而言,句法意识则起着更为重要的作用。龚少英和彭聃龄(2008)的研究发现,对汉语儿童而言,6岁是一个转折点,在初级阶段,儿童对句子的理解依赖个人生活经验和句子意义,而后逐步发展到对句子本身的句法结构进行有意注意和分析。所谓句法分析是把句子切分为构成成分,并且确定这些构成成分之间的关系,从而建立起句子的命题。在进行句法分析的过程中,主要可以依靠五种线索:词序、词类、虚词、词缀和词义。由于认知要求不同,中文读者和英文读者所采取的线索也可能不一样。例如,中文的词在孤立的情况下很难确定其词类,在对中文进行句法分析时,可能中文词序的作用要大于英文(张必隐,1992)。

二、对汉语作为二语阅读研究的启示

2.1 语素意识的培养

阅读作为一种以对文字解码为基础的认知活动,对文字进行解码从而达到词义通达是一切阅读的起点。从汉语儿童阅读能力的发展研究我们可以看出,阅读认识过程确实受到书写系统的影响。书写系统是文字和语言单位的交互层面,这种交互可能发生在音素、音节或者语素层面,因而形成不同的正字法。Koda(1997)指出母语正字法的不同属性对词语加工过程和认知过程会产生影响,而且由于迁移作用的存在,还会影响到他们的第二语言阅读。

在汉语儿童阅读能力的发展过程中,汉语语素意识发挥着举足轻重的作用。语素意识使得儿童可以在阅读时可以破解大量语义相对透明的词语,而这些词语由于对母语者而言具有非常强的透明度,因此也不会出现在词典中。正是这种语素意识,使得汉语阅读者具备了破解新词的能力。而汉语二语者的阅读困难则大多集中在此,例如"水果中富含维生素"这一句子中,母语者可以通过"富"与"含"两个语素的意思而通达这个词的意思。但是对于二语者而言,他们由于语言水平的限制,不能通过语素义和语素关系义通达这个词义。"富含"这个词由于对母语者而言由于具有很强的透明度,也没有进入词典。这就为二语者的阅读造成了极大的挑战。

由此可见,汉语语素意识对二语者阅读能力的提高起着非常重要的作用,因此在教学中应加强语素意识的培养。首先,笔者认为应该加强对汉语中自由语素(单音词)和半自由语素的学习,尤其是在汉语学习的初级阶段。我们的汉语教学往往以词的学习为重点,而汉语又以双音词为主体,因此汉语学习者对语素义并不十分熟悉。造成这一困难的主要因素是汉语中的单音节词和半自由语素问题。

汉语中的单音词可以独立使用也可作为构词成分。据统计,汉语中大量的单音词的语素频率超过词频,也就是单音词作为构词成分使用的频率超过作为独立词语使用的频率(徐彩华,张必隐,2001)。这一看似平淡无奇的现象却在二语学习者身上造成了怪象:汉语二语学习者知道"鸡蛋"这个词,却把"鸡"称为"鸡蛋的妈妈"。他们却不知道"鸡"是个自由语素,既可以作为构词成分,也可以单独使用。因此有研究(徐彩华,张必隐,2001)建议,在单音词第一次出现在构词成分中时,还是应该作为独立的词来处理,强化单音词的独立表征,增强学生语素意识。

在汉语二语的阅读教学中,半自由语素也应引起教师的重视。半自由语素是单音节语素,它们"在古汉语里本是可以自由运用的词,到现代汉语中一般情况下已经不再单用,但却可以在一定条件下出现在词所能占据的句法位置,似乎是同时活动于词汇与句法层面,处于自由语素和黏着语素之间的过渡阶段"(董秀芳,2016:46),例如"宜"在否定句中充当谓语,构成"不宜",占据一个独立的句法位置,这是出现在句法层面。"宜"用于肯定意义时,必须与其他语素结合成词"宜于",这是出现的词汇层面。在二语学习者的习得过程中,从他们接触语料的时间来看,半自由语素充当独立句法成分的用法晚于其构词用法。但是多数自由语素的习得过程是,语素独立成词的用法早于其构词用法,或与其构词用法在时间上相差不多(邢红兵,2006)。因此,半自由语素充当独立句法成分的用法在教学中应加强,这有助于学生解码那些由半自由语素组成的词典未收录词。

除此之外,对那些母语为拼音文字的学习者,教师还应通过显性教学进行有针对的汉语语素意识训练,尤其是同音字意识。对汉语儿童进行语素意识培养的方法(McBride,2005)也可以试用于汉语二语学习者:以口语和书面语形式学习具有同语素的词语,如"邮局""邮票""邮箱",让学生意识到同音语素及各自在词语合成中的意义和作用。此外,还可以借助图片进行同音词意识训练,教师给出若干幅图片,这些图片包含同音词,如"祝福""建筑""柱子"等,帮助学生意识到同样的发音对应不同的词义。研究表明,当阅读者发现在不同语境下的同音词后,有助于他们进一步通过书写形式对其进行分辨,从而促进阅读。

2.2 正字法与语音意识的培养

正字法意识在汉语儿童阅读能力发展过程中的作用使我们认识到,汉字的位置意识和部件意识对于正确根据字形提取字义非常重要。教师应该注意到学习者母语和目的语在正字法方面的差异对学习策略所产生的影响,让学习者意识到,那些适用于母语书写和阅读的方法未必适用于目的语。

阅读理解是一项需要占用大量认知资源的心理加工过程,而认知资源是有限的。如果解码速度慢,自动化程度低,那么大量的认知资源用在解码上,用于理解的认知资源自然就较少。准确认读汉字是发展阅读能力的首要任务。在对二语学习者阅读困难进行的调查中,笔者发现初级阅读者在字形提取方面确实存在着非常大的问题,例如:妇女—纽女,聚会—餐会,因为—因为,法庭—法诞,竟然—意然,令—今,同—问,在这些词语对中,目标词是每组前面的字,而阅读者却误读成了后面的字。在这一过程中,我们发现,他们在对字形进行辨认是,部件意识是欠缺的。

因此在对外汉语的汉字教学中应该有意识地加强汉字部件的分析和讲解,对于复杂部件,应清晰讲解其笔画组成,帮助学习者形成清晰而准确的汉字部件表征。而对于由简单部件组成的合体字,应通过对整字的分解示范,帮助他们进行以部件为单位的视觉组块记忆。部件意识的培养可以有效促进汉语学习者对所学汉字字形的记忆。

2.3 句法意识的培养

句法意识和其他影响阅读能力的因素相比,受到的重视并不充分,原因在于人们过分强调词义通达及词汇量在阅读中的作用。从上文的分析我们可以看出,即使对母语者而言,句法意识在阅读理解中所发挥的作用不容忽视。一般来说,由于母语者具有良好的语言能力,句法意识在头脑中已潜移默化地成型。他们在阅读时,对句法知识的使用是完全自动化的,只有在遇到阅读障碍的情况下,才会启动句法分析从而帮助他们达到通达句义的目的。

对二语学习者而言,句法意识显得尤为重要。二语学习者的句法分析能力是有限的,没有达到自动化程度,加之句法与词汇之间复杂的交互关系,使得二语者的句法意识在处理复杂句是尤为重要。例如，下面这个句子："她解释说,作为一个曾经当过纽约股票经纪人,对手都是男性白人的女性,她对自己的身份很自信,不介意是否活跃在台前。"这个句子的长度以及结构的复杂度都对二语者的理解构成了挑战,这时需要句法意识的介入来帮助他们分析句子结构,从而达到理解的目的。句中的"作为+N"介词结构中间嵌入了复杂的定语成分修饰中心词"女性",这一复杂结构置于主语之前时,提高了信息处理的难度。像这种复杂句法结构在阅读教学中有必要进行显性教学,让学生熟悉汉语的词性、语序、虚词、词义等信息在句法分析中所起的作用,增强学生的句法意识,提高他们对汉语复杂长句的分析能力。遗憾的是,在目前的汉语二语阅读教育中,我们不太清楚对二语学习者阅读造成障碍的句法形式有哪些,更缺乏句法意识培养的可行方法。

三、小结

阅读认知活动具有一定的普遍性,因此基于母语者的阅读研究成果对二语阅读也具有很强的借鉴作用。汉语儿童的阅读能力经历了一个逐步发展的过程,这与二语者阅读能力的发展相似。那些对母语儿童阅读能力发展起到积极作用的因素对二语学习者而言也有潜在的重要性。我们对汉语儿童阅读能力发展的研究借鉴了其他语言阅读研究的成果,这是一种跨语言的验证与探索过程。同理,对二语者的汉语阅读的研究也可以借鉴汉语母语者阅读研究的成果,这里的变量则是学习者本身。目前,基于二语学习者的相关实证研究还有很大的空间,相关的推测和假设还有待进一步的验证。四方面的元语言意识展开了讨论,肯定了他们在二语阅读中的重要性。

此外,我们应该认识到,本文中谈到的语音意识、语素意识、正字法意识和句法意识四种元语言意识与阅读者的理解层次紧密相关。语音意识、语素意识和正字法意识对低水平的阅读理解起着重要作用,这些意识有助于通达词义。但是对于高水平的阅读理解而言,在课文或者段落的理解过程中,句法意识则可能会起到更为重要的作用。阅读者的水平越高,他们所读的文章在句长和篇幅上也会有所增长。句法意识尤其是在解读汉语复杂句时会发挥更为重要作用。由此可见,我们在研究对汉语学习者阅读能力造成影响的因素时,应考虑理解的水平、母语背景等多方面因素。

参考文献

[1] 白学军,闫国利.阅读心理学[M].上海：华东师范大学出版社,2017
[2] 董秀芳.汉语的词库与词法(修订版)[M].北京：北京大学出版社,2016
[3] 高立群,彭聃龄.汉语形声字语音加工的前词汇通路[J].心理科学,2005,(4)
[4] 龚少英,彭聃龄.句法复杂性对句法意识发展的影响[J].语言研究,2008,(1)
[5] 韩布新.汉字部件信息数据库的建立：部件和部件组合频率的统计分析[J].心理学报,1994,(2)
[6] 教育部国家语言文字工作委员会.现代常用字部件及部件名称规范[M].北京：语文出版社,2009
[7] 李虹,彭虹,舒华.汉语儿童正字法意识的萌芽于发展[J].心理发展与教育,2006,(1)

[8] 栾辉,舒华,张大成.听写任务下儿童汉字输出特点及影响因素的研究[J].心理发展与教育,2001,(1)

[9] 吴思娜,舒华,刘艳茹.语素意识在儿童汉语阅读中的作用[J].心理与行为研究,2005,(1)

[10] 邢红兵,舒华.小学语文教材用字基础部件统计分析[J].语言文字应用,2008,(3)

[11] 邢红兵.汉语水平词汇等级大纲双音合成词语素统计分析[J].世界汉语教学,2006,(3)

[12] 徐彩华,张必隐.现代汉语单音词通达的复杂性——来自认知心理的实验证据[J].语言文字应用,2001,(4)

[13] 张积家,姜敏敏.形旁家族、声旁家族和高频同声旁字对形声字识别的影响[J].心理学报,2008,(9)

[14] 苑春法,黄昌宁.基于语素数据库的汉语语素及构词研究[J].世界汉语教学,1998,(2)

[15] Ehri, L. C., & Saltmarsh, J.. Beginning Readers Outperform Older Disabled Readers in Learning to Read Words by Sight[J]. *Reading and Writing: An Interdisciplinary Journal*, 1995(7), 295-326

[16] Koda, K.. Reading and Language Learning Crosslinguistic Constraints on Second Language Reading Development[J]. *Language Learning*, 2007, 57: 1-44

[17] Koda, K.. Orthographic Knowledge in L2 Lexical Processing: A Cross-linguistic Perspective[A]. In: Coady, J., Huchin, T. (Eds.), *Second Language Vocabulary Acquisition*. Cambridge University Press, England, 1997: 35-52

[18] McBride-Chang C., Shu H., Zhou A., et al. Morphological Awareness Uniquely Predicts Young Children's Chinese Character Recognition[J]. *Journal of Educational Psychology*, 2005, 95(4): 743-751

[19] Muter, V., Hulme, C., Snowling, M. J., & Stevenson, J.. Phonemes, Rimes, Vocabulary, and Grammatical Skills as Foundations of Early Reading Development: Evidence from a Longitudinal Study[J]. *Developmental Psychology*, 2004, 40: 665-681

[20] Shu H., McBride-Chang C., Wu S., et al. Understand Chinese Developmental Dyslexia: Morphological Awareness as a Core Cognitive Construct[J]. *Journal of Educational Psychology*, 2006, 98(1): 122-133

[21] Shu H., Chen X., Anderson R. C., Wu N., Xuan Y.. Properties of School Chinese: Implications for Learning to Read[J]. *Child Development*, 2003, 74(1): 27-47

[22] So, D. & Siegel, L. S.. Learning to Read Chinese: Semantic, Syntactic, Phonological and Working Memory Skills in Normally Achieving and Poor Chinese Readers[J]. *Reading and Writing*, 1997, (9): 1-21.

作为汉语教科书的《华语官话语法》①

耿 直

(上海财经大学 国际文化交流学院,上海 200871)

摘　要:《华语官话语法》(*Arte de la Lengua Mandarina*)一书为西班牙传教士瓦罗(Francisco Varo)于1682年所写。它不仅是迄今存世最早的西人所著的汉语语法著作之一,更是一部西方传教士学习汉语的教科书。近十几年来,这部著作的语言学史价值及文化史价值开始引起学界的关注,然而其作为第二语言教科书的身份和特征却未能被给予足够关注。本文从第二语言教学的角度出发,讨论《华语官话语法》所体现的第二语言教学的理念与方法以及对当代国际汉语教学的启示。

关键词:西方传教士;瓦罗;汉语教科书;《华语官话语法》

一、瓦罗与《华语官话语法》

从汉语跨文化传播的历史来看,汉语起码在汉代(张骞通西域时)已经传播到中亚,并沿着丝绸之路向西延伸到西亚和欧洲。"但是西洋真正的汉学兴起,却是在马可·波罗之后,特别是明朝中后期以来的一些传教士和学者开始较为集中、深入地研习汉语。"(李宇明,2007)张西平(2001:13)对西方传教士学习和研究汉语的历史阶段进行了区分,认为明末清初之际是西洋传教士来华传教同时研习汉语的第一个高潮,当时出现了不少代表人物及其研习汉语的著作。这其中,西班牙传教士瓦罗也是一位重要的代表人物。

根据史料记载(Bossong, Georg, 2013),瓦罗1627年出生于西班牙安达卢西亚塞维利亚地区(Seville, Andalusia)。他在1643年成为传教士,1646年加入了多明我会神父Juan Bautista de Morales所组织的远赴中国传教队,1648年到达西班牙所殖民的菲律宾马尼拉地区跟随当地华人学习汉语,1649年登陆福建,之后一直在中国传教,1687年卒于福建。其著作《华语官话语法》(*Arte de la lengua Mandarina*)于1682年写成,1703年在广州出版,有学者指出该书是"现存最早的一部汉语语法著作"(姚小平,2001)。

《华语官话语法》原书由西班牙语所撰写,较早为西班牙学者所关注,如冈萨雷斯(Gonzalez, 1964)在20世纪五六十年代对其的研究。美国语言学家柯蔚南(Coblin, W. South, 2000)将之翻译成英文版,将该书带入英语学术研究的视野中,加拿大的白珊博士(Sandra Breitenbach)为该书英文版撰写了导言。很快该书就引起中国学者的注意,中国学

---

① 本文系上海哲学社会科学规划办青年项目"全球化背景下国际汉语教材编写的理论构建、现状调查及对策研究"(2014EYY007)阶段性成果。

者又将《华语官话语法》翻译成汉语出版(姚小平、马又清,2003)。该书中文版的出版,可以说是一种到当代中国的回归,很快引起了国内外不少汉语学者的研究兴趣。如林璋(2004)、张美兰(2004)研究了该书的语法特征。一些日本学者也对该书产生很大的兴趣,如西山美智江将其翻译成日文版本,并梳理了《华语官话语法》一书的语法特点。

然而学界关于该书的研究主要集中在其语言特征和文化史学的价值,其作为学习汉语的教材身份却未能被给予足够关注。蔡建丰、周小兵(2015)就《华语官话语法》疑问句系统进行了考察,并指出:"作为第一部供外国人学习汉语用的语法书,《华语官话语法》是一部可以为后世的汉语二语教材所学习借鉴的经典著作。其在疑问句释义说明上表现出的这些特点,体现了明显的第二语言教学性质,其中折射出的汉语作为二语教学理念,即便在当今仍是很多教材孜孜以求的目标。"黄建滨、周倬颖(2016:152)指出:"《华语官话语法》是一部成功的对外汉语教材,其本身的特点和历史价值很值得探讨。"

二、《华语官话语法》的汉语教科书特征

鉴于已有研究,本文着眼于第二语言教学,跳出对该书的语言特点或者语法系统的单纯分析,聚焦于《华语官话语法》的第二语言教材特征及其所体现的学习汉语的理念与方法。这里仅就其语言要素的针对性、语用交际的实用性两个方面结合具体例子加以说明。

2.1 语言要素的教学

汉语教科书,顾名思义,其主体内容应该是展现汉语要素的方方面面,如语音、词汇、语法等系统。但作为教第二语言的教科书,其语言要素的展现有着不同于一般中国传统语文学习的特点。从《华语官话语法》来看,最突出的是其针对性这一个特色。

所谓针对性,就是根据教学对象的不同因材施教。在语言要素的选择上,体现在针对外国传教士学习者的特点来选择和解释汉语要素。以语音教学为例,《华语官话语法》开篇即为语音部分,讲解了汉语基本元音、鼻音以及若干辅音的发音。在发音方法上,借助于欧洲传教士所熟悉的西班牙语或法语来帮助了解汉语的发音,并且在较容易引起偏误的地方加以特别说明。例如:

卡斯蒂利亚语里以"ch"开头的词,应该读若"tch",例如"桌(cho)"读若"tcho";那些以"çh"开头的词,即带了变音符,则读若法语的"ts"……"马"(ma),读作"mas",就像法语里船的桅杆(Le mats)一词的发音一样。(弗朗西斯科·瓦罗,2003:18)

通过对比学习不仅体现在语音部分,这种学习和讲解方法也贯穿在词汇和语法的教学上。如对汉语复合词的构词法的解释:

在这种语言里有一种做法很常见,那就是把两个独立的、意义不同的词组合起来以表达一个事物的意思;而在我们的语言里往往就只用一个词来表示。其结果是,一个给定的词包含着从语音到意义都不同的两个词项。如"地狱"这个意思在西班牙语里是由"infierno"一个词项来表示的,但是在汉语里它却是读音、含义都不同的两个词项,即地(指陆地)和狱(指监狱),所以这个词的意思就是"大地的监狱"或者"地底下的东西"。(弗朗西斯科·瓦罗,2003:16)

通过对比来学习外语,不仅是针对性的直接体现,还同时满足了第二语言教学的一般要求,无疑有助于提高学习效率。它所体现出来的这种语言学习理念和方法放之于当代也不

陈旧。

在涉及具体教学内容上的选择时,《华语官话语法》的主要篇幅是对汉语语法,特别是词法的介绍。该书参照了西班牙语的特点,把汉语词类划分为 8 类。但是也注意到汉语语法的独特性,如把量词单独列为一类,并辅以例字说明用法。又如强调语序的重要性,把语序视作汉语组合规则的核心内容。另外,还注意到了汉语的语义范畴等等。总之,该书对汉语的语法系统进行了独到又精要的分析。这一方面的已有研究比较丰富了,兹不赘述,具体可见李文娟(2013)等学者的研究。

2.2 语用交际的教学

《华语官话语法》编写的初衷并非是为了研究汉语,而是为了帮助传教士学习汉语,因此其特别强调语用情景和交际功能的教学,也就是强调学习的实际价值和意义,因此也就有了突出的实用性特点。如体现在教学语体的选择上,瓦罗认为要先树立一个小目标,再逐步实现大目标:

> 汉语有三种说话的语体。第一种是高雅、优美的语体。这种语体只在受过教育的人们中间使用……如果我们的教士能学会这种语体,那当然是一种很好的事情……然而事实上,由于我们每个人都受到环境条件的限制,用这种语体来说话对我们而言是极其困难的。第二种语体处于高雅和粗俗之间的中间位置。它能够被大多数人所理解……对我们来说,在准备布道宣教时,无论面对的是教徒还是异教徒,掌握这种语体都是十分必要的……第三种是粗俗的语体,可以用来向妇人和农夫布道,这种语体虽说是最初级的,但是学起来最容易,所以也是我们开始学习的起点。(弗朗西斯科·瓦罗,2003:11)

在处理通用语和方言的学习问题上,瓦罗也是实用第一,提倡从交际价值更大的官话开始。

> 我们应该集中精力,只学那些以南京话或北京话……最好是等到能够比较自信地说官话之后,再去学本地话。(弗朗西斯科·瓦罗,2003:19)

为了加强实用性,该书还附有一个《解罪手册》,类似于一个传教士在给信徒解罪工作中的常用话术汇编,使得该书同时具有工具书的作用,可以直接帮助教士用汉语开展工作。例如:

> 解罪手册:规劝:第一诫。1. 天主的道理你全信么? 2. 你心里想圣教有不真的道理么? 3. 你疑惑圣教的道理么? 4. 你信菩萨能保佑人么? 5. 你信求签、打卦、相面、风水、算命、见日子、测时辰么? 6. 鸦鸣鹊噪,你妄信有何吉凶先兆么?……(弗朗西斯科·瓦罗,2003:169)

因此,《华语官话语法》强烈关注语言的得体性运用,如对敬语、谦辞的意义和用法做出专门解释。同时还有交际习俗的专门提示。如该书在讲解完汉语的语音、词汇、语法基本面貌后,专门有章节介绍多种场合下如何实际运用汉语进行得体的交际。如何称呼官员及其亲属以及其他人、如何在口语以及书面语中称呼自己、交谈中的礼貌用语,还阐明拜访以及邀请时的礼节,甚至礼金的多少、鞠躬的场合、拿筷子的方法,事无巨细,都有所提示。这些内容对于外国传教士与中国人的交往十分有益。例如:

> 如果一个官员邀请了我,而我去了,在这之后他派人送来一些银两,那么这是应该收下来的,并且我应该送一个单帖过去表示谢意……最后应该来指出,如果某人来探访我,并且带来一个帖子,那么,即使他不是一个重要人物,我也必须回访。如果他送来的是一个全帖,

那我就一定要回全帖;如果他送来的是一个单帖,那我就回一个单帖。至于什么时候用全帖,什么时候用单帖,并没有一个定准。其他如鞠躬的方法,拿筷子的方法,等等,都非笔墨所能形容,必须通过观察别人怎么做来学习。(弗朗西斯科·瓦罗,2003:165)

三、小结《华语官话语法》与西方人早期学习汉语的理念与方法

如前所述,《华语官话语法》本身首先是作为早期西方传教士学习汉语的教材,该书不仅具有语言学等方面的研究价值,也是一部汉语第二语言教科书,典型地体现了西方人早期学习汉语的理念和方法。我们可以把其最主要的理念总结为以下几个主要方面。

3.1 实用性为主导,兼顾科学性

无论是从教材编写的目的来看,还是从具体教学内容的选择上来看,都体现出了实用第一的鲜明特点。一方面,教材的编写目的就是为了方便来华传教士学习汉语,教材的编者往往是精通汉语的资深传教士,他们为了帮助在华的其他"老外"们克服日常生活和传教工作中的语言障碍,立论著书;在教学内容的选择上,也是急用先学,有用才学,无论是日常词语、惯用表达、日常礼仪,都是学习的重点对象。另一方面,教材的作者也在编写教材的同时,考虑到了学习者的母语知识,对汉语和学习者的母语进行了有意识的对比分析,并以西方语言的语法体系为框架来分析汉语。从现在的眼光来看,这种套用显然是不合适的。但是在当时的情况下,则是对汉语语法的一种创新的观察和分析,是汉语言研究要取得进一步深入发展而难以避免的前提和基础,也为我们现在研究汉语历时发展保留了很多有价值的材料和发现。并且从第二语言教学的角度来看,用学习者熟悉的方式来作为支架以搭建要学习的新知识,这也是符合第二语言学习的基本规律的科学性要求的。

3.2 宗教归化与融入的双重目标

西方传教士来华客观上推动了中西方的文化交流,但他们的目的"肯定不是为了推进中国的现代化,二是为了'中华归主'"(张西平,2009)。这一点瓦罗在《华语官话语法》的前言中就说得非常清楚:

有鉴于此,我便利用从别的教士那里搜集来的资料,再加上我个人学习和研究的成果,花了20多年时间来编成这部小小的读本……上帝告诉我这部书会很有用,将为许多教士掌握汉语减轻烦恼。(弗朗西斯科·瓦罗,2003:1)

但另一方面,为了实现这一"宗教归化"的目的,瓦罗也非常清楚,要成功地完成其传教任务,需要得体地应用汉语,在文化上也做到入乡随俗、融入目的语文化之中,以避免引起误解或反感。因此,该书有专门的一章为《官话礼貌用语》,其中特别强调了语用的得体性:

在这里归纳一下礼貌用语、礼仪行为以及正式社交中的书信表达是很适宜的。因为对传教士来说,熟悉这方面的最新知识很有必要……一个传教士对此应当非常谨慎,要注意到这些细节,以他的良好意愿把被人争取过来,那样他们就会以虔诚的爱心来关注他,并以此嘉惠他们的灵魂。(弗朗西斯科·瓦罗,2003:147)

这充分体现了《华语官话语法》一书的既强调融入目的语文化的意识,也坚持宗教归化的双重文化态度。

如上的教学理念,与现代第二语言教学所强调针对性、实用性、得体性原则相通。同时,在具体的教学方法中,该书同样体现出不少现代语言教学理念,如通过模仿学习规则、通过

阅读培养语感等。这些方法对当代的汉语教学都仍然有借鉴意义。随着汉语进一步走向国际舞台,加强汉语教学和跨文化交流史的研究具有重大意义,本文抛砖引玉,相信随着汉语国际教育事业和学科的发展,汉语教学和教材史方面的研究必将更加深入。

参考文献

[1] 蔡建丰,周小兵.华语官话语法疑问句系统考察[J].华语教学与研究,2015,(2)

[2] 弗朗西斯科·瓦罗著,姚小平,马又清译.华语官话语法[M].北京:北京外语教学与研究出版社,2003

[3] 黄建滨,周倬颖.瓦罗之《华语官话语法》编写原则与编写特点探究[J].国际汉语学报,2016,(2)

[4] 李文娟.《华语官话语法》语法研究[D].山东师范大学硕士学位论文,2013

[5] 李宇明.重视汉语国际传播的历史研究[J].云南师范大学学报(对外汉语研究与教学版),2007,(5)

[6] 林璋.《华语官话语法》与17世纪的南京话[A].国际汉学(第十辑)[C].郑州:大象出版社.2004

[7] 西山美智江.近代欧洲人撰写的汉语语法——《华语官话语法》及其语言和语法特点[A].海外汉语探索四百年管窥:西洋汉语研究国际研讨会暨第二届中国语言学史研讨会论文集[C].北京:外语教学与研究出版社,2008

[8] 姚小平.现存最早的汉语语法著作——瓦罗著《华语官话语法》[J].中国语文,2001,(5)

[9] 张西平.西方人早期汉语学习史的研究初论[J].海外华文教育,2001,(4)

[10] 张西平.欧洲早期汉学史[M].北京:中华书局,2009

[11] Bossong, Georg. Misioneros en China: Francisco Varo (1627 – 1687), autor de la primera gramática del mandarín, en su contexto lingüístico e histórico-cultural [J]. *Boletín Hispánico Helvético*, vol. 21, 2013

[12] Sandra, Breitenbach. *Francisco Varo (1627 – 1687): Arte de la lengua Mandarina (Kanton 1703)* [M]. Doctoral Dissertation, University of Gottingen, 1996

[13] Coblin, W. South. *Francisco Varo's Grammar of the Mandarin Language (1703): An Translation of Arte de la lengua Mandarina* [M]. Amsterdam: John Benjamins Publisher Company, 2000

[14] Gonzale, José María. *Historia de las Misiones Dominicanas de China* [M]. Madrid: Juan Bravo, 1964.

一项对高校社团留学生成员的调查[①]

徐晓羽　方雨晨

（复旦大学　国际文化交流学院，上海　200433）

摘　要：高校社团作为学生活动平台，吸引了不少留学生加入。我们在复旦大学进行了一项问卷调查，从社团政策、社团内外关系、社团活动举办和社团成员自身感受四个维度对两大类社团的留学生成员进行考察。调查结果有助于我们一窥社团内部情况，也利于了解社团中留学生的状态。

关键词：留学生；社团；问卷调查

随着中国综合实力的不断上升，国际影响力的不断扩大，来中国学习的留学生日趋增多。根据数据显示，2017年共有来自204个国家和地区的各类外国留学人员来我国学习，他们分布在全国31个省、自治区、直辖市的935所高等院校中。我国已成为亚洲最大的留学目的国。

高校社团是学生交流兴趣、结识同好、共同发展的平台。在社团中，留学生可以融入学校、结交中国朋友、接触中国文化等，对其跨文化适应起到了一定的积极作用。社团相较于课堂环境，更真实且更复杂，值得我们对其内部的组织和管理情况、活动举办情况、留学生跨文化适应等方面进行进一步的调查和研究。

为此，我们在复旦大学进行了一项问卷调查。

一、问卷说明

1.1　社团情况

复旦大学的学生社团有两类社团包含留学生成员：留学生建立的纯留学生社团和中国学生建立的中外混合社团。

目前复旦大学已有16个正式注册的留学生社团，社团成员总数将近800人。这些社团多以国家或区域命名，最早的复旦外国留学生社团韩国学生会创建于1997年。据相关社团管理老师介绍，这些以国家或地区划分留学生社团在帮助留学生们快速适应复旦的学习和中国的社会文化起到了很大的作用。留学生社团也有一些以兴趣或专业划分的，如海马社、国际学生职业生涯协会和复旦医学院留学生会。目前这些留学生建立的社团只有留学生成员。

复旦中国学生创建的社团总共有194个，大致可分为：能力拓展类、兴趣类、体育类、公

[①] 本文得到中国高教学会外国留学生教育管理分会来华留学研究课题经费资助，课题编号：2014-15Y009。

益类、人文类、科学研究类、国际交流类、经管类、政治类等。这些社团均向留学生开放,留学生加入的社团主要集中在兴趣类、科学研究类、国际交流类、政治类社团以及公益社团类,如哈利·波特迷协会、咖啡与酒文化协会、乐手联盟、乒乓球、陈氏太极拳协会、登山协会、天文协会、环境保护协会、中法丝绸之路交流协会等。

1.2 调查对象

我们调查了40名留学生,他们都是复旦大学学生社团的成员。这40名学生的统计情况如下:

1.2.1 男性答题者为18名,女性答题者为22名。

1.2.2 年龄层次在19岁到35岁,以19岁到24岁的答题者居多(如图1所示)。

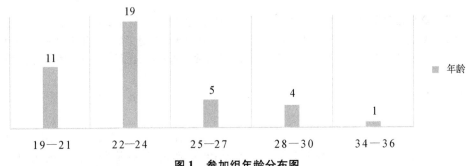

图1 参加组年龄分布图

1.2.3 在国籍上,全球五大洲均有学生,以来自亚洲和欧洲的学生数量最多(如图2所示)。

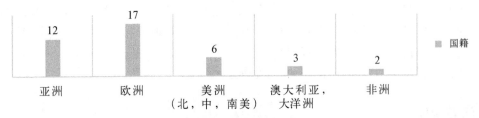

图2 参加组国籍分布图

1.2.4 来华时间上,从"三个月内"到"在中国生活多年"都有分布,最短的来华时间是just arrived(刚来不久),最长的为4年。来华时间在6个月内的人数最多,为25人(如图3所示)。

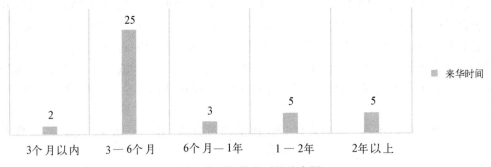

图3 参加组来华时间分布图

1.2.5 在专业分布上,以汉语专业的学生居多(剔除四个无效回答后,如图 4 所示)。

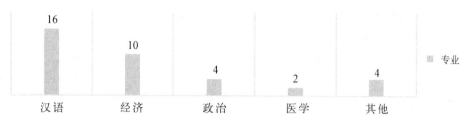

图 4　参加组专业分布图

1.2.6 在语言水平分布上,初中级均有分布,以初中级水平的学生最多(如图 5 所示)。

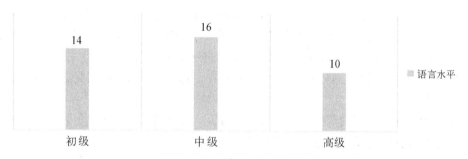

图 5　参加组语言水平分布图

在参加的社团分布上,主要有两种社团种类,一种是中国学生创建的学生社团,有留学生参加,参加中国学生社团的留学生有 32 名,笔者将这类社团称为中外混合社团;另一种是留学生自己创建的学生社团,专门针对留学生团体,总共有留学生 8 名,笔者将这类社团称为纯留学生社团。纯留学生社团主要包括俄罗斯学生会、印尼学生会、韩国学生会、泰国学生会、PISA(国际学生职业生涯协会)以及北区留学生公寓大楼管理委员会。中外混合社团主要集中在兴趣类、科学研究类、国际交流类、政治类社团以及公益社团类,如哈利·波特迷协会、咖啡与酒文化协会、乐手联盟、乒乓球、陈氏太极拳协会、登山协会、天文协会、环境保护协会、中法丝绸之路交流协会等。

1.3　问卷题目说明

我们参考俞丽佳(2014)的问卷,并进行了相应修改。本问卷采用匿名调查方式,共 17 道题,从社团政策、社团内外关系、社团活动举办和社团成员自身感受四个维度进行设置,随机安排题目顺序。学生只需按照真实的社团情况回答"是"或"否"即可。

二、问卷数据分析

我们分别从四个维度进行统计,并结合我们日常工作经验进行分析。

2.1　社团政策

这一维度共设 6 道题,数据如表 1 所示:

表 1 "社团政策"维度

		纯留学生社团				中外混合社团			
	题号和问题	是	占比	否	占比	是	占比	否	占比
社团政策	2. 留学生是否能长久留在社团	8	100%	0	0	28	87.5%	4	12.5%
	3. 社团领导是否考虑社团成员提出的意见	8	100%	0	0	30	93.8%	2	6.2%
	4. 学校领导是否给予活动经费补贴	6	75%	2	25%	18	56.3%	14	43.7%
	5. 社团领导竞选中,是否允许社团成员有选举权和被选举权	8	100%	0	0	27	84.4%	5	15.6%
	13. 留学生是否接受过社团提供的服务、福利	8	100%	0	0	26	81.2%	6	18.8%
	15. 社团内是否经常使用汉语进行交际	6	75%	2	25%	28	87.5%	4	12.5%

第 2 题的目的是考察留学生是否能坚持留在社团,从一个侧面考察留学生对社团的忠诚度和社团的凝聚力。两类社团都给了我们较满意的答案,分别有 100% 和 87.5% 的留学生认为"是"。留学生在本族人创建的社团中会感受到同胞情谊,相同的文化背景可以让留学生感受到温暖,因此他们能坚持留在社团,甚至会贯穿他们在复旦本科学习生涯。有菲律宾留学生同学反映,在社团中感觉到自己回到了家乡,可以暂时忘记自己是在中国,忘记自己是外国人的身份。

第 3 题考察的是社团内部的领导机制,社团领导是否能民主接受成员意见。纯留学生社团和中外混合社团都绝大多数留学生都表示了认同。

第 4 从财务角度考察留学生社员是否了解社团的经费来源。从数据来看,两类社团的留学生成员都不是特别了解经费来源,但纯留学生社团要好于中外学生社团。外国留学生办公室负责留学生社团的老师介绍说,留办每年都会给所有留学生社团提供经费支持,并进行社团评比,评比内容包括社团的活动组织和经费使用情况。留办根据各社团的报告情况对优秀社团进行评奖和不同数目的赞助支持。留学生社团在举办活动时,需要事先向留办社团负责老师汇报活动策划案以及经费预算,老师批准后才可进行,等活动结束后,再进行经费报销。至于中外混合社团只有一半多的受调查留学生知道学校给予了大量的经费补贴。我们认为很可能因为中外混合社团中留学生成员的数量较少,进入社团管理层的数量更少,因此对经费来源等社团核心事务不甚了解。

第 5 和第 13 题考察的内容是一致的,都关于社团成员是否享有权利和福利。两题的统计数据也相似,纯留学生社团这两题均是 100% 得到认可,而中外混合社团则都只有 80% 多。据有些学生社团部长反映,留学生多半处于游离的状态,这些留学生成员恐怕并没有参与到选举过程中来,接受的服务和福利也没有持续性。

第 15 题考察汉语在社团内部的使用情况。我们原先预设在纯留学生社团,留学生成员会普遍使用母语进行交流,甚少使用汉语。但调查数据显示,在纯留学生社团,仍然有 75% 的学生表示他们会经常使用汉语进行交流。这在一定程度上说明,虽然是在自己同胞创建的社团中,但留学生仍然会跳出社团这个小范畴,放眼于学校和社会,坚持使用当地语言,以便更快地融入。这一题的数据在中外混合社团上升到 87.5%,其原因更是显而易见。

2.2 社团关系

这一维度共有 4 道题,数据如表 2 所示:

表 2 "社团关系"维度

		纯留学生社团				中外混合社团			
	题号和问题	是	占比	否	占比	是	占比	否	占比
社团关系	6. 社团内部留学生关系是否融洽	8	100%	0	0	29	90.6%	3	9.4%
	8. 社团内部中外学生关系是否融洽	1	12.5%	7	87.5%	31	96.7%	1	3.3%
	9. 社团外学生对纯留学生社团是否支持	8	100%	0	0	30	93.8%	2	6.2%
	10. 其他社团是否对该社团保持积极态度	8	100%	0	0	29	90.6%	3	9.4%

这4道题，又可以分为两组题：第6和第8题一组；第9和第10题一组。第6、8题考察社团内部关系，第6题是内部留学生之间的关系，第8题是内部中外学生的关系；第9、10题考察社团内外关系，第9题是社团外学生对纯留学生社团是否支持，第10题是其他社团对本社团是否支持。

其中第8题较为特殊，主要针对的是中外混合社团，故在纯留学生社团的留学生这里，回答"是"的比例很少。换个角度来看，也可以用这题检查学生答题态度。这一答题结果，正说明参与调查的学生认真答题，并未敷衍。

其他3题，不管在纯留学生社团还是在中外混合社团，都得到超过90%的认可。这充分说明，社团内部和社团内外部关系均较为融洽，彼此支持。

据外国留学生办公室老师介绍，每个月相关负责老师都会集中所有纯留学生社团总结当月的工作和活动，并汇报接下来的工作计划。因此各社团之间接触较多，联系也较密切。不仅是纯留学生社团之间，或者中外混合社团之间，在纯留学生社团与中外混合社团之间，也经常联合举行活动，如下文"社团活动"部分将提到的"语伴"等项目。不同社团之间经常会联合举行活动，相互支持相互扶持。

2.3 社团活动

这一维度共有4道题，数据如表3所示：

表 3 社团活动维度

		纯留学生社团				中外混合社团			
	题号和问题	是	占比	否	占比	是	占比	否	占比
社团活动	1. 社团是否采取措施帮助留学生进行中国文化适应	8	100%	0	0	22	68.8%	10	31.2%
	7. 是否有中国学生参加你所在的社团或社团活动	1	12.5%	7	87.5%	30	93.8%	2	6.2%
	11. 社团是否定期举办活动	8	100%	0	0	30	93.8%	2	6.2%
	12. 留学生是否积极参加社团活动	7	87.5%	1	12.5%	23	71.9%	9	28.1%

第1题考察社团是否会帮助留学生进行中国文化适应，我们可以看到纯留学生社团所有学生都选择"是"，这说明留学生在社团中都深刻体会到了社团为他们适应中国文化所作的努力。纯留学生社团按国别创建的初衷就是为了在得到本族的文化支持和精神慰藉的同时，能最大程度地让留学生适应中国文化。而第1题在中外混合社团只有68.8%的学生回答"是"，相较纯留学生社团有较大幅度的降低。我们认为这是因为留学生不是中外混合社

团的主体,以中国学生为主的中外混合社团并没有特意服务留学生,为他们适应中国文化做出相应的对策。

第7题考察的是社团成员或活动中是否有中国学生。从我们在上文的陈述中可知,纯留学生社团目前还没有中国学生成员,社团活动也较少对中国学生开放,故此题有87.5%的留学生回答"否",这也符合我们的预期。中外混合社团的留学生在此题上选择"是"的人数高达93.8%,这个结果是显而易见的,无须赘言。

第11题考察的是社团活动的常态性,无论是纯留学生社团还是中外混合社团,回答"是"的比例都非常高。这说明这些社团经过这些年的发展,机制比较健全,活动常规化,并且形成了一些特色项目。以纯留学生社团为例。各个纯留学生社团每年都举行新生迎新活动,每个月都会有不同的活动,比如各种桌游、电影之夜、球类比赛等。再比如俄罗斯学生会、复旦医学院留学生会以及日本学生会都会定期举行"语伴"活动,为了锻炼成员的汉语能力。除了校内的活动,纯留学生社团还向外拓展,联合校外一些外国人群体或者校外的中国人组织举行活动,比如复旦医学院留学生会定期组织成员去静安中心医院实习,国际学生职业生涯学会也会组织各类中国职业发展讲座和工作经验分享会,为成员提供自身发展和职业规划的良好平台。

第12题考察社团留学生成员参加活动的积极性。纯留学生社团有87.5%的人表示肯定,而中外混合社团则有71.9%,相对较低。据我们了解,纯留学生社团的活动主要以娱乐活动为主,也包括一些学习交流和专业发展的内容,同时还比较注重本国本族传统文化,因此,纯留学生社团因娱乐性强,凝聚力足而保证了留学生较为积极的参与度。而留学生参加的中外混合社团,大多是属于运动和兴趣类,少部分属于公益类和国际交流类,还有一些学术类。留学生成员参加社团的积极性,受到了社团性质的影响。运动类的社团,社团活动多是定期的成员合练和比赛,而兴趣类社团如摄影、音乐等,因为有相关的工具和专业技术值得互相学习和交流,成员之间有更多的共同点,因此这两类社团的活动留学生参与度会更高一些。而其他类别的社团,比如学术性社团,活动主题和内容对于留学生来说过难,让他们望而却步。另外,语言水平也会有影响。比如有些社团在宣传活动时宣传稿没有英文版本,这些都会影响到宣传效果。由此可见,中外混合社团活动的目标群体是中国学生,对留学生照顾较少,导致留学生没有足够的了解渠道,逐渐丧失了参与的积极性。

2.4 自我感受

这一维度共有3道题,数据如表4所示:

表4 自身感受维度

	题号和问题	纯留学生社团				中外混合社团			
		是	占比	否	占比	是	占比	否	占比
自身感受	14. 是否认为在社团活动中有与中国学生一样的身份认同感	6	75%	2	25%	27	84.4%	5	15.6%
	16. 参加社团活动是否感觉更容易适应中国文化	7	87.5%	1	12.5%	26	81.3%	6	18.7%
	17. 是否满意社团举办的活动	7	87.5%	1	12.5%	31	96.7%	1	3.3%

第14题考察的是留学生在社团中是否觉得与中国学生一样(英文是"Do you think

international students and Chinese students feel equal in activities?"),分别有75%和84.4%的留学生认为具有与中国学生一样的身份认同感,达到了四分之三和五分之四强。这说明在社团中,特别是在中外混合社团中,留学生并没有被区别对待,也没有感受到歧视和压力,他们找到了认同感和归属感。

第16题考察的是社团活动是否让留学生感觉更易于适应中国文化。同样,分别有超过五分之四的留学生选择了"是"这个答案。通过如此积极的反馈,再结合第1题,我们可知,纯留学生社团和中外混合社团在帮助留学生熟悉和适应中国社会文化生活上,都起着良好的推动作用。我们上文提到了"语伴"项目,纯留学生社团与海外交流部合作举办的"Fudan Idol"和海内外文化交流日活动,还有纯留学生社团与外国留学生工作处举办的各种文化体验活动,包括上海和周边城市探索、庆祝传统节日、邀请在沪工作生活的外国人来分享经验等,这些活动都为留学生提供了丰富的中国文化体验经历。中外混合社团活动大多是带有明确目标或主题的,留学生在活动中与中国学生交流和互动,一方面可以扩大他们的交友圈子,另一方面也是交流思想、适应文化的过程。

第17题考察留学生对社团活动的满意度。结合第14、16题,我们不难得到留学生对社团活动较为满意这一结论。而数据也证明了这一推论,选择"是"的留学生比例分别达到了87.5%和96.7%,比例相当高。留学生对社团普遍满意度较高。

三、总结

通过调查问卷和统计分析,我们总结有以下几点发现:

第一,社团已建立较为成熟的机制,活动常规化。

第二,留学生对社团总体较为满意,活动参与度较高。

第三,社团对留学生跨文化适应有积极的推动作用,留学生在社团中经常使用汉语交流,有与中国学生一样的身份认同感。

第四,在社团中,中外学生关系较为融洽,社团之间互帮互助,彼此支持。

这17道题远远不够完善,但仍能略微揭开一点社团的面纱,帮助我们对纯留学生社团和中外混合社团有所了解,对参与社团的留学生的状态有所掌握。得益于学校相关部门的大力支持和有效管理,社团稳步发展,留学生参与热情日渐高涨。社团作为一个平台,正可以跨越院系、跨越国籍、跨越文化障碍,把中外学生团结起来,促进多元文化融合、营造良好的校园小环境并延伸至社会大环境,这一愿景,给留学生工作者带来希望,也带来挑战。

对中外混合学生社团,我们认为要加强国际化意识,以社团国际化为目标,加强对留学生成员的管理。留学生社团则应该增加社团种类,弱化国别性,在社团准入上扩大范围,同时加强与中国学生社团的合作。

参考文献

[1] 徐晓羽、耿昭华.略论留学生社团在跨文化适应中的作用[A].汉学论丛(第十辑)[C].上海:复旦大学出版社,2017

[2] 俞丽佳.高校社团与留学生校园文化融合[D].复旦大学硕士学位论文,2014

高校跨文化交流与中外学生融合机制探索
——以"中华文化小讲堂"活动为例①

李 洁

（复旦大学 国际文化交流学院，上海 200433）

摘 要：本文以复旦大学国际文化交流学院学生特色活动"中华文化小讲堂"为研究案例，对校园跨文化交流与中外学生融合机制进行探索。讨论面向国际学生开展"中华文化"为核心的跨文化交流活动，推动中外学生融合，在高校学生教育培养中具有的双向驱动作用：强化中国学生的社会主义核心价值观和文化自信教育，加强国际学生的中国观教育。通过对活动机制的思考和建议，形成可资同类院校参考的经验。

关键词：跨文化交流；中外学生融合；机制

一、研究背景

随着我国改革开放40年的深入发展，"一带一路"建设倡议在世界范围形成的广泛联动和影响力，越来越多的外国人选择到中国高校留学。他们来华留学，不仅学习专业知识，更希望深入了解中国社会和文化。这些外国留学生学成归国后，大多会从事对华工作，不少人也会成为所在国的精英阶层，是中国语言文化海外传播很好的本土推广者。因此，中国高校肩负着培养"知华、友华"的国际人士，推动中外人文交流，讲好中国故事等重大使命。

党的十八大报告提出力争"中华文化走出去迈出更大步伐"，着力开创"中华文化国际影响力不断增强的新局面"，在高校中探索校园跨文化交流与中外学生融合问题，是对国家文化发展战略宣言的回应。2017年7月，教育部、外交部、公安部第42号令《学校招收和培养国际学生管理办法》中明确规定了："高等学校应当对国际学生开展中国法律法规、校纪校规、国情校情、中华优秀传统文化和风俗习惯等方面内容的教育，帮助其尽快熟悉和适应学习、生活环境；高等学校鼓励国际学生参加有益于身心健康的文体活动，为其参加文体活动提供便利条件；国际学生可以自愿参加公益活动、中国重大节日的庆祝活动。"这一文件为高校国际学生的教育和培养、跨文化交流活动的开展和内涵建设提供了纲领性的指引。

当前，高校中外学生交流和融合中还存在一些问题：（1）高校对本土学生和国际学生多数采取两套独立运行的管理系统，国际学生一般由国际教育学院或留学生工作处负责，在管理上使得中外学生缺乏交流；（2）中外学生在校内的居住区域相对独立，生活上的聚会沟通机会不多；（3）国际学生希望在课堂之外，能同中国学生有更多面对面的社交，但联络

---
① 基金项目：复旦大学2018年研究生德育课题，课题编号：FDYDY2018－7。

和合作渠道较为匮乏;(4)在平时的校园活动中,中国学生可以参与的活动和国际学生可以参与的活动比例不均,国际学生能参与的活动无法满足其文化活动的需要。

所以,面向国际学生开展校园跨文化交流活动,促进中外学生融合,既可助力校园国际化构建,也是促进中华文化跨文化传播、开展公共外交、提升国家对外亲和力的重要载体。复旦大学国际文化交流学院(以下简称"复旦国交院")一直承担着学校国际学生招收、教育、培养、管理的重要职责,学院内部有高度中西交融的特点和跨文化交流的必然性。在内外因的驱动下,复旦国交院以汉语国际教育专业的硕士生党支部为"试验田",实施开展了"中华文化小讲堂"活动(以下简称"小讲堂"活动)。实践证明,该活动立足学科特点和专业特色、结合学生学业和生涯发展需求,和学生党建、社会实践、班团工作等内容相结合,构成学院、师生、党支部、班级、研究会和学生会等几级工作全面贯通的模式,逐渐成为社会认同、学校赞誉、师生共建的中外学生教育培养特色品牌活动,为高校跨文化交流与中外学生融合机制探索提供了很好的个案。

二、活动概述和分析

复旦国交院"中华文化小讲堂"自 2017 年 9 月启动以来,总计开展了四个学期 30 期活动。活动以中华优秀传统文化传播为内核,同时结合对中国现当代发展情况的介绍,设计不同文化主题,线下以课程讲解、体验互动、沙龙探讨等为主要形式,突出文化志愿服务主线,组织和整合院内外各类资源,旨在提升活动对象的中华文化获得感以及中国学生的文化自信意识。活动在持续推进和开展中,取得了一定成效,形成了"高校跨文化交流和中外学生融合机制"建设的案例经验,具备以下特点。

2.1 发挥"党建引领"作用,强调党员联动资源

"小讲堂"活动坚持以党员群体为核心,立足研究生党支部组织生活,对习近平新时代中国特色社会主义思想开展学习,不断深化党员自身对于"四个自信",尤其是"文化自信"的理解和自觉意识。党员们再将这种自觉意识和责任感融入活动策划、实施中。支部切实发挥"党旗领航"作用,辐射带动院内非党员同学和外国留学生研究生,组建团队开展。每期活动的策划组织团队,均要求由至少 1 名学生党员,和入党积极分子、非党员、留学生等共同组队,成立备课小组,分工协作。为确保活动效果,由支部党员负责,在每次活动前后开展线上调研,了解国际学生的兴趣需求。基于调研结果,支部再通过组织生活,对活动对象特点进行研判,结合活动宗旨,对原计划进行完善和改进。

2.2 主题生动丰富,弘扬中华优秀文化

"小讲堂"活动每一期主题都由学生小组讨论确立。自活动创设以来,主题不断丰富,均围绕中华优秀文化设立,充分发挥学生特长和创造力。主题涉及:汉字文化、中华美食、中国旅游、中国服饰(盘扣制作)、剪纸、脸谱、冬至(包饺子)、皮影戏、风筝、端午节(香囊制作)、汉服、竹竿舞、发簪与官帽、篆刻、中国结、中国竹笛、中国国画、灯谜会、中华民居、中国电影、中国茶艺、粤语文化及歌曲、中国瓷器、中国编手绳、中国乐器、中医汉语、中国舞、中国棋、中国壁画、中国宫殿、刺绣等等。"95 后"的中外研究生们将极具时代特点、符合青年兴趣的现代手段和中国文化主题有效结合。通过课堂讲授和动手实践的互动模式,给参与者带来新奇生动的感官体验。

2.3 推动校社互动，跨文化交流服务社会

"小讲堂"活动校内开展的同时，也进入上海社区，服务老人和孩子、青年白领等，每学期2—3次，受到社区群众的欢迎。项目与社区对接时，强调需求导向，针对不同人群特点进行内容"定制"。国交院党委也借助校党委搭建的校社联动平台，同上海市杨浦区江浦路街道签订合作备忘录，确立友好共建关系，挂牌青年党员志愿服务实践基地。"小讲堂"活动依托学院党委的基地建设，进一步拓展内容外延和影响范围。例如，邀请街道青年来校参与中外文化交流活动、组织学院中外学生进社区开展企业参访、体验上海本地生活等。

2.4 注重品牌传承，挖掘充实新内涵

"小讲堂"活动不断充实内涵，提升层级。例如，国际学生校外社会化住宿点邀请活动进园区，营造浓郁"中国风"的文化氛围；活动被校学工部纳入"书院传统文化月方案"，进行全校推广等。"小讲堂"活动在国交院党委的指导推进下，也树立新目标：增加中国现当代文化成就展示，增强在校国际学生们对于中国建国70周年、改革开放40年以来，社会文化不断变迁的认识，理解中国发展、中国成就；进一步突出中外学生合作性，从活动总策划上就确保中外研的深度交流和融合；探索新时期国际学生青年学子的心理和兴趣特点，策划更为打动人心的主题，用更生动的形式吸引他们广泛参与；更多联络其他学院联合举办活动等。

2.5 及时总结成效，坚持长效化建设

"小讲堂"每一季活动结束后，党支部都将策划案、规章制度、活动总结、参与者感悟等汇编印刷成册，赠予同学和合作单位，旨在薪火相传，形成活动的展示宣传材料和后续建设的资料库。党支部也在每学期末召开专题组织生活会，邀请海外孔院志愿者、校内相关工作部门的党建负责人，共同探讨如何更好地开展"小讲堂"活动，为活动深入推进赋能。参与其中的中外同学作结时的共同体会是：不仅加深彼此之间的交流和联络，也深化了对中华文化的体认，更提升了汉语国际教育的专业能力。国际学生借此训练适应本土教师工作的技能，中国学生增强了接受汉办孔子学院志愿者选拔，赴海外"站讲台"的基本功。该活动的主要策划与实施团队，复旦国交院2017级研究生党支部基于活动情况申报的组织生活案例，获评"校研究生优秀组织生活案例"奖。支部以"小讲堂"活动为主线开展了示范特色创建，最终获评"复旦大学研究生示范党支部"和"复旦大学先进基层党支部"等荣誉称号，均是对活动成效的阶段性总结，并因此赢得长效建设的动力。

三、几点思考

"第二课堂"面对面的交流互动，能为中外学生营造一个快速成长的浸润式情境，使他们在亲身参与中开阔眼界心胸，在不知不觉中促进知识进步和人格成长。复旦国交院"中华文化小讲堂"以传播中华传统文化为定位，以研究生专业学习为支撑，在不断推动校园跨文化交流的同时，形成对中外学生融合机制构建的启示，应从经费投入、党建引领、人才培养、管理方式、评价体系、协同创新等方面予以保障。

3.1 建立经费投入机制

校院两级每年在校园跨文化交流活动中应形成互为补充的专项经费。经费的保证有利于调动参与者们的积极性，激发活动主题的创新，形成围绕主题的衍生活动。例如，在"小讲

堂"活动"风筝"这一期主题,组织者们在讲授"春季放纸鸢"的中国民俗活动时,也购置了风筝制作材料包,带领国际学生们亲手制作并放飞自己做的风筝。现场活动结束后又继续在学院学生微信号上发起"最美风筝"的展评活动,设置奖项,师生参与热情很高。

3.2 突出党建引领

根据教育部第42号令《学校招收和培养国际学生管理办法》要求,学校需要依托各类方式方法加强对于来华国际学生中国观的教育。高校学生党员政治意识强,思想境界高,理论学习扎实,在学生群体中能以身作则、能主动作为,发挥先锋模范作用,能有效地将中国观教育内涵融合在各类学生活动中。以学生支部、党员群体为核心,发挥党支部的"桥头堡"作用,更易理解和把握"文化自信"和"中国观"教育的实质,对自身和服务对象,均实现"润物细无声"的教育效果。

3.3 注重人才培养

"95后"的学生极具个性,兴趣爱好广泛,文化才情符合时代特点。学校应充分尊重中国学生对于学科和专业的认同和依赖感,引导他们将学业和特长融于实践,担任好中华文化跨文化传播的使者。此外,学校还可依托校内人文社科背景院系,开办一些专题课程和培训等,聘请有经验的师资担任指导教师,帮助学生们打磨、提升跨文化传播能力。

3.4 创新管理方式

新时期的高校青年学生有新的信息获取方式和人际交流方式,活动组织能否善于利用符合他们诉求的新媒体、新载体,实现宣传、联络和传播等功能,是吸引中外学生积极参与跨文化交流的重要条件。复旦国交院"小讲堂"活动依托学院官方网站、院研会官方微信号"复旦国交院学生"、硕士班班级微信号等进行宣传总结,同时也推发国际学生参与跨文化交流活动后的感悟习作,与中国同学交换心得。同时,活动也建立参与者微信群实现"小讲堂"活动以外更多的跨文化交流,比如,发布"语伴"信息、各类文体学术交流信息、开展线上调研等。

3.5 完善评价机制

活动的良好运行离不开组织方的督促和不断自省,通过如调研、访谈、活动总结等参与者的评价反馈,能有效推进活动的细化和完善。活动开展前,充分了解参与对象的意愿,通过问卷调查、座谈交流等方式做好需求分析,才能使得跨文化交流活动真正成为中外共奏的大戏,而非中国同学自编自导自演的"独角戏"。参与者和参与对象都能在完善的评价机制中,感受到活动本身的诚意和长远性。

3.6 加强协同创新

社会与校园、学校和学院、院系和院系、教师与学生、中国学生和国际学生、党支部与团支部、党员和非党员、研究生会和本科生会等多元协同、资源共享的形式,能集思广益,拓宽活动思路和空间,搭建起中外跨文化交流的网格化平台。例如,社会需求可以使活动开展更接地气,赋予中外学生走出校园,体认中国真实社会的机会;学校的支持可以提升活动的层级和影响范围,使得"中华文化"为内核的活动深入人心;不同院系间的学生交流,可以促进跨学科交流,触发活动新思路;师生共建,可以加强活动开展的专业性;等等。

四、结语

跨文化交流是双向的,重要的是人与人之间富有活力的交往、交流、碰撞,以及其带来的文化交融和创造。如果国际学生独立于或徘徊在高校主流生活和校园文化活动的边缘,不能在国际化校园文化建设中发挥积极作用,既是对校园文化资源的浪费,也无法很好地实现中外高质量人才的培养。因此,为国际学生提供必要生活学习设施和良好学习支持的同时,高校还要从跨文化交流的角度,关注国际学生社会文化层面的适应和参与问题。在以知识学习为主的"第一课堂"之外,校园文化实践活动是他们日常融入和体验中国文化的最佳途径。因此,探索以"中华文化"为内核的"第二课堂",对于中外学生共建共参与的平台载体意义,以及激活"第二课堂"在跨文化交流和中外学生融合方面的牵引和保障作用很有必要。

参考文献

[1] 董燕举,石祥滨,高利军,郭振洲.中外学生融合模式下国际化人才培养途径的研究与实践[J].沈阳航空航天大学学报.2017,(3)

[2] 马艳妮.跨文化交际中的中外学生融合机制研究——以山东大学为例[D].山东大学硕士学位论文,2013

[3] 王秀妹.校园跨文化交流与中外学生融合机制研究[J].长江丛刊·理论研究,2017,(4)

[4] 袁海萍.高校中外学生融合式培养模式探究——以上海财经大学为例[J].新课程研究(中旬刊),2016,(2)

浅析留学生非学历自费生档案管理现状、问题及应对
——以复旦大学国际文化交流学院为例

吕瑞卿　吕瑞品

（复旦大学　国际文化交流学院，上海　200433；济南日报报业集团，济南　250117）

摘　要：留学生非学历自费生学制灵活，其档案的建档存档因此呈现复杂性。经过实际操作，我们认为，对于留学生非学历自费生适合采取新生入学即建立档案，在学习过程中逐步完善档案材料，以单人为单位结业即归档。同时我们认为，电子数据在档案管理中发挥着巨大的作用。

关键词：留学生非学历自费生；档案；现状；问题；建档

改革开放四十多年来，中国的发展吸引了来自世界各国的留学生前来中国学习。来华留学生的数量逐年上升，来华留学生的类别也日趋多样化，从单一的公派留学生逐步发展到公派生、各类奖学金生、校际交流生、系际交流生、自费生、项目生等共存的格局，有学历生，也有非学历生，有汉语授课的学生，也有英语授课的学生，等等。但是我们发现，越来越多的外国人士限于时间、学历或者经济等原因，不能选择用时相对较多的学历学习，而是选择非学历学习。非学历学习因其自身学习时间比较灵活等特点，每年都吸引大批的留学生前来学习。以复旦大学国际文化交流学院为例，每年前来学习的非学历生多达一千多人次，多的时候达三千多人次。这些留学生中部分同学出现中途退学的情况，有的在申请期限内提早结业，有的则需要延长学习。如何科学规范地给这些非学历自费生建立档案已成为目前摆在各高校面前的一个重要而紧迫的任务。

一、留学生档案管理研究回顾

有关留学生档案管理的专著非常少，笔者占有的资料中尚未发现。散见于各种期刊的文章大致可分为三类：第一，从档案馆角度阐述留学生档案载体，比如留学生档案应该包括哪些内容等，如陈艳宁（2017）等；第二，从档案馆角度阐述留学生档案的建构、追踪以及管理手段，包括完善留学生档案管理制度、强化留学生档案管理能力、完善留学生档案收集方式、促进留学生档案管理信息化等，如陈艳宁（2017）、邓羽（2006）等；第三，从目前留学生档案的现状、存在的问题进行描述，提出加强留学生档案管理的设想，试图寻找解决这些问题的对策，如王利伟（2011）、郑平（2018）、杨保乐（2014）、谢凤丽（2017，）、王剑军（2012）、邓丽芝（2018）、蓝蕾（2006）等。这些文献中，以第三类居多，学者们或者从宏观上，或者从自己所在地区的高校出发，对留学生档案管理进行了探析，并强调了留学生档案管理的重要性。

我们发现，前人已经认识到留学生档案管理存在的问题，并多角度尝试解决的办法。但我们也发现，文献中对于如何具体操作缺乏详细阐述，操作性弱，对留学生档案管理有理论指导而弱于实操。因此，本文将从实践出发，尝试呈现留学生非学历自费生档案建立的操作。

本文以复旦大学国际文化交流学院（以下简称：复旦国交院）在留学生非学历自费生的档案整理为例。之所以选取非学历自费生，是因为复旦的非学历学生中只有自费生的学生属于国交院自主招生，学生的档案管理需要复旦国交院单独建立归档。

二、留学生非学历自费生档案管理现状及问题

2.1 复旦国交院留学生非学历自费生档案现状

复旦国交院非学历自费生的档案，早期由复旦大学留学生工作处统一管理。近年来复旦大学留学生非学历自费生实行院系自主招生，档案管理也相应实行"谁招生谁负责"的管理模式。因此复旦国交院的留学生非学历自费生的档案管理从留学生工作处转移到复旦国交院。由于复旦国交院没有专门的档案管理人员，留学生非学历自费生档案管理刚开始暂由招生部门负责。但是复旦国交院的招生部门也是由教师兼任，并无专职人员，招生和教学双重任务已经非常重，档案管理因此搁置数年。

2.2 留学生非学历自费生特点

留学生非学历生具有学生数量大、经费来源多样化、学制弹性大、分班临时化、新生报到打折扣、老生班级流动性大、学生学习目的多样化等特点。这些特点决定了档案材料的收集和管理具有较大的难度。例如复旦国交院近年来留学生非学历自费生人数每年约 1 300 多人次①，每个学期约有 700 人次，这些学生因其经费来源的多样化，其档案的建档归口部门也多样化，分属不同的部门建档归档。学制弹性大使得我们无法整齐划一地建档归档。再比如老生班级流动性大，入学时的班级与他们后来各学期的班级并不是同一个班级，导致无法按照班级进行建档归档。留学生非学历自费生的这些特点给我们的档案建档增加了难度。

2.3 留学生非学历自费生建档难点

如 2.1 和 2.2 所述，基于国际院现状和留学生非学历自费生的特点，我们发现为这些学生档案建档存在很大的困难。

2.3.1 材料收集难

档案里最基本的材料包括入学申请材料和成绩单。

首先是入学申请材料。非学历自费生的招生材料，需要招生部门招生结束后才能完成。虽然招生有明确的截止日期，但有很多学生因各种原因开学前才获得录取，由此会出现报到时有的学生入学申请材料还没来得及移交过来。还有一些老生因为各种原因开学时才决定要继续学习。

其次，成绩单是档案材料不可或缺的部分。学生考试结束到出成绩单时间仅一天，教务部门除了要打印、盖章所有学生的成绩单，还要给结业的各类学生出具学习证明。因此教务

---

① 这个数据包括所有的非学历生，不仅仅是非学历自费生。引入这个数据，是因为建档人员需要把非学历自费生与其他非学历生分离出来。

压力非常大。无论是提供材料的教务部门,还是负责建档归档的国际学生辅导员,经常是刚忙完开学就要忙结业,时间和精力都非常有限,收集材料非常窘迫。

此外,奖惩材料收集困难。学生在校期间,参加各种各样的活动,这些活动的主办方不容易掌握,因此收集这部分材料也比较难。公安机关的处罚决定因为流程原因,也会滞后一段时间,有时甚至几个月。

2.3.2 材料分类困难

如何及时、准确地把需要归档的人员名单和材料分离归档,是我们面临的一大难题。留学生非学历自费生每个学期都有人结业,归档工作每学期都要进行一次。我们需要把结业的同学从总材料中抽取出来,这项工作本来只是量的问题,但是有的学生中途停止学习,有的同学已经结束了学习,但是开学时忽然又出现要求继续学业,等等,因此如何及时、准确地把真正结业的学生的档案调取、归档以及如何归档,是我们面临的巨大挑战。

2.3.3 专业人员短缺

目前我们没有专业的人员负责建档。留学生非学历自费生建档存在上述很多难点,他们的档案管理需要投入大量的时间和精力,如何做好这项工作需要一定的专业知识。因此,人员、人才的短缺是目前制约建档的一个重要因素。

三、留学生非学历自费生档案整理探索及实践

复旦国交院留学生非学历自费生的档案是由国际学生辅导员兼任。面对上述现状和困难,结合复旦国交院的实际情况,我们采取了以下几个措施,对复旦国交院留学生非学历自费生档案进行梳理、建档和归档。

3.1 充分调研,了解建档要求

因为档案管理专业知识缺乏,我们首先对档案馆进行前期走访,了解建档的总体要求。对照目前的实际情况,提出问题。在此基础上具体负责人员再次调研档案馆,详细了解建档具体要求及注意事项,并实地观摩档案馆的档案卷宗,例如:了解档案材料内容、材料纸张大小、档案装订页数、学生签名应该使用哪种笔、归档时间等。根据我们的具体情况,确定适当的建档原则。

3.2 专人负责,协调统筹

复旦国交院国际学生辅导员牵头,研究档案馆要求的材料内容,最终确定需要协调的部门为招生部门和教务部门。我们首先从招生部门入手,收集到入学材料。然后跟教务部门对接,研究教务出具的成绩单,据此对教务部门的成绩单做出要求,例如:成绩单要能根据申请编号打印、成绩单上要包括班级和申请编号等。除了提出要求,我们还给予教务部门必要的协助和合理化建议,以减少由此给教务部门带来的工作压力。例如:协调软件开发商调整教务管理系统,调整成绩单的打印工作,建议教务归档的成绩单按照申请编号打印,发给学生的成绩单按照班级打印。这样归档和班级管理可以有机地结合起来,不会发生互相干扰的情况。

3.3 合理规划,科学分类材料

3.3.1 确立建档基础

在班级和申请编号之间确立了以申请标号为建档基础。我院留学生非学历自费生是根

据汉语水平分配在各个班级里,因此以班级为单位进行档案管理看起来似乎比较容易。但是我们发现,在实际操作中以班级为单位进行档案管理并不可取。正如上述2.2中所述,新生分班都是在报到之后进行,老生流动性大,以班级为单位分类管理工作量非常大。首先以班级为单位进行建档,工作会集中在开学时段,这样就会加重档案负责老师的负担。而且以班级为单位归档,一学期一次,未结业学生的档案要反复建立,同一学生出现在不同的学期不同的班级里。同一个学生的档案多处出现,失去了档案的整体性和唯一性。经过一个学期的实践对比,结合本文2中留学生档案管理难点,我们确立以申请编号为依据进行建档。

3.3.2 建档名单电子数据化,纸质材料与电子名单一致化

电子名单方面,确定了建档标准后,我们根据复旦国交院教务管理系统,开学前把老生报到状态和新生录取状态的学生名单导出,内容包括申请编号、中文姓名、护照姓名、国籍、学生类别、专业、学制起止、经费来源,这个名单就是2018秋季应报到的学生名单,从中筛选出自费生,再根据申请编号,分别按申请年度由过去到现在,再分别按序号大小由小到大排序,按申请年度各自另建工作表。

纸质材料方面,开学前协调招生部门移交新生入学申请材料和前几个学期的老生申请材料。复旦大学的非学历自费生学习时间最长一般不超过两年,我们导出的名单中最长的是2017年2月入学的学生。因此,只需往前追溯到2017年2月学期。

电子名单与纸质材料的结合:纸质材料的顺序与电子名单相对应,老生部分只抽取名单上的学生。新生因为人数较多,我们把这些材料按照申请编号,1—99一起,100—199一起,200—299一起,以此类推,分别存放在不同的盒子里,做好标记。这一做法在开学报到现场,发挥了非常重要的作用,报到当天,虽然学生非常集中,但可以据此快速找到他们的材料。

3.4 新生、老生材料收集两步走

新生的材料收集,我们放在了报到现场。如入学申请表签名、贴照片、护照复印件补交等。学生只有完成了这一步,才可以去缴费,完成注册的其他步骤。所以抓手很重要,对于新生,我们的抓手是只有完成了档案材料,才能继续注册手续。

因为时间紧迫,老生的纸质材料我们放在了开学报到之后。老生的抓手比较弱,如何操作,我们将在3.6里详细介绍。

3.5 数据管理与材料整理

复旦国交院新生2018年秋季学期的申请者有600多名①,老生多数是学习期限两年内的学生。2018年秋季在校学生的数量统计如表1所示:

表1

C20170202	C20170909	C20180202	C20180909	20180709	20180908
7人	20人	73人	294人	8人	30人

根据表1的统计,C201702的学生是学习时间最长,留下的人数也最少。人数最多的是C201809。由此,我们可以看出,在我们这里开始第四个学期学习的,只有7人,开始第三个学期学习的为20人,开始第二个学期学习的为73人,新生加上暑期项目结束后选择继续学

---

① 这个数据包含了奖学金生和校际交流生,这两部分分属不同的部门管理,不在我们讨论的范围。

习的人数最多，一共是332人。表1中的432人，都是非学历自费生，需要我们建档。

据此，报到结束后，导出本学期已注册学生名单，筛选出非学历自费生。这一步需要注意的是，导出的学生名单中，除了上面说的8项内容，还应该加入班级一栏。这样一旦哪个学生的档案材料需要补充，我们就能够快速地找到他们的班级。

筛选出的已注册非学历自费生，按照申请编号前9位建立不同的工作表，这样我们就得到6个工作表，分别是：C201702，C201709，C201802，C201809，C20180709和C20180908。纸质材料根据工作表分别存放。其中，2017年两个学期的人数一共只有27人，我们做了微调，全年的放在了一起，标明是2017全年。而C20180909人数过多，因此，我们把这些同学的材料进行了拆分，申请编号序号在1—99范围内的放一起，100—199范围内的放一起，后面的依次类推，这样做便于以后成绩单等其他材料的加入。

3.6 工作方式灵活多样

新生的材料相对完整，因此在注册报到时基本能够顺利完成，个别特殊情况需要及时处理。老生的材料完整性弱，残缺或者短缺情况较多。对此，我们首先把这些同学在相应的工作表里选中，重新建立一个"材料不齐"工作表，根据里面的班级信息，通知到班级，告知学生我们将集中时间在教学楼现场办公，请名单上的同学届时前来完成。通过第一轮的现场办公，仍然没有完成的同学需要通过班主任通知他们到办公室来完成。反复通知，直到完成。

对于特殊情况，需要特殊处理。例如：有的同学虽然对于归档这件事能够理解，但是认为这不是他的错，不愿意到现场办公的地方去，也不愿意来办公室，但是不拒绝在不打扰他学习的情况下在课间去找他补充材料、签字。因此，我们为这样的同学提供了他们能够接受的工作方式，课间的时候去教室找到学生，完成档案材料的收集工作，例如收取照片和签字等，学生非常配合。

由此，我们认为，对于抓手较弱的老生，我们需要提供灵活多元的工作方式。

3.7 归档时间个性化

基于非学历自费生的特殊性，我们认为学生结业后即归档的做法显然不适用。因此，我们采取了开学后归档的办法，即学期结束后只收集材料，如成绩单的加入等，然后所有材料都暂时保存在学院。开学后，根据开学报到的学生名单，仍然按照本学期的做法，重新建立一份在校生名单，新生按照本学期的做法建档。老生一定是上述6个工作表中的432名学生中的。根据新学期老生报到名单，把上述6个工作表中的学生拆分成结业和在校两部分，同时把老生纸质材料也根据名单分成两部分，老生报到名单上的继续留在原处，名单外的材料移交档案馆，当然电子名单也做相应处理，分成结业和在校两部分，把结业部分的电子名单随相应的纸质材料一并归档，完成这部分学生的归档工作。归档的这些学生就包括了上学期顺利结业、中途退学、学制没有结束上学期来这学期不来等各种情况的学生。留下来的材料则是本学期在校的老生。新生则是报到时现场收到的材料。

四、小结

留学生非学历自费生流动性大、学制弹性大，是制约我们建档的重要因素。通过上述实践，我们认为，第一，留学生非学历自费生的建档有较强的时间限制，需要在较短的时间内完成。第二，留学生非学历自费生的档案归档有较强的滞后性，需要在学期开学后，对上一个学期的在校生进行筛选,把未报到的学生档案抽出来归档。第三,留学生非学历自费生的纸质档案建立后需要分档管理,把学生档案根据申请编号拆分成几组或者更多组,以便后期能够快速有效地将其他材料归入。

总之,我们的原则是新生注册时即组织建档,老生不注册才归档。开学后把上一学期的档案归档是留学生非学历自费生档案管理的一个重要方法,分档管理纸质材料是档案管理的一个有效手段。

关于留学生非学历自费生档案电子数据化,我们认为宜多套电子名单与一套纸质档案配合,其意义十分重大,限于篇幅,我们将另文阐述。

参考文献

[1] 陈艳宁.来华留学生档案追踪机制的建构与价值讨论[J].卷宗,2017,(33)
[2] 邓丽芝.高校留学生档案管理的现状与对策[J].文教资料,2018,(18)
[3] 邓羽.高校外事档案信息化管理[J].兰台世界,2006,(1)
[4] 蓝蕾.新形式下高校外事档案收集工作刍议[J].浙江档案,2006,(11)
[5] 王剑军.来华留学生档案管理的问题与对策[J].企业研究(理论版),2012,(4)
[6] 王利伟.建立来华留学生档案追踪机制探析[J].兰台世界,2011,(2)
[7] 谢凤丽.浙江高校留学生档案管理现状调查及对策[J].办公室业务,2017,(8)
[8] 杨保乐.广西高校留学生档案管理探析[J].山西档案,2014,(1)
[9] 郑平.高校留学生档案管理的完善与优化途径探讨[J].企业科技与发展,2018,(2)

研究生专栏

"到底"的语法化顺序与习得顺序考察

周玉品

(复旦大学 国际文化交流学院,上海 200433)

摘 要:本文将"到底"作为短语与词的意义与用法分为两大类七小类,从短语到词,"到底"经历了词汇化、语法化的过程。根据"到底"的语法化顺序构拟其习得顺序,并对中介语语料进行输出、正确率、初现情况的考察,综合三项指标得出其客观习得顺序,并结合使用频率、适用性、语块化理论等对构拟的习得顺序与客观习得顺序的差异进行解释。

关键词:到底;语义关联;语法化顺序;习得顺序

一、引言

现代汉语的"到底"是一个集短语、副词的用法与意义于一身的语言表达形式。已有研究中,"到底"的本体研究多集中于副词"到底"的语法化、主观化问题上(张秀松,2008a、2008b、2016;马喆,2009),较少考虑"到底"的短语用法,仅部分研究有所涉及(张秀松,2012、2014)。应用研究则多从对外汉语角度出发,将"到底"与"毕竟""究竟""终究""倒是"等用法与意义相近的词进行对比,在此基础上提出相关的教学策略(陈秀明,2006;李莉,2012;蒋欣,2013;赵舸,2015)。

在表达中,若作为谓语的动词"到"与表示地点的"底"相邻,所形成的线性表达"到底"具有动词短语的性质,直接作为谓语成分入句,例如:

(1)每行第一字大写,末一字不<u>到底</u>,细加研究,知是诗稿。(CCL)

此外,"到"与"底"还可形成介宾结构(张秀松,2008),紧跟谓语动词后,构成"V+到+底"形式,与谓语动词之间无法插入"着、了、过"等,在现代汉语中较常见。

(2)我能挺得住,我一定要走<u>到底</u>!(CCL)

对外汉语教学中,"到底"的短语意义与用法几乎不被提及。在《高等学校外国留学生汉语长期进修教学大纲》(2002)中,"到底"被归入初等阶段词汇中,是初等阶段语法项目语法点之一,在功能项目中与"究竟"的教学安排在一起作为"质问"功能项目。较之其他语言点,"到底"的难度并不算大,但学习者在使用时仍会出现偏误,如(4)、(5)。对"到底"的意义与用法进行梳理,找出其中的关联与语法化顺序,并对其习得情况进行考察,以期为对外汉语教学提供些许参考。

(3)<u>到底</u>学汉语很幸福。(复旦大学中介语语料库)

(4)你昨天说想去,今天说不想去,你<u>到底</u>想一想吗?(同上)

二、"到底"的意义与用法

2.1 "到底"意义与用法的词典释义

《现代汉语八百词》(吕叔湘,2016,简称《八百词》)将"到底"标为副词,意义与用法分为3大类4小类,分别是:(1)表进一步追究;究竟。(2)表经过较长过程后出现某种结果。(3)强调原因或特点;毕竟。A. 用在动、形或主语前;B. [名]+到底+是+名。

《现代汉语常用虚词词典》(武克忠,1992,简称《常用》)也将副词"到底"的意义与用法分为3大类4小类,即:(1)表示追究,"究竟"。A. 用于疑问句或含有疑问部分的句子;B. 用于选择问句。(2)表某种情况或结果经过一定时间、过程,最后终于出现了,"终于""最终"。(3)表示强调事物的本质或特点,"毕竟"。

《现代汉语虚词词典》(张斌,2001,简称《虚词》)将"到底"标注为副词,意义与用法分为3大类4小类:(1)用于陈述句,表归根结底的事实或事理,"终于""毕竟"。A. 用在一般动词或形容词前;B. "X到底是X",表事实不容置疑。(2)用于疑问句,表深究口气。(3)用于陈述句、感叹句,表最终达到目标,"终于"。

上述三部词典都有较明确的目标群体或特定收录范围,为更清楚地了解"到底"的释义,对《现代汉语词典》(2012,简称《词典》)进行考察,发现《词典》将"到底"分别标注为动词与副词,动词释义为"到尽头,到终点"。副词的意义与用法分为3类:(1)经过种种变化或曲折最后出现某种结果;(2)用于问句,表深究;(3)毕竟,强调原因。

综合来看,前三部词典对"到底"的释义较一致,部分意义与用法在不同词典中的划分、表述有所区别。前两部词典以语义为导向,按照语义的不同进行义项的一级划分,根据结构、句类进行二级划分,而《虚词》则以适用句类为一级划分标准,以句型、格式为分类导向。《词典》将标注为动词与副词,释义较简洁,且以意义为导向,对入句格式、适用句类等句法层面关注较少。

2.2 "到底"意义与用法的重新分类

短语"到底"在使用过程中逐渐词汇化,受使用频率及韵律影响,在认知层面我们将"到底"优先识别为词而非短语。从对外汉语教学角度看,留学生不仅会用到"到底"的副词形式,也会用到其短语形式。为了更全面地考察"到底"的习得情况,不仅要对其副词意义与用法进行考察,也需对其短语意义与用法加以考虑。我们将"到底"的意义与用法分为2大类7小类,A类表示短语,B类表示副词。

A类包括A_1动宾短语与A_2介宾短语两类,都表示"到尽头,到终点",主要区别在于"到底"前是否有动作性更强的谓语形式。A_1如(5),A_2如(6)。

(5)咱们把转变观念这些不容易摸着的词都放到一边,一竿子到底。(CCL)

(6)有的扬言要将作者拖到工地上揍一顿,更多的则要求把官司打到底。(CCL)

B类表"到底"的副词用法,包括三小类。B_1某种情况或结果经过一定时间或过程后得以出现,"终于""最终"。多为"到底+动/形"形式,且句子必须带上表示完成意义的标记。

(7)他沉默了半天,到底开了口。(《八百词》)

B_2表进一步深究、追究,相当于"究竟"。多用于疑问句或带有疑问语气的句子中,常带有不耐烦的语气。

(8) 这个地窖里藏的到底是什么？(《常用》)

B_3 强调原因，相当于"毕竟"。以上词典多将 B_3 解释为"强调原因或特点"。我们认为 B_3 应归为强调、突出原因，如(9)中隐含的前提是"女人经不起折腾"，说话人要说明"她不经折腾"这一推论，而出现这个结果的原因就是"到底"后面所引出的"她是女人"。

(9) 杨清民心中感慨，到底是女人啊，不经折腾啊。(CCL)

根据 B_3 出现的句子环境的差异，可分为 B_{3a} 与 B_{3b}。B_{3a} 用在一般动词或形容词前。

(10) 他到底有经验，很快就解决了。(《八百词》)

B_{3b} 参与构成"X 到底是 X"，表示事实就是如此，不容置疑。

(11) 南方到底是南方，四月就插秧了。(《词典》)

B_4 表委婉的催促语气，相当于"倒是、好歹"。

(12) 今天咱们到底看看，是你跪还是我跪。(CCL)

三、"到底"各意义与用法的语法化

3.1 "到底"各意义与用法的语义关联

古汉语以单音节词为主，现代汉语则以双音节词为主，而汉语中词的产生路径之一就是短语发生词汇化。如果"到底"的 A 类意义和用法与 B 类有关，那么 A、B 很可能是"源"与"流"的关系。

A 类的"到"与"底"是分开的两个词，"底"最初表示垂直方向上的底部、末端，构成动宾短语后"到底"表示空间意义上的变化，表示对象到了一个具体的空间位置的底部，如用例(13)，秤槌落入东海要到海底才停下来，动作发出后产生了位置高低垂直变化的结果。随着"底"从垂直位置上的底部到水平位置的末端这一意义的发展变化，"底"的语义泛化，所以"到底"也逐渐用以表示水平位置上的"到底部、底端"。

(13) 秤槌落东海，到底始知休。(CCL)

由于"到"常被置于名词之前表示对象从一个空间位置位移到了另一个空间位置，所以"到"逐渐虚化为表示引入空间位置的介词，如"走到底"等。对于"底"，认知语言学中的方位主义理论认为，"表空间的方位词比其他词更基本，时、体、存在和领属等范畴都可用共同的底层方位关系来解释"(张秀松，2016)。从空间隐喻出发，表具体空间位置的"底"可进一步延伸为表抽象的逻辑关系，表事情发展或过程的终点，如"坚持到底、抗争到底"等表述，"到"与"底"的逻辑距离缩短。"到底"前出现了动词用以表示致使位置发生变化的具体动作形式，而"到底"表示动作经过一定时间或过程后达到了变化的终点状态，即我们所说的 A_2，故 A_2 可由 A_1 经意义虚化而来。

当"到"与"底"结合起来使用的频率不断增加时，进一步引发词汇化，而 B_1 所表示的"某种情况或结果经过一定的时间或过程后得以出现"可由"到终点"的 A_2 发展而来，在意义上两者最为相近。B_2 相当于"究竟"，是对目前所谈论的问题的追问与深究。使用 B_2 类"到底"的前提是说话人已经就所谈论的话题提出了疑问，但未在使用"到底"的前一个或几个话轮中得到清晰、明确的答案，需就已有信息进行追问与深究，使用"到底"表明说话人不想再继续不明确的对话，要求听话人在这一次话轮转换中完成信息传递，所以"到底"所在的这一话轮转换可看作是当前所讨论话题的"终点""结束"，可视为"底"的意义。较之于 B_1，

B_2带有说话人更强的主观性,一般情况下带有不耐烦的语气,B_2可能由A_2或B_1发展而来。

B_3是对原因的强调与凸显,相当于"毕竟"。B_3所在的句子存在因果关系,"到底"部分强调的是可得出后面结论的原因,如例(10)中的"他很快就解决了这个问题"这一结果的原因是"他有经验","到底"说明这个逻辑溯因过程经过了一定的推导,"推理是从前提到结论的思维运动"可视为A_2到B_3的隐喻发展机制。此外,B_{3a}与B_{3b}在语义上差别不大,不同之处在于"到底"前后成分的词性有所不同,B_{3b}所在格式"X到底是X"中前后的"X"是相同的名词,在形式上有更严格的要求。

B_4有委婉意味,含有对事态发展结果的期待义与一定的让步义。如例(12)"今天咱们到底看看,是你跪还是我跪。"表现出了对结果走向的倾向义,隐含着"到最后究竟如何",是祈使语气的表现形式之一,B_4可能是由B_2发展而来的。

综上,"到底"各意义与用法之间的语义关联可表示如图1所示:

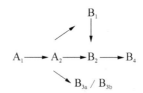

图1 "到底"各意义与用法的语义关联

3.2 语法化程度等级顺序与习得顺序构拟

语法化过程是一个意义从具体到抽象,客观性不断减弱、主观性不断增强的演变过程,意义的抽象程度和主观化程度越高,语法化程度也就越高(高顺全,2012)。

人类对世界的认知存在"从具体到抽象"的一般规律,有着这样的认知域等列:人>物>事>空间>时间>性质(Heine,1991)。"到底"各意义与用法也能在这一认知域等级序列中找到对应的解释。A_1作为"基底"代表最基础的意义,"底"为具体的空间位置,此时的"到底"是动作与结果的综合体,处于空间认知域阶段。随着"到"的虚化及"底"意义的泛化,"V到底"使用频率增加,"V"也逐渐由"走、跑、干"等具体的动作动词扩展到"坚持、奋斗、抗争"等抽象性动词与"漂亮、幸福"等形容词,发展到A_2阶段的"到底",属于"空间"与"时间"认知域的中间状态。到了B_1阶段,这时的"到底"强调时间、过程的发展变化,此时对"到底"的认知已属于"时间"序列位置。而B_2的"究竟"义在追问的时间线上也处于往前推进的位置,仍属于"时间"的认知范畴,但较之于B_1来说,B_2带有说话人较强的主观化色彩。B_{3a}、B_{3b}的"毕竟"义与B_4的"倒是、好歹"义都属于抽象的逻辑概念义,在认知上进一步虚化、抽象化。由此来看,"到底"的虚化、语法化程度可构拟为:$A_1>A_2>B_1>B_2>B_{3a}/B_{3b}/B_4$(">"表语法化程度"低于")。

对于现代汉语中表示"毕竟"与"究竟"义的"到底"的历时发展问题,相关研究主要有混合说(史金生,2003)、并联说(杨荣祥,2005)与串联说(冯雪燕,2009)三种观点。张秀松(2012a:57—65,2012b:61—69)从语料库出发,对"到底"进行了穷尽式的统计,发现短语"到底"在唐五代就已经大规模出现,"终于"义B_1与"究竟"义B_2在宋代较为常用,而"毕竟"义的B_{3a}、B_{3b}在元明时期才逐渐发展成熟,而B_4则多出现在清代的文学作品中。即从历时角度看,"到底"各意义与用法出现的先后顺序为:$A_1/A_2>B_1>B_2>B_{3a}/B_{3b}>B_4$(">"表"先于")。

语法化顺序与习得顺序存在着明显的正相关关系,语法化程度与习得难度成正向变化关系(高顺全,2012、2015)。根据上述对"到底"各意义与用法的语义关联、语法化程度、历时演变顺序的讨论,我们认为"到底"各意义与用法的习得顺序可能为:$A_1>A_2>B_1>B_2/B_{3a}/B_{3b}>B_4$。

四、"到底"各意义与用法的习得

在复旦大学与暨南大学的中介语语料库中对"到底"的用例进行检索,经筛选、排查,在470万余字的书面语语料中得到有效语料392条,在约135万字的口语语料中得到有效语料64条。

4.1 输出情况考察

考察中介语语料库中"到底"的输出情况,得到表1:

表1 "到底"的绝对输出情况

来源 \ 语体	口语		书面语	
	频次(例)	频率(‰)	频次(例)	频率(‰)
复旦大学语料库	37	0.37	73	0.43
暨南大学语料库	27	0.8	319	1.1
总　计	64	0.47	392	0.83

总的来看,"到底"在口语系统中的使用频率低于书面语系统,但绝对输出比例都较低,一个重要的原因就是副词"到底"在很多情况下可由其他表示相近意义的副词代替,诸如上文提到的"究竟、毕竟、终究、倒是"等。

对"到底"各意义与用法进行绝对输出的统计,同时与本族语进行对比。我们以王朔的《我是你爸爸》、余秋雨的《文化苦旅》与赵瑜的《马家军调查》为语料来源,总字数约为64万,共得有效语料86例。将中介语语料与本族语语料进行对比,得到表2:

表2 "到底"的相对输出情况

意义与用法	中介语输出		本族语输出		比例差(%)
	数量(例)	比例(%)	数量(例)	比例(%)	
A_2	85	18.64	22	25.58	-6.94
B_1	33	7.24	9	10.47	-3.23
B_2	323	70.83	50	58.14	12.69
B_{3a}	15	3.29	5	5.81	-2.52
总计/频率	456/0.75‰		86/1.3‰		—

从表2可看出,在605万余字的中介语语料中,共有"到底"456例,频率为0.75‰;在64万字左右的本族语语料中,共有"到底"86例,频率为1.3‰。总的来看,"到底"的中介语输出偏少,留学生对"到底"的掌握情况有待加强。B_2用法在中介语中的输出比例明显高于本族语,属过度输出。在A_2、B_1、B_{3a}方面,中介语的输出比例均低于本族语,其中A_2的比例差较大,达到了6.94%。而在A_1、B_{3b}、B_4方面,中介语与本族语表现一致,均没有输出。

综合绝对与相对输出来看,留学生对B_2掌握得最好,其次是A_2,再者是B_1与B_{3a},A_1、

B_{3b}、B_4均没有有输出,可视为未习得。故而从输出角度看,"到底"的习得顺序为:$B_2>A_2>B_1/B_{3a}>A_1/B_{3b}/B_4$。

4.2 偏误情况考察

再看正确率情况,对456例中介语输出进行分析,发现仅15个用例存在与"到底"相关的偏误,正确率达到了96.71%。A类的85个用例中有2例偏误,正确率为97.65%;B类的371个用例有13例偏误,正确率为96.50%。从正确率角度看,留学生对于"到底"的掌握情况较好。

具体到每个小类来看,A类输出全部为A_2,2例偏误皆为遗漏动词,结合上下文语境发现"到底"前都遗漏了"说"这一动词。

(14) a. <u>到底</u>我想无论如何什么地方,我的最喜欢是打一份好的工作。(D1班)
  b. 小强找妈妈中,<u>到底</u>小强的爸爸和妈妈有错。(F2班)

B_1类33个用例中有4例偏误,皆为误代型偏误,正确率为87.88%。学生将"到底"等同于"最后",要用"最后"表示事情发展的逻辑顺序时,直接用表示"终究"的"到底"替代,出现了诸如"每次的到底"的偏误。

(15) a. 可是每次的<u>到底</u>,都只有眼泪一直在自己的身边。(本二)
  b. <u>到底</u>她就过来跟我说话,我说我没有生你的气我已经忘记了。(中上)

B_2类323个用例中有7例偏误,正确率为97.83%,主要为错序与误加偏误,前者如(16)的a、b,a中当情态动词与"到底"相邻出现时,"到底"应置于情态动词之前,应为"到底要怎么学(会)";后者如(16)的c、d,"到底"有表追问、不耐烦语气的功能,而"吗"表一般的疑问意义,与"追问"相悖,所以"到底"与"吗"共现时互为偏误,可视为"到底"的误加。

(16) a. 毕竟,如果是这样的话,孩子要<u>到底</u>怎么学独立生活呢?(本一)
  b. 你昨天说想去,今天说不想去,<u>到底</u>我不味看你要做什么。(C5班)
  c. <u>到底</u>早起和健康的身体有关吗?(中级)
  d. 你现在<u>到底</u>不想去中国吗?(C1班)

B_{3a}的15个用例中有2例偏误,正确率为86.67%,均为误加偏误。

(17) a. 但是<u>到底</u>因为不能用别的语言,只能用汉语,越学越好,(D3班)
  b. <u>到底</u>"梦"无论你是不是在睡觉,那样的情况,可能不会实现地出来。(本二)

若将正确率达到90%看作习得情况良好,正确率达到85%视为习得情况中等,仅从正确率角度看,"到底"各用法与意义的习得顺序可划分成:$A_2/B_2>B_1/B_{3a}>A_1/B_{3b}/B_4$。

4.3 初现情况考察

按照学生的汉语水平将搜集到的语料分为三个等级,B—D班与一年级为初级,E—H班与二年级为中级,I—J班与三、四年级为高级,考察"到底"的初现情况,得到表3:

表3 "到底"的初现情况

意义和用法	初级			中级			高级		
	复旦	暨大	用例/频率	复旦	暨大	用例/频率	复旦	暨大	用例/频率
A_2	7	34	41/23.98%	2	34	36/15.72%	4	3	7/12.96%
B_1	6	4	10/5.84%	10	11	21/9.17%	0	2	2/3.70%

续　表

意义和用法	初级			中级			高级		
	复旦	暨大	用例/频率	复旦	暨大	用例/频率	复旦	暨大	用例/频率
B_2	22	90	112/65.50%	31	135	166/72.49%	15	29	44/81.48%
B_{3a}	8	0	8/4.68%	4	2	6/2.62%	0	1	1/1.85%
总计	43	128	171/100%	47	182	229/100%	19	35	54/100%

从表3可看出,B_2的使用频率占了绝对优势,并呈现出递增的趋势;与此相反的是A_2表示的介宾结构用法,从使用频率上来看,A_2仅次于B_2,并随着汉语水平的升高呈递减趋势,原因是"到底"常与"坚持"连用,高频使用使得"坚持到底"成为易记忆的语块,语料中的A_2也多为这一用例,而在本族语中这一结构的用例更为丰富,说明留学生在习得A_2时出现了僵化的问题,且汉语水平越低越明显,所以这一用法的习得应较早。此外,B_{3a}用例较少,随着汉语水平的升高呈递减趋势,但高级仅一例,统计学意义不大。根据以上表格,我们可以得出一个大致的初现顺序:$A_2/B_2>B_{3a}>B_1>A_1/B_{3b}/B_4$。

五、讨论

5.1　习得顺序的讨论与解释

上文分别从输出、正确率和初现方面进行了习得情况的考察,得出三组习得顺序:

输出标准:$B_2>A_2>B_1/B_{3a}>A_1/B_{3b}/B_4$

正确率标准:$A_2/B_2>B_1/B_{3a}>A_1/B_{3b}/B_4$

初现标准:$A_2/B_2>B_{3a}>B_1>A_1/B_{3b}/B_4$

三组习得顺序基本一致,只在A_2、B_2是否是同时习得、B_1是否先于B_{3a}习得两个问题上存在差异。首先是A_2与B_2的习得先后问题,A_2在正确率与初现两个指标上都表现较好,正确率较高,且初级阶段的输出数量已达到初现标准,但由于输出用例较单一,多为"坚持到底"这一范式化输出,语块化明显,所以综合来看A_2的习得不如B_2好,A_2应在B_2后习得;其次是B_1与B_{3a}的习得先后问题,B_1与B_{3a}在三个指标上的表现都较为相似,从数值上来看差异不明显,可视为同时习得。

综合三方面的表现,"到底"各意义与用法的习得顺序应该是:$B_2>A_2>B_1/B_{3a}>A_1/B_{3b}/B_4$,上文中我们根据语法化顺序构拟出的习得顺序为:$A_1>A_2>B_1>B_2/B_{3a}/B_{3b}>B_4$。直观来看,构拟的顺序与实际习得顺序存在一定差异,但这些差异是可解释的。

A_1在现代汉语中已较少见,在64万字本族语语料中并无用例,即无论是在本族语的语文教学还是对外汉语教学中,A_1用法及意义都不会教授给学生,所以即使A_1的意义较实在、具体,学生也并不会习得。B_1在很多情况下可用更为高频的"最后"来替代,不同之处在于使用"到底"时带有深究意味,而"最后"只表示事情、时间的发展顺序,主观性不如"到底"强。由于"到底"带有主观性,对学习者来说无疑比"最后"难掌握,所以学习者有可能采取回避策略,选择"最后"等词来进行迂回表达,以致B_1输出不足。至于A_2用法,由于其处于短语词汇化的中间状态,又易与前面的动词形成语块,所以A_2的习得难度不大。虽然B_2比

B_1更抽象,但由于其使用频率高,学生较容易习得,但在使用过程中也易出现过度输出问题。对于B_3的两种下位用法,B_{3a}的"到底"多用于口语,与其意义相近的"毕竟"适用于书面语与口语,所以B_{3a}的输出情况并不乐观;而B_{2b}在本族语与中介语中都没有输出,原因可能是"X到底是X"中的"X"前后重复,其简略格式"到底是X"也合乎表达,在经济性原则的制约下B_{3b}逐渐被B_{3a}代替。B_4与其他用法相比,急切追问的语气变成了委婉语气,相当于主观性表达的二次加工,无论是对母语者还是对留学生来说都有较大难度,因此在本族语与中介语中都看不到输出。

5.2 "到底"的对外汉语教学

教授"到底"时,可将A_1作为"抓手",以此为"基底"带出其他意义与用法。而后,先安排A_2与B_2的教学,再逐渐过渡到B_1、B_3,将B_4的教学放在最后。在教授A_2时,应呈现多样化用例,而不仅限于"坚持到底"这一结构。此外,虽然"到底"的位置、使用条件较为灵活,限制较少,但当"到底"要表示说话人在此前的基础上进行话语总结时,"说到底"中的"说"不能直接省略,避免出现遗漏型偏误。教授B_2时只告诉学生"到底"表示"对某事进行追问"是不够的,还需对其所表示的强烈主观意义进行突出、强调,提醒学生"到底"无法与表示一般疑问语气的"吗"共现。同时,对句子组成部分的语序进行一定的归纳总结也是必要的,需提醒学生注意"到底"与某些成分共现时有固定的先后顺序。B_1、B_3对留学生来说有较大的习得难度,需有一定的汉语基础才能理解"到底"所表达的意义及其与相近副词的区别。就B_1来看,学习者可能会直接将"到底"等同于"最后",教师可在教学过程中强调"到底"的主观性意义,并与"最后"进行对比,防止出现误代的偏误;对于B_3的两种下位用法,B_{3a}的使用较灵活而B_{3b}出现在特定的结构中,可将B_{3b}当作B_3的一个特例来进行教学,所表达的"不可置疑"的语气要放到实际的例句中让学生理解,并对"X到底是X"结构的规律进行梳理。而B_4则对汉语水平提出了更高的要求,可放在中级后期进行教学。

总的来说,一方面,语法化顺序直接影响学习者对语言项目的习得顺序,虚化程度越高习得顺序越后;另一方面,语法化顺序又不完全等同于习得顺序,在考虑虚化程度、语法化程度、主观性的同时,也要充分考虑使用频率、适用性等问题。在教授一个语言点的多种用法与意义时,可充分利用语法化顺序为逻辑线索,同时结合各意义与用法的难度、出现偏误、使用频率、适用性等实际因素确定教学重点与顺序。

参考文献

[1] 高顺全.多义副词的语法化顺序和习得顺序研究[M].上海:复旦大学出版社,2012

[2] 高顺全.基于语法化理论的汉语兼类虚词习得顺序研究[M].北京:中国社会科学出版社,2015

[3] 吕叔湘(主编).现代汉语八百词(增订本)[M].北京:商务印书馆,2016

[4] 马喆."到底"的去范畴化考察[J].武汉理工大学学报(社会科学版),2009,(3)

[5] 武克忠(主编).现代汉语常用虚词词典[M].杭州:浙江教育出版社,1992

[6] 吴福祥.语法化与语义图[M].上海:学林出版社,2017

[7] 张斌(主编).现代汉语虚词词典[M].北京:商务印书馆,2001

[8] 张秀松."毕竟"义"到底"句的主观化表达功能[J].语文研究,2008,(3)

[9] 张秀松."到底"的共时差异探析[J].世界汉语教学,2008,(4)
[10] 张秀松.短语"到底"向时间副词的词汇化[J].语言教学与研究,2011,(5)
[11] 张秀松.近代汉语中语气副词"到底"的后续演变[J].语言研究,2012,(1)
[12] 张秀松.语气副词"到底"的历史形成[J].古汉语研究,2012,(1)
[13] 中国社会科学院语言研究所词典编辑室.现代汉语词典(第6版)[M].北京:商务印书馆,2012
[14] 张秀松."究竟"义"到底"句的句法、语义和语用考察[J].华文教学与研究,2014,(1)
[15] 张秀松."到底"共时差异的认知解释[J].励耘语言学刊,2016,(1)
[16] 张秀松.在两个三角中看语气副词"到底"与"倒是"的关系[J].语言与翻译,2017,(1)

跨文化交际"第三空间"理论及其在国际汉语教学中的应用研究综述

卢晨晨

(复旦大学 国际文化交流学院,上海 200433)

摘 要:全球化的发展使跨文化交际能力的重要性日益凸显,也催生了跨文化交际"第三空间"理论的诞生。本文在学者研究成果的基础上,首先,对国内外关于跨文化交际"第三空间"理论的研究进行梳理。然后,与国际汉语教学相结合,分析"第三空间"理论在这一领域的应用情况。最后,总结并指出跨文化交际"第三空间"理论在汉语教学中应用的不足和发展方向。

关键词:跨文化交际;第三空间理论;研究综述;国际汉语教学

经济、文化的全球化态势,提升了跨文化研究的国际热情,也催生了"第三空间"理论的诞生,从而为不同国家不同文化背景下人们之间的跨文化交际提供了新的思维模式。有学者指出:"探索跨文化的'第三空间'在高度全球化和地区冲突加剧的当今社会有重要现实意义。培养具有世界视野和多元化价值观的人才,既是满足未来市场一体化需求的必由之路,也是解决地区宗教冲突的重要手段。"(叶洪,王克非,2016)本文在学者研究成果的基础上,首先对国内外关于跨文化交际"第三空间"理论的研究进行梳理。然后,将视野缩小到国际汉语教学领域,分析"第三空间"理论在这一领域的应用情况。最后,总结并指出跨文化交际"第三空间"理论在国际汉语教学中应用的不足和发展方向。

一、跨文化交际"第三空间"理论研究

1.1 国外研究

"第三空间"(The third place)概念曾经在美国社会学家 Ray Oldenbury 的著作 *The Great Good Place*(1989)中提出并在后来的论述中得到深入阐述。社会学研究中的"第三空间"指的是介于家和工作单位(第一、第二空间)之间的一个中性平等的社交空间,诸如酒吧、咖啡店、书店等公共区域。第三空间在跨文化交际中的内涵和外延有所不同,它指的是不同文化在交流过程中产生的、介于两种或多种文化之间的语言文化空间。它既有第一、二空间文化的特征,又不同于第一、二空间文化(王永阳,2013)。

跨文化交际"第三空间"理论的构建与语言教育理论的发展密不可分。20 世纪 90 年代以来,在后现代、后殖民主义思潮的影响下,西方国家的语言教育观发生了转变,以培养目的语语言文化能力为目标的语言交际教学法逐渐被跨文化交际教学法所取代,重视培养学生的跨文化交际能力(intercultural communicative competence)。

1993年美国加州大学伯克利分校的克拉姆契(Claire Kramsch)教授在《语境与语言教学中的文化》一书中首次对"第三空间"的概念进行了论述,她认为语言学习除了常说的语言流利程度、交际能力外,它本身就应该包含学习者在学习过程中对母语和目的语文化态度的调整转变。之后该理论得到澳大利亚著名语言教育专家 Lo Bianco 教授(1999)等的系统阐述和推广。Crozet(2003)进一步提出跨文化教学法的框架设想,将文化教学分为教学对象、教学重点、文化目的、教学过程、教学材料具体化研究,为文化教学的探讨实践提供了新的思路和参考。Liddicoat(2004)提出,跨文化语言教学应包含四大文化活动,即文化学习、文化对比、文化探索和文化间"第三身份"定位。

1.2 国内研究

国内学者叶洪、王永阳等对跨文化"第三空间"理论进行撰文解读。母语文化(C1)被视为第一空间,目标语文化(C2)被视为第二空间,而第三空间(C3)是学习者通过跨文化探索和协商逐渐摸索出的两种文化的中间地带。在这里,C1和C2可以和而不同,交融共存(王永阳,2013)。"第三空间"指学习者通过跨文化的探索和协商,创造性地摸索出本族语言文化和外来语言文化之间的一个中间地带,在这里母语和外来文化都会得到加强和深化,融合成一种新的文化,让来自不同语言文化背景的交际者能成功自如地交流(J. Lo Bianco, A. Liddicoat,C. Crozet,1999)。"第三空间"不是双方折中后兼而有之的文化拼盘和大杂烩,而是一种双向互动后的文化创新。在这里本国语言文化和外国语言文化可实现真正的平等对话,使学习者形成跨文化的复合人格,以适应当今世界不断增加的政治、经济、文化交流的需要(叶洪,2012)。跨文化交际"第三空间"的概念建立在多元文化主义的理论基础之上,它挑战的是跨文化交际中非我即你,非你即我的两极化思维和二元论立场(王永阳,2013)。

在中国,跨文化"第三空间"理论的应用研究处于起步阶段,相关的研究成果为数不多。下面从外语教学、跨文化传播策略、国际汉语教学等几个方面进行梳理。

1.2.1 跨文化"第三空间"理论与中华文化建设和外语教学相结合

进入20世纪90年代,随着国际间交流的日益频繁,文化因素对中国外语教学的影响日益凸显出来,文化教学的重要性也得到了语言教学者的重视。针对如何将外语教学与文化教学切实有效地结合起来、文化教学的目标是什么,广大英语教师在多年的外语教学中进行了大量的探讨与实践。

叶洪(2010)从中国文化建设和外语教学史上的"体用之争"出发,结合时下保护中国文化的呼声,论述了语言与文化的关系,探讨了建立既能保护中国语言文化传统,又能吸收外国语言文化精髓的跨文化"第三空间"的必要性和可能性。2012年他又对澳大利亚墨尔本大学国家级教育课题"跨文化外语教材及教法的创新研究"的研究成果进行整理。该课题组认为,跨文化"第三空间"理念从以下几方面对外语教学进行了突破:实现了语言学习的社会、政治和文化功能;解决了教学的目标文化问题,超越传统以目的语文化、双语文化或多文化为目的的教学模式,提出"超文化教学模式";明确了文化学习的途径和方法。并且探索出跨文化阅读法和跨文化写作教学法,并在此基础上编写了新教材。最后提出跨文化"第三空间"理念及其在外语教学中的应用研究对中国外语教学具有一定的启示作用,认为中国的外语教学可从学习者的本国语境出发,通过文化比较与跨文化协商,探索既能保护本族文化,又能吸收外来文化精髓的跨文化"第三空间"。

金东峰(2014)提出在英语教学过程中,要关注中西文化中的"第三空间",培养学生的跨文化交际意识。丁晓蔚(2016)从外语教师语言能力出发,认为尊重差异性和多元性的跨文化第三空间理念可使外语教师重新认可和重视母语及其文化在其双语语言能力发展中的合法地位。杨郁梅(2016)运用跨文化适应潜力测量表研究第三空间视域下跨文化交际能力与英语水平的关系。李敬梅、王晓冬(2017)结合中国英语教学的现状,从语言、文化不可分割的教学原则、比较目的语和母语语言文化及跨文化探索过程等方面讨论了在中国英语课堂实现这一跨文化"第三空间"探索的前提条件,从而为中国学生的跨文化交际能力培养提供参考。黄文红(2017)在借鉴跨文化"第三空间"理论的基础上结合中国国情进行本土化研究,以跨文化交际能力为培养目标,从教学大纲教学模式和评估测评等方面进行全方位外语教育改革。

1.2.2 跨文化"第三空间"理论与我国跨文化传播策略相结合

国内学者叶洪、王克非(2016)将"第三空间"理论引入我国跨文化传播领域,并结合三个跨文化传播典例进行分析,探讨了运用该理论在我国跨文化传播策略中的拓展与应用,为我国跨文化传播研究开辟了新思路。他们认为整个跨文化传播的实践就是一个话语的战场,是一种力量的博弈。要取得国际话语权,加强中国在世界话语体系中的位置,必须建立新的跨文化传播理念。"第三空间"理论要求传播者打破单一的文化认同和思维模式,重新审视原有的文化身份,根据传播需要建构新的跨文化复合身份;在此基础上,要善于寻找世界文化的共核——文化接口,并以此为突破口进行文化传播;传播过程中还要善于转换视角,打破主客二元立场,用客观、公正的"第三种"视角分析和解决问题。

1.2.3 跨文化"第三空间"理论与国际汉语教学相结合

将跨文化"第三空间"理论与国际汉语教学领域相结合的研究较少。最先将跨文化"第三空间"理论应用在国际汉语教学领域的是澳大利亚墨尔本大学"中文的跨文化教学"研究项目执行主任——王永阳。王永阳(2012,2013)在多元文化主义和民族相对主义的理论基础之上,尝试性地提出国际汉语教学与传播的第三空间模式,对国际汉语教学、国际汉语教师及学习者都重新进行了定位,在理论层面进行了新的探索。梁霞(2017)从国际汉语教师在跨文化交际中的文化立场与态度出发,认为有意识地在学生的母语文化与教师所代表的目的语文化之间划定一个"第三空间",是所有外语教师应该采取的文化立场和态度。徐婷婷(2018)将跨文化交际第三空间理论与教材编写相结合,探讨了高级汉语视听说教学选材的新思路,这是将该理论运用到汉语教学实践层面的一个新尝试。

此外,还有学者研究跨文化交际第三空间模式中语用失误、第三空间中语言的自我协商式进化、跨文化交际中不礼貌言语的社会—认知语境分析、第三空间理论下二语语用能力和语用选择研究,等等(参见李璋,2014;丁晓蔚,2015;陈倩,2016;李茨婷,任伟,2018)。

总的来看,跨文化"第三空间"作为一种适应全球化发展的新理论,已经引起了国内学者的重视,他们从外语教学、国际汉语教学、跨文化传播策略等各个层面对"第三空间"理论加以应用,进行相关研究。

目前,在国际汉语教学领域,"第三空间"理论主要应用在教师发展、学习者培养、课堂教学、教材编写等几个方面,下面将具体分析跨文化交际的"第三空间"理论在国际汉语教学领域中的应用情况。

二、跨文化交际"第三空间"理论在国际汉语教学中的应用

2.1 跨文化"第三空间"理论下的国际汉语教师

王永阳(2012)指出"第三空间"模式下国际汉语教师作为跨文化的传播者和教学者,是处于两个文化空间交汇的"第三空间"中的"跨文化人"。要提高跨文化交际能力和跨文化敏感性,必须要意识到跨文化交际中"第三空间"的存在,并有意识地发展"第三空间"知识结构,培养"第三空间"思维视角,形成跨文化交际与传播中的新的"第三空间"文化身份。这就要求国际汉语教师不仅要了解中国文化,还要了解学生的母语文化;不仅能够从中国文化的视角,还要能够从学生母语文化的视角来看待、处理跨文化交际现象和需要。梁霞(2017)认为在全球化的时代,我们不能固守以中国文化为中心的立场,不能只把自己当作中国文化的代言人和传播者,更不能在教学过程中强行把学生改造成中国文化的实践者。汉语教师应该以开放的态度、博大的胸怀,对学生母语国的语言文化以及他们所熟悉和了解的其他文化持一种尊重、宽容、兼收并蓄的态度,并努力建立更好的师生互动关系。有意识地在学生的母语文化与教师所代表的目的语文化之间划定一个"第三空间",是所有外语教师应该采取的文化立场和态度。

总之,国际汉语教师要通过不断学习、实践和思考,成为一个能够自由转换、行走于多元文化空间中的跨文化行者。培养"双语双文化"能力(吴勇毅,2011),能够对学习者母语文化和与中国文化的异同做到心中有数,在教学中能够运用对比的方法和恰当的策略提高教学的有效性和针对性(王永阳,2012)。

2.2 跨文化"第三空间"理论下的汉语学习者培养

我们普遍认同汉语教学的目标是培养汉语学习者掌握用汉语进行交际的能力。但在进行真实交际活动时,是完全按照中国人的思维方式,还是按照自己母语国的思维方式?中国人含蓄内敛、谦虚有礼,听到赞美会说"哪里哪里"。但对于汉语学习者来说,他们在用汉语表达时,也一定要体现中国人的这种性格特征吗?二语学生来到中文课堂的时候,并不是一张"白纸",他们是带着母语的语言结构和"文化图式"而来。有时候他们的认识跟大部分中国人一样,有的时候又大相径庭。而在过去的教学中,我们往往对汉语和中国文化的研究比较重视,对学生母语(第一空间)文化的重视和研究不够。我们认为需要让学习者建立"第三空间"身份,在两种文化之间平等对话。

王永阳(2013)提出"第三空间"理论下,二语教学和文化传播的重要目标之一就是要帮助学习者建立"第三空间"知识结构、思维方式和视角。二语教学和文化传播的目的不是把目的语文化(第二空间)输出到学生母语(第一空间)文化中去,这样的提法和做法不仅容易使学生产生抵触心理,还容易在国外引起"文化侵略、渗透"等的异议。我们不可能把外国人变成中国人,说流利的汉语,具有和中国人一样的思想言行,而是要帮助汉语学习者建立起学生母语文化和中国文化能够平等对话、和而不同、和谐共处的"第三空间"知识结构、思维方式和视角,增加对中国的了解,增加跨文化敏感性,逐渐修正对中国文化的偏见和固定思维等。

在教学实践中我们发现,有的外国学生对中国文化还存在着很多偏见和不理解,产生这些问题的主要原因之一是他们还是站在第一空间(母语)文化的框架中来理解中国文化,他

们的思维方式仍然是第一空间、单一空间的思维。因此,还不能从"他者"和站在中国文化的框架中来思考和看待一些文化现象和问题。所以汉语教学也要帮助汉语学习者跳出其母语文化的思维框架,在两者之间建立起一个母语和目的语文化可以交融共存的"第三空间"思维和视角,从而逐渐修正他们原先对中国文化的误解和偏见。

具有"第三空间"思维和视角的跨文化交际者,对文化差异更加敏感,更了解和包容异文化和"他者"的不同,并能够与之和谐相处,甚至兼容并蓄,创造出新(王永阳,2013)。

2.3 跨文化"第三空间"理论下的汉语课堂教学

课堂是实施教学的主要场所,课堂教学是教学活动的中心环节。王永阳(2012)将国际汉语教学重新定位为第三空间的教学活动,在"第三空间"理论下,如何更好地进行课堂教学,我们将从以下几个方面进行阐述。

2.3.1 面对不同文化间的"距离"和"不可译性",采取不同的教学策略

白乐桑、林季苗(2010)在第十届国际汉语教学研讨会上提出,要研究世界其他语言与汉语的远近距离,并根据不同的距离采取不同的教学策略。王永阳(2013)进一步指出"第三空间"知识结构和视角的建立也存在着不同文化之间的距离远近的问题,最明显的例子是英美文化和日韩文化。日韩文化由于受中国传统文化的影响大过英美文化,与中国文化的距离就会近些。因此,在讲解一些文化现象的时候,日韩学生的认知和接受理解能力就会不同于英美学生。相应地在构建日韩学生和欧美学生第三空间知识结构时的教学策略就应该不一样。例如,对于日韩学生,在讲到有相同文化背景的文化词语时,就不需要花费太多的时间解释文化含义,但对于欧美学生来说,需要让他们了解语言背后的文化含义,通过文化比较、跨文化协商,寻求价值共识。语言有可译性和不可译性,有时候学生的母语文化中没有一个现成的架构和图式能够帮助他们理解中国文化。比如说,中国文化中孝道的观念在英语文化中就存在一定程度的"不可译性"。英语文化中的"隐私"观念在中国文化中也存在一定程度的"不可译性"。面对不同文化间的"不可译性",我们不能够简单地将它们"灌输"到学生的母语文化空间中去,而是在两种文化之间建立一个可以包容异文化和不可译文化的"第三空间"。

2.3.2 承认"第三空间"语言现象,探索包容宽松的学习氛围

正如大多数中国人学英语那样,被要求说"地道的英语"。在这种"高标准、严要求"的学习氛围下,大部分学习者缺乏安全感,更谈不上享受通过学习异国语言文化来探索、发现新世界的喜悦(李静梅,王晓冬,2017)。在汉语教学中,过分强调"精英教育"和地道汉语亦是如此。在实践中我们会发现,不同的国家和地区的汉语学习者总是很难达到"标准汉语"的要求,大部分学生都有"洋腔洋调"的问题。其实大多数的二语学习者都无法达到母语者水平,甚至很多语言本身就存在很多的变体。世界各地存在着汉语的各种变体。正如英语在世界各国的传播使用过程中,也存在着不同的变体(王永阳,2013)。

在国际汉语教学中,要提高教学效率,就必须要承认和正视这种"不标准"的"第三空间"语言现象的存在,不追求一步到位,尊重语言文化自身发展规律,让汉语能够包容性发展(冯学峰,2011)。不要对学生提出过高、过急的期望和要求,保护学生的学习积极性。不要用零容忍的态度对待学生的错误,而是要营造一种轻松自由的环境。跨文化"第三空间"的二语学习不再是被目的语同化的过程,而是在两种语言文化间探索、协商,满足交际目的的过程。老师一定要放下思想负担,以语言和文化学习者的身份给自己和学生更多自由的空

间,同学生一起在使用目的语的过程中进行跨文化探索(李静梅,王晓冬,2017)。

2.4 跨文化"第三空间"理论下的汉语教材

汉语教材在第二语言教学中起着纽带的重要作用,一种新教学法或教学理论的提出,往往需要通过代表性教材来加以体现和传播。目前的汉语教材选材语料往往为发生在中国或者发生在中国人之间的事情,然后由教师将其中所蕴含的文化作为事实性知识传授给学生。然而,文化知识并不能直接转化为跨文化交际能力,而是需要通过学习者的体验、实践和探索才能内化(张红玲,2007)。这些教材的语料所呈现的是汉语母语者群体内部发生的交际,是单一文化背景下的交际,无法给学习者提供跨文化交际的引导。"第三空间"理论重新定位了学习者母语文化和目的语文化的关系,强调母语文化是跨文化探索的起点,在外语学习中具有与目标语语言文化同等重要的地位。但目前还没有成体系的"第三空间"理论指导下的汉语教材。

徐婷婷(2018)在"第三空间"理论体系下,探讨了汉语视听说教学选材的新思路。以"培养跨文化交际能力"为最终导向,尝试打破以母语者语言作为目标语学习标准的做法,选择主要参与者为汉语非母语使用者的谈话类电视节目《世界青年说(第一季)》作为高级汉语视听说课程的教学材料。参与该节目的各位外国嘉宾,都在中国生活多年,跨文化交际实践经验丰富。他们在节目中表现出了良好的跨文化交际能力,特别是他们所使用的交际策略和技能,是以往的汉语文化教学鲜少涉及的,包括面对文化冲突时采用迁就和妥协策略,语码转换、语言迁移等补偿策略等。节目最终呈现出来的效果,是各位参与者介于母语文化和汉语文化之间的一种新的自我意识,既不完全是某一文化的一员,也不完全与某一文化脱节。也就是说,各人都构建起了自己的跨文化"第三空间",产生了类似于在母语文化中的舒适感和愉悦感,从而摆脱母语规范思维对我们的束缚,将汉语发展成真正的跨文化交际工具。这一尝试也得到了学生的积极反馈。

三、结语

在当今这个全球化不断加剧的时代,需要更多的复合型人才,能在不同的语境中灵活自如地进行交际。跨文化交际"第三空间"理论指导下的跨文化交际教学法应运而生,为外语或二语教学提供了新的方法策略,能够给教学的各个环节加以指导。随着最近十几年全世界"汉语热"的出现,汉语不再仅仅是海外华人群体和少数汉学家学习和使用的语言,而是开始向更广阔的领域和人群扩散。在汉语国际化进程的背景下,跨文化交际能力的重要性日益凸显(徐婷婷,2018)。在国际汉语教学领域,这是一个较新的概念,学者王永阳在理论上将其与汉语国际教育相结合进行开创性的研究和分析。

但总体来看,跨文化交际"第三空间"理论在国际汉语教学中的应用还仅仅停留在理论层面,是一个抽象的概念,需要进一步具体化,形成一个具有可操作性的体系。叶洪(2012)指出国际汉语教学中在国际汉语教学研究中探索跨文化的"第三空间"是一个复杂而艰巨的任务。首先,需要改变认识,教学研究者需要改变对教学目的、内容和方式的认识,把引导学生探索"第三空间"作为教学的重要目的。其次,在教学研究实践中,对教材的内容和设计都提出了新的要求,为此需要制定新的教学大纲,设计新的教学法和教材,结合多媒体和网络技术制作新的教辅材料。这都需要国际汉语教育工作者的进一步研究。

参考文献

[1] 丁晓蔚. 跨文化第三空间中外语教师语言能力转变研究[J]. 教育评论,2015,(2)

[2] 冯学锋. 描写全球华语实态,突破语言规范观——《全球华语词典》述评[J]. 国际汉语,2011,(1)

[3] 黄文红. 基于跨文化"第三空间"理论的外语教育改革[J]. 科研园地,2017,(3)

[4] 金东峰. 关注中西文化中的"第三空间"培养学生跨文化交际意识[J]. 海外英语,2014,(10)

[5] 李敬梅,王晓冬. "第三空间"与跨文化交际能力培养[J]. 当代外语研究,2017,(1)

[6] 梁霞. 国际汉语教师在跨文化交际中的文化立场与态度[J]. 国际汉语教育,2017,(2)

[7] 王永阳. 国际汉语教学传播与跨文化交际第三空间模式[J]. 云南师范大学学报,2013,(1)

[8] 王永阳. 跨文化交际的第三空间与国际汉语教师跨文化交际能力培养[A]. 第十一届国际汉语教学研讨会论文集[C]. 西安:世界汉语教学学会,2012

[9] 吴勇毅. 公共外交、孔子学院与国际汉语教育的人才培养[Z]. 2011 年国际汉语教育新形势下的教师培养论坛发言,2011.

[10] 徐婷婷. 基于跨文化交际第三空间理论的高级汉语视听说教学选材新探[J]. 华文教学与研究,2018,(4)

[11] 杨郁梅. 第三空间视域下跨文化交际能力与英语水平的关系[J]. 现代外语,2016,(3)

[12] 叶洪,王克非. 探索跨文化传播的"第三空间"[J]. 求索,2016,(5)

[13] 叶洪. 后现代批判视域下跨文化外语教学与研究的新理路——澳大利亚国家级课题组对跨文化"第三空间"的探索与启示[J]. 外语教学与研究,2012,(1)

[14] 叶洪,TrevorHay. 中华文化保护与跨文化的"第三空间"[J]. 求索,2010,(7)

[15] 张红玲. 跨文化外语教学[M]. 上海:上海外语教育出版社,2007

[16] 李璋. 跨文化交际第三空间模式中语用失误浅析,学语文,2014,(4). 丁晓蔚. 第三空间中语言的自我协商式进化,海外英语,2015,(21). 陈倩. 跨文化交际中不礼貌言语的社会——认知语境分析,甘肃高师学报,2016,(21). 李茨婷,任伟. 第三空间理论下二语语用能力和语用选择研究,外语与外语教学,2018,(2)

[17] Liddicoat, A.. Intercultural Language Teaching: Principles for Practice[J]. *The New Zealand Language Teacher*, 2004,(30).

[18] Crozet, C., Bianco, J. Lo. *Teaching Invisible Culture: Classroom Practice and Theory*[C]. Melbourne: Language Australia, 2003.

[19] Kramsch C. J.. *Context and Culture in Language Teaching*[M]. Oxford: Oxford University Press, 1993.

[20] Bianco, J. Lo., Liddicoat, A., Crozet, C.. *Striving for the Third Place: Intercultural Competence Through Language Education*[M]. Melbourne: Language Australia, 1999.

[21] Oldenbury, R.. *The Great Good Place: Cafes, Coffee Shops, Community Centers, Beauty Parlors, General Stores, Bars, Hangouts, and How They Get You through the Day*[M]. New York: Paragon House, 1989

图书在版编目(CIP)数据

复旦汉学论丛. 第 11 辑/吴中伟主编. —上海：复旦大学出版社，2020.10
ISBN 978-7-309-15219-7

Ⅰ.①复… Ⅱ.①吴… Ⅲ.①汉学-文集 Ⅳ.①K207.8-53

中国版本图书馆 CIP 数据核字(2020)第 138104 号

复旦汉学论丛. 第 11 辑
吴中伟　主编
责任编辑/方尚芩

复旦大学出版社有限公司出版发行
上海市国权路 579 号　邮编：200433
网址：fupnet@fudanpress.com　http://www.fudanpress.com
门市零售：86-21-65102580　团体订购：86-21-65104505
外埠邮购：86-21-65642846　出版部电话：86-21-65642845
江苏凤凰数码印务有限公司

开本 787×1092　1/16　印张 14.25　字数 346 千
2020 年 10 月第 1 版第 1 次印刷

ISBN 978-7-309-15219-7/K·734
定价：68.00 元

如有印装质量问题，请向复旦大学出版社有限公司出版部调换。
版权所有　侵权必究